성보
내운명학
백서 1

술술 풀리는
명리학 입문 1
음양오행에서 간명까지

성보
내 운명학
백서 1

술술 풀리는
명리학 입문 1
음양오행에서 간명까지

晟甫 안종선 지음

ᆫ 중앙생활사

많은 사람이 명리학(命理學)을 배우고자 한다. 명리학을 배우려는 이유는 여러 가지가 있을 것이나 결국 운명을 파악하고 이해하기 위해서가 아닌가 생각한다.

현대를 살아가는 우리 모두에게 세상살이는 바쁘기만 하다. 이처럼 쫓기는 일상에서 역술인이나 명리를 연구하는 사람들을 찾아 상담을 받기란 쉽지 않다. 혹 상담을 받아도 옳고 그름을 알 수 없는 경우가 많다. 물론 역술인 개개인의 학습 정도나 역량에 따라 다르지만 판단과 결과가 완전히 다르기도 하다. 때로는 전혀 엉뚱한 답을 내놓거나 무속인과 같은 행위를 하기도 한다.

사람들은 스스로 공부해서 자신의 길을 파악하고자 한다. 때로는 역술인의 상담이 마음에 들지 않아 직접 배우고 익혀 스스로 자기 운명을 파악하고자 한다. 그래서 스스로 배울 수 있는 비교적 편리하고 자세한 자습서 개념의 명리학 서적이 필요하다. 시중에는 좋은 책이 많은 것도 사실이고 배우기 쉽게 쓰인 책도 적지 않다. 그래도 조금 더 쉽게 배우고 익힐 책을 찾기도 한다.

이 책은 가능한 한 명리학을 쉽게 배우고 익히도록 썼다. 처음에는 아주 기초적인 부분부터 다루며 점차 강도와 깊이를 더해간다. 따라서 이 책은 한 권으로 마무리 지을 수는 없으며 여러 권으로 분량이 더해질 것이다. 이 책으로 많은 독자가 명리학을 어렵지 않게 익힐 수 있는 학문으로 접근하기를 기대한다.

사람들은 대부분 그 사람의 심정이나 경험에 따라 명리학을 다양하게 판단하는 것 같다. 혹자는 명리학을 통해 운명론자가 되기도 하고 개척론자가 되기도 한다. 많은 사람이 명리학은 타고난 운명을 알아보는 학문이라고 여긴다. 틀린 말은 아니나 판단의 여지는 다양하다.

명리학은 운명을 따라 살피는 기술이다. 따라서 추명학(追命學)이라고도 한다. 그 명(命)을 따라가 미래를 예측하는 학문이다. 그러나 인간의 운명은 고정된 것이 아니다. 사람의 노력에 따라 달라질 수 있다고 한다. 그 달라지는 폭은 어느 정도 예측이 가능한 것도 사실이지만 변화야말로 인간이 살아 있음을 증명한다.

명리학은 과거와 이전 사람들의 발자취를 파악하고 습득하여 인간이 살아가며 겪게 될 미래를 미리 파악한다. 이러한 과정에서 취길피흉(取吉避凶)의 방도를 찾아 적용하고 보람찬 미래 설계가 가능해진다. 과거를 알면 미래를 예측할 수 있기에 추명하여 미래를 대비하는 학문이다.

명리학이 어렵다고 인식하는 사람이 많다. 사실 명리학은 어려운 학문이다. 옛날 선비들도 사서삼경(四書三經)을 배우고 나서야 명리학을 배웠으니 어려운 학문임이 분명하다. 그러나 지금은 기초지식 없이 바로 명리학을 배우려고 하니 어려울 뿐이다. 조금이라도 편하고 쉽게 배울 수 있는 서적이나 지도서가 있다면 접근하기가 쉬워질 것이다.

이 책이 명리학을 배우고자 하는 사람들에게 징검다리가 되었으면 한다. 낯설고 어려운 학문이 아니라 친숙하고 조금은 해볼 만한 학문이라는 생각이 들게 하고 싶다. 그리고 궁극에는 많은 것을 익히는 계단 역할을 하고 싶다.

앞으로 더 많은 내용을 정리해 책으로 펴낼 것이다. 워낙 방대한 학문이라 부족한 실력으로 기술하는 내용이나 의도가 올바로 전달될지 걱정은 되지만 스스로 공부했던 방법을 따라 기술하고 제시하고자 한다. 이미 지난 세월 많은 선배가 남겨놓은 지식을 이용하는 것이라 비교적 어깨는 가볍다.

사주를 배우고자 하는 많은 학인에게 도움이 되기를 바란다.

轟轟軒에서 晟甫

이 책은 이 시대를 살아간 선배들이 남긴 산물을 정리한다는 마음으로 기술하였고
지금도 현장에서 열심히 연구하는 많은 명리학자의 의견과 임상도 도입하였다.
따라서 과거와 현재의 이론이 모두 적용되어 있으며 가능한 한 임상에 가까운 시스템으로 기술하였다.
이 과정에서 이 책을 이해하는 데 필요한 사항이 발생하였다.

1. POINT : 내용 곳곳에 가장 중요한 요점을 정리하였다.
2. 아차! : 착각하기 쉽거나 일반적 개념에서 오류가 있는 경우를 기술하였다.
3. 앗, 잠깐! : 아주 세세한 내용을 기술하였다.
4. 집중! : 자세하게 보충해야 할 내용을 기술하였다.
5. 성보명리 : 성보가 명리학을 배우며 깨닫거나 꼭 필요한 정의 혹은 생각해야 할 문제들을 정리하였다.

....
한자 병기

1. 한글만 있으면 무슨 뜻인지 이해하기 어려운 단어는 한자를 병기하였다.
2. 처음 나오는 전문용어는 한자를 병기하였다.
3. 같은 음이지만 의미가 다르면 한자를 병기하였다.
4. 의미가 중요한 한자는 반복해서 병기하였다.
5. 같은 한자어가 반복될 때 의미상 헛갈리지 않으면 뒤에는 한자를 넣지 않았다.
6. 한자를 병기하지 않아도 의미를 알 수 있는 한자어는 한자를 넣지 않았다.
7. 두음법칙에 따라야 하지만 명리학에서 통상적으로 쓰는 단어는 그대로 적었다(년주, 년운 등).
8. 여러 가지로 불리는 개념은 한 가지로 통일해서 사용하였다(태세, 해운, 세운, 년운 등).

1장

왜 사주를 볼까

바야흐로 음(陰)의 시대라
는 말을 한다. 그렇게 말하는 학자들 중에는 음의 시대이기 때문에 풍수지
리(風水地理)나 명리학(命理學)이 각광을 받을 것이라고 한다. 그들 주장대
로 하면 풍수지리와 명리학이 음의 학문이라는 의미가 된다. 명리학을 음의
학문이라고 하는 것이 타당한지는 생각해볼 일이다.

　　오래전부터 명리학은 사주학(四柱學) 혹은 추명학(推命學)이라는 이름으
로 불렸다. 물론 그밖에도 다양한 이름으로 불리기도 하고 인식되기도 한
다. 결론을 말하기 어렵지만 가장 합당한 이름은 아마도 추명학이 아닐까
한다. 추명학에 바로 인간의 운명을 따라 살피고 추론한다는 의미가 있기
때문이다.

> **【앗, 잠깐!】**　　　　　　　　　　　　　　　**추명학(追命學, 推命學)**
>
> 사람이 태어난 년(年), 월(月), 일(日), 시(時)의 네 간지(干支), 곧 생년월일에 따라 추출한 사주
> (四柱)에 근거하여 사람의 길흉화복(吉凶禍福)을 알아보는 학문으로 달리 사주학(四柱學)이라
> 고도 한다. 운명학의 범주에 속하는데 개인의 생년월일시를 나무, 불, 물, 쇠, 흙의 오행에 대
> 입한다. 이 오행의 기운으로 상생(相生), 상극(相剋) 관계를 따져 길흉화복을 판단한다. 오행
> 이 적용된 사주팔자의 여덟 글자에 나타난 배합과 배치, 적용을 살펴 부귀와 빈천, 부모, 형

제, 질병, 직업, 결혼, 성공, 길흉 등의 제반 사항을 판단한다. 이처럼 간지 여덟 글자로 운명(運命)을 추리한다고 해서 팔자학(八字學), 추명학(推命學), 산명학(算命學)이라고도 한다.

왜 사주를 보는가에 대한 대답은 아주 다양하고 천차만별이다. 혹자는 건강을 살피려고 사주를 본다. 누군가는 죽음이나 재산과 재물을 살핀다. 때로는 직업을 살피기 위해 사주를 본다. 투자, 결혼, 경영, 취미, 자식 등 다양한 물음에 대한 답을 구하기 위해 사주를 본다. 결론을 내리자면 사주는 이 모든 것을 포함하는 다양성을 지닌 학문이라고 보면 된다.

내 연구실에는 수많은 사람이 드나든다. 그들 중에는 평범한 가정주부가 있는가 하면 대기업 경영자도 있다. 일반 기업의 평직원은 물론 고급 간부도 있고 이사도 있다. 학생도 있고 연예인도 있다. 예술을 하는 사람이 있는가 하면 시장에서 장사를 하는 사람도 있다. 부모들이 자식들의 대학 진학을 상담하기도 한다. 사주는 누구에게나 적용된다는 사실을 알 수 있는 부분이다.

나는 기회가 되면 다양한 장소에서 사주에 대해 논하고 강의를 한다. 대학에서도 강의를 하지만 각 지자체의 행정복지센터나 학술단체 혹은 기업체와 부모 모임을 비롯한 각종 모임에서도 강의하거나 이야기를 하게 된다. 이처럼 많은 사람이 명리학에 관심을 가지고 있고 또 알고자 한다. 그러한 사람들 중에는 직접 공부하고 깊이 파고드는 이들도 있다.

왜 사주를 보는가? 가장 단순한 물음이지만 또 가장 어려운 물음이 될 수 있다. 사주를 보는 본인도 왜 사주를 보는지 정확하게 알지 못하고 물음을 던지는 경우가 있다. 사주는 왜 보느냐는 물음에 대한 대답은 어쩌면 명확한지도 모른다. 미래를 모르기 때문이다.

　미래를 안다는 이유만으로 삶이 편해질 것이라고는 생각하지 않는다. 어쩌면 더욱 어렵고 고통스러우며 때로는 불합리에 빠져들지도 모른다. 그러나 미래를 안다면 그것에 부응하려고 혹은 불합리하게 나온 결과를 피해가기 위해 노력하거나 방법을 찾는 긍정적 측면도 있다. 그것만으로 많은 부분에서 합리적이며 상승효과를 가져올 것이라 생각한다.

　명리학이 미래예측학이라는 이름으로 불린다는 이야기를 들었다. 예전에 사용하지 않던 말이다. 그러나 그 말뜻은 사주를 표현하는 데 적절하다는 생각이 든다. 사주라고 불리는 인간의 출생년월일시(出生年月日時)는 불변하며 그를 바탕으로 과거를 파악하기도 하지만 미래를 예측하기도 하니 미래예측학이라는 말이 어느 정도 어울린다. 하지만 미래를 예측하는 것으로 끝나는가 아니면 조금 더 나아가 바꾸거나 변화를 줄 수는 없는가 하는 문제가 남는다.

1. 사주는 어떻게 만들어지나

사주를 본다는 측면에서 살피면 사주는 명확한 기준을 가지고 있다고 볼 수 있다. 즉 변하는 것이 아니라는 얘기다. 혹자는 어떤 이유나 경로를 거쳐 사주가 바뀔 수 있다고 주장하지만 이것은 결코 옳은 이야기가 아니다.

　혹자는 굿을 하거나, 조상의 산소를 바꾸거나, 절에 이름을 팔거나, 그밖에 다양한 경과와 행위로 사주를 바꿀 수 있다고 말한다. 하지만 정말 그렇다고는 보지 않는다. 그것은 근본적인 이치에서 벗어나는 이야기가 된다. 사주에 영향을 미칠 수 있다는 말이라면 수긍이 가지만 사주를 바꾼다는 말은 맞지 않는다.

사주가 무엇인지를 파악하면 그런 말이 얼마나 어리석은 이야기인지 충분히 이해할 수 있다. 우리는 사주를 파악하기 위해 반드시 생년월일을 확인한다. 음력생일인지, 양력생일인지 파악한다. 사실 이는 같은 날이다. 음력과 양력을 파악해야 하지만 두 가지를 모두 살필 필요는 없고 자신이 흔히 사용하는 생년월일이 양력인지 음력인지를 파악하면 된다.

사주란 무엇인가? 사주가 무엇인지부터 파악해야 한다. 사주는 한자로 사주(四柱)라고 쓴다. 네 기둥이라는 말이다. 또 팔자(八字)라고 한다. 여덟 개 글자로 이루어져 있다는 것을 보여준다.

사람들이 흔히 "아이고 내 팔자야!"라고 하는 말을 들을 수 있다. 이런 표현은 극히 일반화된 것으로 볼 수 있다. 한국 사람이라면 익숙한 표현이다. 여기에서 말하는 팔자가 사주의 또 다른 얼굴이다.

흔히 명리학을 사주학이나 사주팔자라는 말로 표현하는데 이는 충분히 이유가 있다. 우리는 태어나면 생년월일시를 갖게 된다. 이 생년월일시가 사주다. 즉 사주는 하늘의 기운을 의미하는 천간(天干)이라는 공통분모와 지지(地支)라는 공통분모로 이루어진다. 이 공통분모를 배치하는 것이 사주다.

간단하게 생각하면, 사주는 어떤 사람이 어머니 배에서 태어나는 순간 하늘에 떠 있는 별을 나타낸다. 여기에서 별은 의미를 부여하는 개념이다. 즉, 어떤 사람이 어머니 배 속을 떠나 태어나는 순간이 바로 사주다. 사주는 글자로 이루어져 있지만 기호이고 의미의 집합체다. 따라서 사주를 바꾼다는 것은 다시 태어나야 한다는 말이다. 결국 사주를 바꿀 수 있다는 말은 사기다.

사주는 네 기둥으로 이루어져 있다. 먼저 년(年)에 대한 공통분모를 배치한다. 하늘을 의미하는 글자와 땅을 의미하는 글자 하나를 배치하면 두 글자는 각기 하늘의 기운과 땅의 기운을 나타내는데 이를 기둥이라고 하니 주(柱)라는 말을 사용한다. 즉, 어느 해에 태어났는지를 정하는 것을 년주(年柱)라고 한다. 년주는 조상(祖上)을 나타내는 기둥이다.

다음은 어느 달에 태어났는지를 살펴야 한다. 그 달을 의미하는 천간과 지지를 배치하니 두 글자로 이루어진 월주(月柱)가 형성된다. 월주가 특히 중요한데 바로 부모(父母)를 나타내는 기둥이기 때문이다.

어느 날에 태어났는지를 살펴 역시 천간과 지지를 배치하니 이를 일주(日柱)라고 한다. 일주는 나와 배우자(配偶者)를 의미하는 구성이다. 즉, 일주의 글자 배열을 따지는 것만으로도 나와 배우자의 인연이 어떤 상황인지 알 수 있다.

마지막으로 태어난 시각을 찾아 천간과 지지를 배치하니 이를 시주(時柱)라고 한다. 시주로는 자식의 운을 볼 수 있다. 따라서 시주를 파악하면 자식이 나와 어떤 관계인지 알 수 있다.

POINT

사주(四柱) 사주는 생년월일시를 천간과 지지로 표현한 것이다. 생일이 달라지지 않는 한 어떤 경우에도 변하지 않는다.

이처럼 년월일시에 맞는 네 기둥을 찾으니 이를 사주라 하고 이 네 기둥이 각각 천간과 지지로 이루어지니 여덟 글자가 되어 팔자(八字)라고 한다.

이 여덟 글자는 천지개벽이 일어난다고 해도 바뀌지 않는다.

재미있는 것은 사주라고 하는 네 기둥과 여덟 글자로 수많은 것을 분석해 낼 수 있다는 것이다. 또한 상황을 예측하고 인지할 수 있는데 어찌 보면 마술지팡이 같다.

누군가가 나에게 물었다. "제게 조상 복이 있나요?" 대답은 간단하다. 명리학을 통해 어느 정도 예측이 가능하기 때문이다. 사주는 네 기둥으로 이루어지는데 각각의 기둥은 년월일시를 나타낸다.

년월일시가 나타내는 기둥이 년주, 월주, 일주, 시주다. 이 네 기둥은 각기 하늘을 나타내는 글자와 땅을 나타내는 글자로 이루어져 있다. 그런데 이 사주의 기둥에서 각각의 기둥은 많은 것을 내포하지만 조상에 대한 것도 알려준다. 예를 들면 년을 나타내는 기둥인 년주는 조상을 보여준다. 월을 나타내는 월주는 부모를 보여주고 나와 배우자를 나타내는 기둥이 일주. 마지막으로 태어난 시간을 나타내는 시주는 자식의 흐름을 보여준다. 이를 사주의 근묘화실(根苗花實)이라고 한다.

사주의 구성			
생시	생일	생월	생년
천간자	천간자	천간자	천간자
지지자	지지자	지지자	지지자
실(實, 자식)	화(花, 나와 배우자)	묘(苗, 부모)	근(根, 조상)

2. 사주가 바뀔까

사주는 일종의 동양적 점성술(占星術)이라고 하는 것이 옳다. 선인들은 오랜 세월 하늘을 보고 별자리를 연구했는데, 이 별자리에는 각각의 기능이 있다는 것을 파악했다. 그리고 그 별자리에 각각 이름을 붙이고 역할을 배정해 그룹으로 묶으니 이를 28수라고 했다.

이 28수에는 수많은 별이 속해 있으며 별은 각각 역할이 다르다. 그리고 이 수많은 별은 각각 하늘에 떠 있는 해[年]가 다르고 달[月]이 다르고 날[日]이 다르고 때[時]가 다르다. 따라서 년월일에 따라 하늘에 떠 있는 별이 다르고, 태어나는 순간에 맞추어 그 별을 적용하니 각각 사주가 다르다.

사주는 태어나는 순간 정해진다. 사주를 바꾼다는 것은 태어나는 시간을 바꾼다는 말이다. 따라서 사주는 진행형이 아니라 결과형이다. 태어나는 순간 이미 결과로 나타나니 바꿀 수도 없고 노력한다고 해서 바뀌는 것도 아니다. 만약 다시 태어난다면 사주가 바뀌겠지만 이는 불가능한 일이다.

우리가 사용하는 말 중에는 현혹이라는 말도 있고 착각이라는 말도 있다. 누군가 착각하게 만든다면 그건 다른 의도가 있기 때문이다. 누군가 사주를 바꿀 수 있다는 말로 현혹한다면 기본 지식이 없거나 자신의 이익을 위해 학문을 저버리는 사람이다. 아무것도 모르는 사람보다 이렇게 혹세무민하거나 자신의 이익을 구하기 위해 사람을 현혹하고 자기 의도대로 이끄는 사람이 더욱 나쁜 사람이다.

사기에 속지 말자. 입에 단 말에 속지 말자. 사주는 자신이 죽을 때까지 바뀌지 않는, 불변의 틀이다.

3. 누구나 운명이 궁금하다

세상에는 사람이 많다. 부자도 있고 가난한 사람도 있으며, 높은 직위에 있는 사람이 있는가 하면 평생 변변히 내세울 만한 직업을 가져본 적이 한 번도 없는 사람도 있다. 직업이 공무원인 사람도 있고 교사나 교수인 사람도 있다. 요리사도 있고 그 요리를 먹어주는 사람도 있다.

세상에는 다양한 사람이 산다. 고층빌딩을 소유하고 넓은 평수의 고급 주택이나 비싼 아파트에서 사는 사람이 있는가 하면 평생 자기 이름으로 등록된 집을 가져보지 못한 사람도 있으며 때로는 심산유곡에서 홀로 사는 사람도 있다.

사람은 왜 각기 다른 인생을 살까? 사람들은 왜 다른 조건, 다른 환경에서 살까? 누구는 잘살고 누구는 못살까? 어느 누구는 풍족한 생활을 누리는데 누군가는 왜 저리도 빈한한 환경에서 살아야 할까?

모두 사주가 다르기 때문이다. 사는 방식이 다르다는 것은 생각이 다르고 바라보는 관점이 다르다는 뜻이다. 이것을 파악하는 것이 명리학이다. 사람은 어떤 삶을 살아도 걱정이 있고 두려움이 있으며 앞날을 생각한다.

그렇다면 잘사는 사람들은 걱정이 없을까? 부자들도 사주를 본다. 고위공직자들도 사주를 보며 좋은 회사의 임원들도 사주를 본다. 어렵고 가난하며 직업이 변변치 않은 사람, 내세울 것이 없는 사람들만 사주를 보는 것이 아니다. 가진 것이 있는 사람도 나름의 목적으로 사주를 보고, 가진 것이 없는 사람도 자신의 사주를 본다.

세상을 살아가는 방법이 다양하지만 판단 기준도 매우 다양하다. 만약 부자가 사주를 보러 간다면 무어라고 생각할까? 아마도 사람들은 "돈을 그렇게 많이 가지고 있으면서도 더 벌려고 그러는 모양이다"라고 얘기할 수도 있다.

높은 직위에 오른 사람이 사주를 본다고 하면 "더 높은 직위가 탐이 나서 그런가 보다"라고도 할 수 있다. 대기업 임원에 오른 누군가가 사주를 보러 간다고 하면 "더 많은 부를 얻고 싶어서 그러나? 아니 더 높은 자리에 오르고 싶어서 그러겠지?" 하고 판단해버릴 수도 있다.

어떤 경우라도 틀렸다고 할 수 없고 오해라고만 치부할 일도 아니다. 그것이 사람의 속성이기 때문이고 판단의 근거이기 때문이다. 그러나 사람은 누구나 개인적 판단을 내려야 할 때가 있고 통속적인 이유도 있다. 경우에 따라서는 이미 마음속에 결정을 내려놓고도 누군가의 조력을 받거나 자기 판단이 옳을 것이라는 확신을 갖기 위해서 사주를 볼 수 있다.

어떠한 경우에도 성공한 사람들은 성공한 이유가 있는 것이 사실이다. 그럼에도 사람은 누구나 비슷한 문제를 가지고 있다. 누구나 개인 문제를 궁금해하지만 그것은 넓게 보아 모두의 개념이 된다. 즉 사람들은 거의 비슷한 문제로 고민한다. 또 개인은 나름의 문제를 가지게 되는데 이것 또한 판단이 필요하다.

사람들은 누구나 궁금한 것이 있고 그것을 해결하고자 한다. 사주는 그러한 여러 가지 해결책 중 하나다. 성공한 사람들의 경우도 크게 다르지 않다. 그들도 궁금한 것이 있고 해결해야 할 일이 있다.

아주 좋은 아이디어나 아이템을 가지고 있다고 해서 바로 사업이 되는 것은 아니다. 일이 되려면 쉽게 진척되기도 하지만 안 되려면 여러 가지 이유가 발목을 잡는다. 어느 시기나 순간에 투자해야 하는지도 판단해야 하고 누구와 손을 잡아야 하는지도 궁금한 사항이다. 같이 일하는 사람이라도 동업자인지, 직원인지 파악해야 하고 서로 상승효과가 있는지 혹은 반목하고 질시하는 사이가 될지도 파악해야 한다.

사업을 시작해도 여러 가지 이유로 분쟁에 휘말리거나 대립하고 차단되며 손해를 볼 수도 있다. 훌륭한 아이템이라 생각하고 사업을 시작하려는데 이미 비슷하거나 동일한 제품에 가까운 아이템이 시중에 나돌기도 한다. 사업에는 제품과 서비스, 경영마인드가 중요하지만 내가 전개하는 서비스가 고객에게 무용지물이 될 수도 있다.

가장 중요한 것은 노력하는 것이다. 때로 노력이 물거품이 되기도 하지만 그래도 노력은 필수 항목이다. 더 나아가 효율적으로 노력하고 필요한 것을 찾아 집중해야 한다. 돌이켜보면 위기의 순간이 많다. 당시에는 몰랐지만 위기였거나 위기를 느끼면서 돌파하기도 한다.

위기와 변수를 살펴보며 혹은 위기의 순간을 넘기거나 부딪치며 생각한다. 앞으로 일어날 변수와 위기 혹은 여러 상황을 예측하거나 통제할 수 있다면 얼마나 좋을까? 이런 생각을 하면서 대안을 찾다보면 명리학이라는 학문에 눈길이 갈 수밖에 없다.

개인사업가이거나 조직의 리더가 아니라 대기업이나 국가조직 혹은 공공조직의 임원이라도 상황은 크게 다르지 않다. 그들 또한 같은 고민을 하거나 비슷한 고민에 노출된다. 어느 누구도 자신이 잘한 것만 가지고 조직의 리더나 임원에 올랐다고 말하기는 어렵다. 환경과 조건이 맞아야 한다. 능력이 뛰어나다 해도 끌어주고 밀어주는 사람이 없다면 완벽하게 실력을 발휘하기 어렵다. 결국 자신의 능력만으로 고위직이나 간부 자리에 오르기는 어렵다. 분명하게 한계성이 존재한다.

성공하는 고위직 간부나 임원에게도 위기가 닥쳐오고 선택의 순간이 찾아오기 마련이다. 선택해야 할 상황이 주어진다. 모두 좋은 기회일 수 있지만 모두 위기일 수도 있다. 두 개 이상의 길이 있거나 선택할 기회가 주어진다 해도 어느 길을 선택해야 좋은 결과를 도출해낼지 알 수 없는 경우도 많다. 또는 전도가 양양해 보이는 길을 선택했는데 그것이 좋지 않은 길이 될 수도 있다. 정보를 바탕으로 액션을 취했지만 잘못된 결과로 나타날 수도 있다. 이때야말로 판단의 근간이 필요해진다.

상황 정리는 단시간에 나타날 수도 있지만 장시간에 걸쳐 일어날 수도 있다. 영전에 해당하는데 일순간 역전으로 뒤집히는 경우가 있다. 내 잘못이 아니라 타인의 잘못으로 일이 틀어지는 경우도 있다. 경우에 따라서는 다른 사람의 도움을 받거나 다른 사람과 연관되어 자리가 보존되고, 망가졌다고 여겨지는 곳에서 기사회생하기도 한다. 누구나 이를 느끼고 예측하기는 힘든 일이다.

분명한 것은 성공 요건은 어느 곳에서나 최선을 다해야 한다는 것이다. 그와 더불어 미래를 어느 정도 예측할 수 있다면 더욱 도움이 될 것이다. 성공한 사람은 절대로 기회를 놓치지 않는다는 공통점도 있다.

특히 성공한 사람들은 자기 업무 범위 밖에 있거나 통제할 수 있는 범위 밖에 있어도 포기하지 않는다. 누구나 미래가 불확실하다. 그것을 인지하지만 돌파하거나 무마할 방법을 찾으려고 노력한다. 사주도 그러한 방편으로 이용되며 불확실성에 일종의 확신을 주기 위한 용도로 사용된다.

사업적으로, 업무적으로, 정치적으로 크게 성공한 사람이라도 자신이 약하다는 사실을 깨닫거나 인지한다. 인간인 이상 이러한 일은 당연하게 일어난다. 아무리 강한 사람이라 해도 인간임을 인지하고 위기를 느낀다. 업무적인 것이 아니라 해도 인간적인 부분을 무시할 수 없는 경우도 있다. 사업적으로 성공했다 하더라도 집안문제가 큰 경우도 있다. 고위직이 되었다 해도 생로병사의 흐름을 무시할 수 없다. 부모, 형제, 자매, 부부의 문제도 그들을 괴롭힐 수 있다.

사주는 이 모든 것을 파악하는 일정한 도구를 가지고 있다. 사람이 태어나 병들고 늙으며 죽는 과정을 사주에 대입하여 상황을 파악하고 변화를 예측한다. 가족관계도 마음대로 어찌할 수 없다. 부모와 관계가 설정되고 형제나 부부관계도 내가 원하는 방향으로만 흘러가는 것이 아니다. 내가 싫다고 버릴 수도 없다. 인간관계도 마찬가지다. 사람이 살아가며 사람과 관계를 소홀히하거나 버릴 수 없다. 만약 버린다고 하면 깊은 산속에서 혼자 살아가야 한다.

겉으로는 좋아 보이지만 부부간 갈등이 도를 넘어설 수도 있고 이혼하거나 별거하기도 하며, 때에 따라서는 한 지붕에서 두 집 살림을 하듯 덤덤하게 살아가는 경우도 있다. 헤아릴 수 없는 재물을 모으고 사업가로 성공했다 해도 자식이 속을 썩이고 부모가 훼방을 놓는 경우도 있다.

인간의 의지가 삶의 형태를 바꾼다고 하지만 해결되지 않는 것이 너무 많다. 성공하겠다는 신념으로 달려와 성공했지만 주변에 아무도 남아 있지 않다는 사람도 있다. 재물은 성공했지만 자녀와는 소원해졌다는 사람도 있다.

겉으로 드러나는 능력과 달리 해결되지 않는 일이 인생사에 깔려 있다. 돈이 아무리 많아도 해결되지 않는 가족관계가 있다. 나는 원하지 않는데 나를 쓰러뜨리는 형제도 있다. 돈으로 해결되지 않는 부분이 있다. 권력으로 해결되지 않는 부분이 있다. 이때 사람들은 해결의 실마리를 찾아 나서거나 해결사를 찾기 위해 노력하고 몸부림친다. 이때 사주도 여러 가지 방법 중 하나가 된다.

4. 사주를 통해 자신을 안다

"너 자신을 알라." 소크라테스가 한 말이다. 이 말이 유명한 것은 사람들이 자신을 모르고 살기 때문일 것이다. 사람은 단순히 뼈와 살, 피로 이루어진 존재만은 아니다. 자신을 알기 위한 방법이 여러 가지 있지만 명리도 그중 하나다.

명리는 가장 단순한 수식을 통해 가장 복잡한 것을 찾아내는 방법이다. 사주라고 불리는 명리는 출생정보만으로 사람 개개인의 성향을 알아내고 그 사람의 장점과 단점, 병을 찾아낸다.

더욱 중요한 것은 사주를 통해 성향을 찾아낸 것으로 그치지 않고 나이를 먹어가며 혹은 세월이 흘러가며 나타나는 변화를 파악하는 일이다. 명리학에서는 이를 운(運)이라고 한다. 이 운의 변화를 파악하거나 투자하고 거두어들일 때를 파악한다. 운에는 10년 단위의 포괄적 운이 있는가 하면 1년을 단위로 하는 운의 흐름도 있다. 조금 더 세밀해지면 각각의 날과 시를 파악할 수 있다.

─────────────────────────────── **POINT**

운(運) 고정된 개념의 명(命)과 대비되는 개념이다. 그 결과가 미리 정해져 있어서 사람의 힘으로는 바꿀 수 없는 것을 의미한다. 그러나 명리학에서는 운을 변화하는 것으로 정의한다.

──

사람은 살아가며 여러 가지 변화와 마주하게 되는데 각각 다가오는 시기와 계절, 날짜에 따라 운의 흐름을 가늠하게 되고 그 변화에 따라 대응을 예측할 수 있다.

사람이 사람을 이해하고 대하는 방법도 아주 다양하고 끝이 없다. 이처럼 사람을 대하는 방식에서 상대의 성격이나 성향을 안다면 효율적으로 대처할 수 있다. 아울러 내가 상대하고자 하는 사람에 대한 이해와 내 행동이 명확해진다. 부부 사이가 좋지 않은 이유가 무엇인지, 자식이 속을 상하게 하는 이유가 무엇인지, 경우에 따라서는 더 극한 상황도 예측하게 된다.

사주를 안다는 것은 이해를 한다는 것이다. 상대가 어떻게 행동하는지, 내게 어떤 일이 일어나게 될지 예측이 가능하다. 아울러 내 운에 따라 사업이 어떻게 진행될지 혹은 내가 어떻게 반응하게 될지 안다면 어느 정도는 수정이 가능하다. 가장 중요한 것은 내 인생 흐름의 폭을 알게 되는 것이다. 따라서 준비할지, 멈출지, 나아갈지 파악할 수 있게 된다.

진정한 명리는 긍정하는 것이다. 명리는 타인을 겁주거나 겁박하고 때로 내 이익을 위해 사용하는 부정적 의미의 학문이 아니다. 많은 경우 예측을 확정하는 말로 대치하기도 하는데 이는 명리학의 본질이라고 보기 어렵다. 간혹 볼 수 있는 일이지만 모든 경우를 확정할 때가 있다. "올해 대박이 나니 적극 투자하십시오"라거나 "아들이 장가들려 하는 여자는 집안을 망칠 겁니다"와 같은 결정을 내리는 것은 명리학의 본질과 거리가 멀다.

명리학은 본질적인 면에서 예측하는 것이지 절대 결정하는 것이 아니다. 전후를 살펴 상황의 가능성을 예측하고 해석하며 다가올 일에 대비하고 결정에 도움을 주는 것이야말로 명리학의 본질이라 할 수 있다.

사람이 살아가며 어려움을 겪는다고 해서 하나같이 사주를 풀고 결정하는 것은 아니다. 그런 측면에서 성공한 사람들이 반드시 사주를 본다고 말할 수도 없다. 사주를 미신으로 치부하는 사람도 있다.

세상에는 수많은 학문이 있지만 수천 년 동안 발전하고 이어온 학문이 그리 많다고 할 수는 없다. 믿지 않는다고 마치 똥을 만진 것처럼 행동하거나 무시하면 안 된다. 자신이 살아가며 변화를 일으킬 것으로 예측하고 파악하고자 노력하면 기회는 눈앞에 오게 된다. 모든 기회는 열려 있다. 자신을 믿고 자신이 올바르게 결정하면 언젠가는 꽃을 피운다.

명리는 통찰이다. 종교와 같다고 말할 수는 없으나 통찰이라는 점에서 종교와 사주는 통하는 점이 있다. 종교를 믿는 사람과 사주를 보는 사람도 어느 정도 비슷한 점이 있다. 이 두 가지는 이해의 부분이고 믿음의 부분이다. 또한 대응 방식이기도 하다.

세상에 태어났지만 모든 것이 내 마음대로 되지 않는 것이 인생이다. 그러나 분명한 사실은 명리와 종교에 관심을 갖는다는 것은 노력한다는 것이고 불확실한 미래에 다가올 변화에 나름대로 대처 방법을 강구했다고 볼 수 있다.

세상은 불확실하다. 나날이 불확실성이 증대되고 있다. 앞으로 불확실성은 더욱 커질 것이다. 그렇다고 명리가 불확실성을 막아주거나 대비하는 도구로서 전부는 아니다. 세상에 모든 것이라는 정의는 없다. 모두 교집합이다.

불확실에 대비하는 방법은 여러 가지가 있을 것이다. 명리는 그중 하나다. 그렇다고 모든 사람이, 모든 리더가 명리나 종교에 모든 것을 거는 것은 아니다. 성공하고 미래를 대비하는 리더들은 선진 경영을 도입하고 철학을 도입하며 시대의 조류를 파악하여 결과를 만들어내기도 한다. 그들은 모두 미래를 향해 달려가는 중이며 너나 할 것 없이 미래를 개척하기 위한 아이템을 찾고 있다. 그 과정에서 명리학이 작은 디딤돌이 된다고 볼 수 있다.

2장

운명을 파악하는 도구

세상에서 가장 오래된 학문은 무엇일까? 명리학이 세상에서 가장 오래된 학문이라고 단정 지을 수는 없다. 인간의 운명과 수명 혹은 화복을 추산하는 학문이나 방법은 세계적인 것이며 그만큼 다양하다. 따라서 인간의 운명을 추산하는 학문이 명리학이라고 단정 지을 수는 없다.

동양에서는 명리학이 인간의 수명이나 병, 그리고 운을 추산하는 학문으로 발전하였다. 명리학이 세상에서 가장 오래된 추명학이라고 할 수 없을지도 모르겠지만 역사가 아주 오래된 것은 사실이며 수많은 사람이 이용한 학문이라는 점에서 거부할 이유는 없다고 본다. 명리학은 지금도 발달하고 있으며 이론도 새롭게 만들어지는 살아 있는 학문이라고 할 수 있다.

명리학이 어디에서 가장 먼저 시작되었고 어떠한 과정을 거쳐 정착되었는지는 정확하게 알 수 없지만 오래전 중국에서 시작되었을 것으로 예측한다. 또 명리학이 시대를 거슬러 발전한 학문임에는 의심할 여지가 없다.

누가 가장 먼저 명리학을 시작했는지 알 수 없음에도 세상을 울리는 천재들이 집필하고 기록을 남김으로써 오늘날 명리학이 세상에서 가장 손꼽히는 추명학 체계를 가지고 있음은 분명한 사실이다. 연구하는 학자와 배우는 이들이 많으므로 명리학의 발전은 어느 정도 예측이 가능하다.

명리학은 자연에서 출발하였다. 동양철학이든 여타 학문이든 대부분 음양오행(陰陽五行)을 바탕으로 한다. 서양의 가이아이론을 논하지 않더라도 이 세상은 혼돈에서 시작하여 음양으로 갈라짐으로써 비로소 기(氣)의 실체가 드러난다고 주장하는 것이 동양철학이며, 이 동양철학이 명리학의 근본을 이룬다.

동양철학에서 모든 사물은 근본을 가지고 있는데, 그것은 기본 성질이라는 개념으로 인식할 수 있다. 이 근본은 우주를 이루는 속성이며 하나의 속성에서 갈라져 나온 것이기도 하다. 이는 혼돈에서 음양이 나뉘고, 다시 오행으로 갈라졌다고 하는 이론이다. 즉 동양철학의 기본 이론에서 사주학은 음양과 오행에 뿌리를 깊이 박고 있다.

POINT

오행(五行) 목(木), 화(火), 토(土), 금(金), 수(水)를 말한다. 이 5종으로 자연현상이나 인사현상의 일체를 해석해서 설명하려는 사상을 오행설이라고 하는데, 고대 중국에서 성립되었다.

이와 같은 이론을 바탕으로 살피면 모든 사물을 이루는 대자연의 기운은 각기 나무를 의미하는 목(木), 불을 의미하는 화(火), 땅을 의미하는 토(土), 쇠를 의미하는 금(金), 물을 의미하는 수(水)로 대별된다.

모든 사물을 이루는 대자연의 기운				
목(木)	화(火)	토(土)	금(金)	수(水)
나무를 의미	불을 의미	땅을 의미	쇠를 의미	물을 의미

세상은 넓고 높으며 다변한다. 따라서 나무는 나무만을 의미하는 것이 아니라 나무의 성질을 지닌 모든 것을 의미한다. 불은 당연히 불길만을 의미하는 것이 아니어서 불의 성질인 열과 빛을 모두 포함한다. 흙은 흙만을 말하는 것이 아니라 흙의 성질이나 흙으로 이루어져 변한 모든 것을 의미한다. 쇠는 단순하게 쇠붙이만을 의미하는 것이 아니라 쇠의 성질을 지닌 모든 것을 의미한다. 물은 물이라고 하는 개별적 사물만을 이야기하는 것이 아니라 물의 성질이나 성분을 포함하는 모든 것을 의미하는 포괄적 개념이다.

명리학이 태동하던 시대는 지금과 다른 시대였다. 어쩌면 지금의 가부장제가 아닌 모계혈통 중심 시대였을 가능성도 크다. 그러나 명리의 역사는 오랜 시간을 바탕으로 하며, 다양한 사회 상황을 관통하며 숙성과정을 거쳐 오늘에 이르렀다.

일반적으로 명리가 태동한 시대는 봉건시대라고 본다. 따라서 지금처럼 자기 자신이 노력한다고 해서 신분이 바뀌고 무언가를 성취할 수 있는 시대였는지는 의문이 남는다. 사람들은 대부분, 특히 명리를 연구하는 사람들은 명리학이 봉건사회에서 뿌리를 내렸다고 믿는 것 같다.

봉건사회는 신분제 사회다. 신분제도를 바탕으로 하는 시대에 사주는 다른 인생을 나타낸다. 즉 귀족의 사주와 천민의 사주가 같다고 보기는 어렵다. 이러한 현상은 지금 이 시간에도 달라진 것 없이 나타난다. 수많은 나라가 세워졌다가 사라지고 지배자와 피지배자가 명백한 시대에 두 사람이 사주가 같다고 같은 인생을 살기는 어려웠을 것이다.

똑같은 사주가 있다고 치자. 누군가는 양반 자식으로 태어나 과거에 급제하여 전쟁터에 나갔고 누군가는 천민이라 전쟁터에 나갔다고 하자. 두 사람의 사주는 같아도 그 결과는 판이하다. 선인들이 말하기를 가문이 우선이고, 풍수가 차지(次之)이며, 명리는 그다음이라 하였다. 명리를 파악할 때는 근본적으로 가문과 그 가문이 풍수지리를 어떻게 적용하였는가에 따라 달라질 수 있다.

명리학은 시대를 반영한다. 따라서 과거와 지금의 판단에서는 발전된 이론과 변화를 적용해야 한다. 봉건시대에 노비로 태어난 사람이라면 아무리 사주가 좋았다 해도 피곤한 삶을 살았을 것이다. 밭을 갈고 가축을 키우며 때에 따라서는 주인을 대신하여 전장에 나가거나 병역 의무를 졌을 수도 있다. 신분이 그러한 사람에게 직업 선택은 쉽지 않았으며 강제 징용되거나 끌려다니는 판에 자유로운 선택을 하거나 신분을 바꾸기란 그야말로 하늘의 별을 따는 것과 같았다. 부당한 처우에 노출되고 인격 모독을 당하며 불만이 활화산처럼 피어올라도 반항하거나 세상을 뒤집을 수는 없었다.

간혹 그런 말을 한다. "왕후장상의 씨가 따로 있느냐?" 하지만 답은 '있다'였다. 과거에 왕후장상의 씨는 이미 정해져 있었다. 하지만 지금은 누구라도 노력하고 실력이 있으며 국민의 지지를 받으면 대통령도 될 수 있다. 이처럼 세상이 변하면 사주의 적용도 달라진다. 그러나 생년월일은 바뀌지 않으니 기본적으로 변하지 않는 진리도 있다.

세상을 바꾸려던 사람들은 문득 깨달았을 것이다. "아, 할 수 없는 것이 있구나." 살아가면서 개개인의 사주보다 환경요인, 국제관계 혹은 나라 운명이 더 크게 작용하는 것을 보았을 것이다. 이러한 흐름을 깨달은 현명하고 적응성을 지닌 학자들이나 선인들은 현명한 판단을 추구하기에 이르렀다. 그들은 주어진 환경에서 최선의 의사결정을 하고 변화와 현상을 해결하는 방법으로 명리와 같은 학문을 적용하였다. 즉 명리학이라는 범주에서 인간사를 판단하지만 시대상을 외면하지 않았고 귀천도 무시하지 않았다.

명리학은 일견 자연의 흐름에 순응하는 이치로 보이기도 한다. 사람들은 세상의 이치에 지지 않는 방법을 찾으려고 노력했으며 그 일환으로 명리학의 끊임없는 발전을 도모했다. 명리학은 이러한 흐름 속에서 발전했으며 지금도 발전하고 있다.

1. 명리학은 무엇을 주나

명리학은 우리가 생각하는 무엇보다 긴 시간 발전하였고 뿌리가 모호하다고 하지만 그 결과는 이미 우리 눈으로 보고 있다.

많은 사람이 명리학은 구체적인 답을 준다고 생각한다. 이름난 역술인이나 오래 공부한 역술인을 만나면 좋은 운을 얻을 수 있다고 생각하는 것 같다. 때로 역술인이 좋은 기회와 운을 잡아준다고 생각하는 것 같다. 어떤 것이 정답인지 모호해지는 순간이다.

명리학을 공부하며 깨달은 것은 누구에게나 주어진 운의 흐름이 있고 그 운은 우리가 모르는 사이에도 계속 흐른다는 것이다. 또 명리학은 추명학(追命學)이라는 이름에 걸맞게 사람의 운명을 추적하고 해석하는 것이지 무언가를 주는 것이 아니다. 우리가 원하는 무언가를 쥐어주는 것이 아니라 어떤 사람의 운명에서 가질 가능성이 높은 것을 찾는 것이다.

추명학이라는 이름이 있듯이 명리학은 취득하는 학문이 아니라 예측하는 학문이다. 무언가가 있는 범위 내의 무언가를 찾는 것이다. 어떤 사람의 인생항로를 파악하여 어느 정도 환경에 있고 어떻게 변할 가능성이 있으며 그 상황에서 어떤 선택을 해서 주어진 여러 가지 길에서 가장 효율적이라고 보이는 무언가를 선택하도록 도와준다.

사람들은 명리가 점술학이나 무속과 비슷하다고 생각한다. 그러나 이들은 근본적으로 다르다. 무속은 신을 받아 영매가 전한다는 것이 주론이다. 일정한 해석의 틀을 가지고 생년월일에 해당하는 별의 이치를 헤아리는 명리와는 근본부터 다르다.

명리학의 범주에 점술학의 범위가 없는 것은 아니다. 최근 명리학의 점법이 무속인 이상의 명중률을 보이는 갖가지 기법을 발전시킨 것 또한 사실이다. 명리학의 범위에서 점술학이 발달하고 각종 점법이 도입되어 무속적 기능에 접근하지만 근본적으로 점사를 보는 무속과는 다르다.

사람들은 묻는다. "명리학은 사람들에게 무엇을 주나요?"

명리학은 사람들에게 구체적으로 무엇을 줄 수 있을까? 많은 사람이 명리학을 통해 무엇인가 얻기를 바란다. 그러한 생각으로 역술가를 찾아가거나 스스로 기회를 만들어 배우고자 한다. 가장 큰 착각은 명리학을 통해 좋은 운을 얻을 수 있다고 생각하는 것이다.

사실 명리학을 통한 인생의 흐름 분석은 부정적이지도 않지만 긍정적이지도 않다. 궁극적으로 명리학은 사주라고 하는 명제를 풀어 운을 바꾸어주는 것이 아니기 때문이다. 원한다고 해서 가져지는 것이 아니며 원한다고 해서 운을 바꿀 수 있는 것도 아니다.

명리학은 운을 바꾸어주는 학문이 아니라 예측하는 학문이다. 보상을 받거나 무언가 얻는 관점과는 거리가 멀다. 사람의 사주팔자는 태어나는 순간 정해지며 운 또한 정해져 있다. 긍정적 측면이라면 주어진 명조와 운을 극대화하거나 가장 효율적으로 사용할 수 있도록 예측한다는 것이다.

명리학은 미래를 예측하는 것이다. 무언가 만들어주는 것이 아니다. 즉 사주팔자를 풀어 그가 어떤 성격과 성정을 지녔으며 사고의 틀이 어떻게 발현되고 어떤 병, 어떤 직업에 근접하느냐를 풀어낸다. 또한 어떤 사람이 어떤 운을 타고 어떤 환경에 노출되거나 처할지 확률을 예측하는 것이다. 따라서 미리 살펴 상황에 처했을 때 효율적으로 판단하고 적용할 수 있도록 알려준다.

사람마다 바라는 것이 다른데 사람들은 사주팔자를 푸는 것으로 바라는 것이 이루어지기를 원한다. 고등학생이라면 점수가 잘 나와 좋은 대학에 가기를 원한다. 결혼할 생각이 있는 여자라면 좋은 신랑감이 나타나기를 원한다. 집이 없는 사람은 집이 생기길 바랄 테고 이사 가고 싶은 사람은 기회가 오기를 바랄 것이다. 사업가라면 "올해 경영 운세가 매우 좋습니다. 연말에 대박이 터질 겁니다." 이런 말이 최상의 답일 수 있다. 그러나 사주를 푼다고 해서 반드시 원하는 답이 나오는 것은 아니다.

예를 들면 대학을 진학할 시기의 학생이 원하는 것은 좋은 성적으로 실력 이상의 대학에 입학하는 것이다. 그러나 운의 흐름에 따라 자신에게 가장 적절한 학교를 찾아내는 것이 명리학의 이치다.

사람들은 한평생 살아가면서 수많은 기회와 시련을 만난다. 형이상학적으로 말하면 이미 정해져 있는 것을 인간이 모를 뿐이다. 그렇다면 실망이 앞설 것이다. 이미 모든 것이 정해져 있다면 몸부림치고 알아내려 해도 소용없다는 것이 아닌가 하고 말이다.

그러나 그것은 아니라는 생각이 든다. 사람이 살아가며 처할 환경과 행로(行路)는 정해져 있다 해도 그 변화와 폭은 아무도 모른다. 사람은 그 폭에 있는 수만 가지 길 중에서 하나의 길을 가게 된다. 이때 누군가의 도움으로 효율적이고 행복할 수 있는 길을 깨닫거나, 도움을 받아 알 수 있거나, 기회가 있어 가장 좋은 길을 선택할 수 있다면 표면적으로 드러나는 삶의 형태는 전혀 다르게 보인다고 할 수 있다.

옛날에도 그랬겠지만 지금도 마찬가지로 한 사람의 인생은 자기 노력만으로 이루어지는 것이 아니다. 삶을 살아가는 과정에 가장 영향을 미치는 것이 무엇인지 알 수 없지만 외부요인은 무시하지 못한다. 사람이 살아가며 무언가 변화가 일어나고 무엇을 결정해야 한다면 외부요인이 더 작용한다고 볼 수 있다.

어떻게 살 것인가? 이는 옛날부터 철학자들이나 똑똑한 사람들만이 아니라 모든 사람의 고민거리였다. 이러한 고민을 해결하고자 수많은 천재와 지식인들이 의사결정을 효율적으로 하고 세상의 비인간적인 흐름에 적응하는 방법을 찾아야 했다.

명리학은 그런 노력의 일환으로 얻어졌다. 우리는 통계학(統計學)이라는 말을 한다. 통계는 매개변수가 있어야 변한다는 것을 알며 이 매개변수가 바로 사람이 살아가며 만나는 변화의 조건들이다.

수많은 세월이 흐르며 인간사에 대한 경험이 축적되어 오늘에 이르렀고, 이것이 사람의 삶을 판단하는 통계가 되었다. 명리학은 인간 생활의 바탕에서 얻어진 경험과학이자 통계과학으로 앞으로는 더 많은 통계가 쌓일 것이다.

2. 무엇으로 판단할까

진인사대천명(盡人事待天命)이라는 말이 있다. 노력을 다하고 하늘을 기다린다? 할 일을 다했으니 하늘의 처분을 기다린다? 이 말은 어찌 보면 가장 희극적이기도 하다.

사람은 살아가면서 모든 노력을 할 수 없으며, 노력했다 해도 그 결과를 알지 못한다. 기다린다는 것은 매우 비극적이거니와 인간은 일찍이 이런 사실을 깨달았다. 그래서 노력을 하고 기다리기보다는 나서서 그 결과를 미리 알아보고자 했다.

사람들은 저마다 자신에게 어울리는 노력을 한다. 남이 보기에 미천하거나 그다지 노력하지 않는 것처럼 보여도 본인은 열심히 노력하였다고 할 수 있다. 물론 누군가는 노력하지 않고 열매를 따려고 덤비기도 한다.

사람들은 모든 행운이 자기 것이기를 바란다. 그래서 대박이 나에게 오기를 기다린다. 이 대박을 위해 누군가는 공부를 하고, 누군가는 사람을 만나며, 누군가는 땀을 흘린다. 그들이 듣고 싶은 말은 아마도 "대박이야!"일 것이다. 많은 사람이 결과를 미리 알고 싶어 역술가를 찾는다.

나는 역술가라는 말보다 명리학자라는 말을 써야 한다고 생각한다. 명리학자는 사주를 보고 조언을 한다. 기다리면 결과가 나온다고 말한다. 하지만 때로는 풀리지 않는 것도 있다. 그래도 명리학자들은 긍정적으로 파악해야 한다. '기다리라'고 하면서도 언제까지 기다리면 결실을 얻을 것이라고 말한다. 그 희망이 있어 누군가는 다시 노력하고 앞을 향해 달려간다.

간혹 다급함이라는 어리석음이 찾아온다. 누군가는 이곳저곳의 명리학자들을 찾아다니며 결과에 대한 확답을 들으려고 한다. 다행히 한결같은 답이

나오면 좋겠지만 애석하게도 답이 나오지 않으면 더욱 혼란스럽고 마음이 어두워진다.

그렇다면 무엇으로 판단할 것인가?

성공한 사람들 중 많은 사람이 자신이 가지고 있는 기본적 성향을 파악하고 자신의 장점과 단점을 파악하려고 명리학을 이용한다. 자기 본성을 파악하면 언제 나아가고 언제 물러나야 할지 알게 된다. 가장 근본적으로 자신에게 어떤 능력이 있는지, 어떤 일에 어울리는 성격인지 혹은 자신이 무엇을 잘할 수 있는지 파악되니 진로 결정에서 판단이 선다.

열심히 노력하는 사람이 있다고 하자. 자신이 오랫동안 준비한 아이템이 시장에서 사장되거나 사업에서 계속 실패한다면 여러 가지를 생각하게 된다. 자신이 준비하고 노력한 품목이나 사업 방향이 시장에 어울리지 않을 수도 있으며 일정 수준을 따라가지 못하는 것일 수도 있다. 그러나 근본적으로 자신이 사업에 어울리는 사람이 아닐 수도 있으며 때가 오지 않았을 수도 있다.

명리는 이러한 상황에 대해 매우 효율적이고 드라마틱한 판단을 내려줄 가능성이 크다. 자신을 먼저 안다는 것 자체가 힘이 되며 다음으로 넘어갈 준비단계다. 편견을 버리고 열린 마음으로 받아들일 수 있다면 명리학을 이용하여 자신의 특장점을 파악하고 관점의 차원에서 다양한 조언을 들을 수 있다.

무엇으로 판단하는가 하는 문제가 바로 자신을 아는 것이다. 나를 싸고 도는 여러 가지 문제 때문에 내 운이 트이지 않을 수도 있다. 명리학은 이 주변의 변화를 어느 정도 예측할 수 있고, 이 예측으로 돌파구를 찾아낼 수 있다.

사람은 각기 다른 성향에 다른 사고를 하며 살아간다. 이 성향과 사고가 바로 판단의 출발점이다. 똑같은 일이 일어난다고 해도 성향과 성격에 따라 반응은 달리 나타나게 된다.

한겨울이 되었을 때 우뚝 선 소나무와 자잘하게 자란 들국화는 겨울을 받아들이는 기분이 다르고 적응방법도 다르다. 거대한 바위가 소나무와 같은 감정으로 겨울을 받아들일 수는 없다.

같은 나무도 각각 적응과 반응이 다르다. 크게 자란 소나무는 궁궐을 지을 때 대들보가 되지만 싸리나무는 몇백 년을 자라도 기둥이 될 수 없다. 이미 처음부터 그 싹이 정해져 있다. 어떻게 쓰일지는 내 노력이 아니라 주변 환경에 따라 결정된다. 이같이 내 탓이 아니라 주변 탓으로 변화가 일어나므로 주변을 살펴야 하는데 명리학에는 이 주변을 파악하는 기법이 있다. 근본적으로 내가 누구인가를 파악하고 주변을 살펴야 한다.

나를 파악해야만 내 특질과 운의 흐름을 맞출 수 있다. 내 특질과 운의 흐름이 맞지 않는다면 좋은 운이 와도 정확하게 맞추어낼 수 없어 낭비하고 만다. 준비된 자가 복을 받는다고 하는 이유는 준비하고 있어야 운을 잡을 수 있기 때문이다.

그렇다면 운을 알 수 없으니 포기하라는 말인가? 자신을 객관적으로 분석하여 성격적 특징과 본질적 성향을 파악하면 받아들이는 것이 다르다. 자신을 안다면 상황을 정리할 수 있고 효율적인 적응이 가능하다.

누군가 예술성이 있다는 말을 한다고 하자. 실제로 자기 자식에게 예술성이 있다는 말을 들었다고 하는 사람을 많이 만난다. 그러나 그 예술성이라는 것이 객관성이 없다는 것이 문제다. 그 예술성이 노래를 잘하는 성향이라고 가정해보면 노래방 가수 실력인지, 전국노래자랑에서 통하는 실력인지 알 수 없다. 혹은 정말로 오페라 가수나 힙합 가수가 될 실력인지도 알 수 없다. 객관적으로 파악하는 기준이 필요하다.

노래 실력이 비슷하다고 하더라도 노력 여하에 따라 달라진다. 처음에는 실력이 비슷하고 성향으로 보아도 비슷한 정도라 해도 보컬 트레이닝을 받는 사람과 노래방에서 부지런히 노래 부르는 사람은 결과가 달라진다. 가장 효율적인 노력의 시점은 물론 결과를 향해 무언가 할 수 있도록 찾아내는 것이 명리학이다.

많은 사람이 자신의 길에서 오래 방황한다. 자기 앞에 길이 여러 개 놓여 있음을 모르고 가장 나쁜 길을 택하기도 하고 우연히 가장 효율적인 길을 택하기도 한다. 누군가는 명리를 통해 가장 이상적인 길을 택하기도 한다.

무엇으로 판단할 것인가? 명리가 가장 확실한 판단 기준은 아니지만 보편적인 판단은 제시할 수 있다.

3장

명리 속의 세상,
세상 속의 명리

사람들의 운명은 공평할
까? 모두 공평하게 태어났을까? 어떤 운명이 좋은 걸까? 누구는 권력을 가
진 부모나 돈 많은 부모 밑에서 태어나고 누구는 찢어지게 가난한 부모에게
서 태어난다. 돈이 없어 아르바이트하며 공부해야 하는 사람도 있다. 혹은
어린 나이에 산속에 들어가 승려의 길을 걷기도 한다. 당연히 '금수저'니 '흙
수저'니 하는 논쟁이 생겨난다.

누군가는 부자의 자식으로 태어나 죽을 때까지 부자로 산다. 누군가는 부
자의 자식으로 태어났지만 가산을 탕진하고 길거리에서 비참하게 죽는다.
가난하게 태어나 평생 가난하게 살다 가는 사람도 있다. 가난하게 태어났지
만 열심히 노력해 부자가 되어 떵떵거리며 사는 사람도 있다.

어떤 학생이 '금수저' 운운하며 자살했다는 기사를 보며 참으로 안타까웠
다. 그런데 나중에 그 학생이 그럭저럭 살 만한 집에서 태어났으며 누가 보
아도 중산층인데도 불운하다며 죽었다는 사실을 알았다. 그 학생에게 어느
정도 재력과 어느 정도 명예가 금수저의 조건일까? 그 학생이 금수저가 아
니라서 자살한 것은 아닐 거라는 생각을 했다.

세상은 공평하다고 말한다. 직업에도 귀천이 없다고 한다. 하지만 이는 누
구나 알다시피 거짓말이다. 세상 사람들에게 그렇다고 말해주고 싶지만 세

상은 공평하지 않으며 직업에도 귀천이 있다.

나는 사람들에게 분명하게 말한다. 직업에는 귀천이 있다고. 어찌 직업에 귀천이 없다는 말로 사람들을 현혹하겠는가? 이제 세상을 속이는 어리석은 말에 넘어가지 말고 그것을 이해하고 수긍해야 한다. 누군가 아무리 세상이 공평하다고 해도 명리를 하는 나는 그렇다고 긍정할 수 없다.

사주에도 금수저가 있고 흙수저가 있다. 태어날 때부터 매우 좋은 사주가 있고 아주 나쁜 사주가 있다. 어떤 사주는 죽어라 노력해도 가난하게 산다. 누군가는 탱자탱자 놀아도 돈이 넘친다. 누군가는 책을 잠깐 보아도 성적이 잘 나오고 누군가는 밤을 새워 공부해도 성적이 나오지 않는다. 누군가는 조금만 노력해도 출세가도가 열리고 누군가는 수십 년 노력해도 출세와는 거리가 멀다.

명리학에 따르면 세상은 불공평하다. 누군가는 취직도 부모덕으로 무리 없이 한다. 누군가는 합격의 문턱에서 누군가의 개입으로 낙방한다. 어떤 사주팔자는 목표를 세웠다 해도 결국 이루지 못한다.

명리의 관점은 냉정하다. 출세의 운이 공정하다거나 노력하면 누구나 이룬다는 것은 충고가 아니라 비상식적인 말이다. 명리로 볼 때 그렇다는 말이다. 명리이론에서 보면 재물운(財物運)이나 출세운(出世運)은 하나같이 다 다르다. 그릇이 다르고 시기가 다르고 받아들이는 마음도 다르다고 본다.

이는 사회학적으로 불행한 말이지만 명리의 관점에서 보면 이해할 수 있는 말이며 인간의 삶에 대한 관점에서는 지극히 당연한 말이다. 사실 인간이 사회를 만든 이후 이러한 방법으로 이어져왔으니 슬퍼하거나 새삼스러워할 일도 아니다.

1. 자연의 눈으로 보자

명리학의 기본 바탕은 사람이다. 사람은 자연의 일부이고 명리학은 자연을 이해하는 것이다. 동양철학의 한 페이지에 해당하는 명리학은 동양학의 근본에 충실한데 이 음양오행은 자연의 이치를 바탕으로 한다.

명리학을 알고자 하면 자연을 이해해야 하므로 자연의 시선, 자연의 눈으로 보아야 한다. 자연은 매우 다채롭다. 땅이 펼쳐져 있고 물이 있으며 나무가 있고 바위가 있으며 불이 있다. 땅에는 높고 큰 산이 있고 낮고 넓게 펼쳐진 논밭이 있다. 물에는 비와 안개가 흩어져 내리거나 계곡으로 흐르는 물과 바다 같은 물도 있다. 나무는 하늘을 찌르며 성장하는 소나무나 느티나무 같은 나무도 있고 풀이나 키가 작은 꽃과 같은 나무도 있다. 바위도 거칠고 둔탁하며 규모가 거대한 바위가 있는가 하면 작은 돌덩이 같은 바위도 있다. 불도 빛만 뿜어내는 태양과 같은 불이 있는가 하면 산불을 일으키는 불도 있다. 이것이 자연이다.

우리는 자연을 달리 만물(萬物)이라고 한다. 만물은 각각 형태와 성정을 지니고 있으며 존재 의미가 있다. 모든 사물은 전체 자연의 일부분이고 조화를 이뤄 서로 의지하거나 다투기도 한다. 이러한 기운을 우리는 자연이라 하고 다섯 가지 기운에 통합하니 오행(五行)이라고 한다.

자연의 다섯 가지 기운					
오행(五行)	목(木)	화(火)	토(土)	금(金)	수(水)

모든 우주 만물은 다섯 가지 기운으로 이루어져 있으며, 자연이 우주의 일부분이고 인간도 자연을 따르니 오행의 변화에 수긍한다.

인간도 마찬가지다. 각각 그 사람을 이 다섯 가지 기운으로 해석하려는 공식을 만들어냈으니 이를 바탕으로 사람을 분석한다. 인간도 자연의 일부로 해석하는 것이 명리학이다. 사람이 태어나는 순간 오행의 기능을 부여한다. 즉 어머니 배 속에서 벗어나는 순간 목화토금수(木火土金水)의 오행을 적용한다.

간단히 생각하자. 하늘에는 수많은 별이 떠 있고 이 별들에는 각각의 성격과 특징이 있다. 또 이 별들은 각각 오행을 부여받고 있다. 이 별들이 적도 위를 떠다니는데 시간에 따라 나타나는 별들이 각각 다르다. 누군가 어머니 배 속에서 나오는 순간 어느 별인가는 적도 위에 떠 있을 것이다. 이 별이 어느 순간 태어난 사람에게 영향을 미치니 이것이 사주다.

사람은 태어나는 순간 하늘의 기운을 나타내는 별과 땅을 나타내는 별을 만나게 되는데 각각의 배치와 강약으로 그 사람을 파악하게 된다. 이와 같은 과정에서 그 사람이 지닌 오행의 특징을 분석한다.

명리라는 틀에서 살피는 인간은 이 오행에서 벗어나지 못하는 존재다. 이 오행을 부여받음으로써 대자연의 일부로 살아가게 된다. 모든 사람이 그러하니 오행의 배치에 따라 근본과 변화가 이루어진다. 이와 같은 오행의 배치에 따라 각각의 모습을 지니고 역할을 부여받는다.

세상에는 무수한 객체가 있다. 사람이라는 존재도 대자연의 범주에서는 객체일 뿐이다. 대자연이라는 범주에서 개개인이 부자가 되거나 관료가 되거나 아프거나 이름을 날리는 것은 관심사가 될 수 없다. 다만 인간이 스스로 대자연의 일부가 되었기에 관심을 기울인다. 이것이 명리의 근본이다.

명리는 좀더 큰 자연의 흐름에서 파악해야 한다. 그것이 명리를 올바로 받아들이는 관점이 될 것이다. 사람이 부모를 만나 태어나고 형제를 만나고 자라며, 친구와 선후배 그리고 스승과 인도자를 만나는 것도 자연의 진리다. 병들거나 지위를 얻거나 돈을 벌고 행복하거나 불행하게 살다가 죽어가는 것까지도 자연의 섭리일 뿐이다. 그러나 인간은 이 섭리에 의미를 부여하고자 한다.

자연의 큰 흐름에서 보면 이와 같은 인간의 생로병사(生老病死)와 흥망성쇠(興亡盛衰)가 당연한 것이지만 인간의 눈으로는 미래를 알기 어려우므로 명리학이라는 학문으로 미래를 파악하고 개개인의 삶을 분석하며 의미를 부여하고자 노력한다.

명리학은 인간의 삶에 미리 설계된 흐름이 있다고 보는 것이며 어느 시기에 어떤 변화, 어떤 상황을 만나는지에 대한 추론을 할 뿐이다. 즉 이러한 상황에서 변화를 주는 것으로 그 결과가 예측된다는 점을 추론하는 것이다. 물론 오랜 세월 계속된 통계를 바탕으로 한다.

2. 누구에게나 근심은 있다

세상을 다 가진 사람이 있다고 하자. 그는 아무런 근심도 없을까? 그렇지 않을 것 같다. 인간이 만들어낸 산물이라고 하지만 그리스·로마 신화의 신들도 살며 사랑하고 질투하며 걱정과 근심을 가지고 산다. 신화에 나오는 신들은 하나같이 근심을 가지고 있는데 그것이야말로 인간이 가진 근심의 첨단이다.

학생들을 지도하는 틈틈이 내담자를 만나 사주를 풀어 인생의 항로를 살피고 찾아오는 사람들의 추명을 하고 있다. 이 과정에서 늘 느끼는 것은 삶 속에서 행복한 사람도 있고 불행한 사람도 있지만 언제나 행복하기만 한 사람도 없고 늘 불행하기만 한 사람도 없다는 것이다. 불행 중 행복을 느끼고 행복 중 불행을 느끼니 풍수지리의 이론인 생룡(生龍) 중 사룡(死龍)이 있고, 사룡(死龍) 중 생룡(生龍)이 있다는 이론과 대동소이(大同小異)하다.

명리는 인간의 항로를 폭넓게 분석한다는 것이 장점이다. 그런데 이 과정에서 느끼는 것은 모든 사람에게는 자신만의 아킬레스건이 있다는 사실이다. 그야말로 결정적인 한 방, 즉 피해갈 수 없는 고통인데 이는 고통의 극한이다. 통점(痛點)이라고 할 수 있는 그것이다. 우리 몸에는 네 가지 감각기능이 있다. 따뜻함을 느끼는 온점(溫點), 차가움을 느끼는 냉점(冷點), 압력을 느끼는 압점(壓點), 고통을 느끼는 통점(痛點)이 그것이다. 이 중에서 가장 많은 부분을 차지하는 것은 통점이다.

누구에게나 통점이 있다는 것이 명리학의 송곳이다. 우리는 즐겨 말한다. 누가 돈을 많이 벌었다더라, 누가 국회의원이 되었다더라, 누구 자식이 검사가 되었다더라, 누구 아들이 돈을 많이 벌었다더라. 그들은 통점이 없을까?

우리가 알고 있는 범위에서 파악하면 흔히 '잘나가고' '힘을 지닌' 그리고 '행복한' 사람들은 재물복이 넘치고 관운이 따라 명예운이 좋은 사람들이다. 누가 보아도 부러운 그 사람들에게도 통점이 있다.

나를 찾아와 상담한 이들 중에는 굴지의 기업을 이끄는 사람, 대학교수, 이름난 가수와 아이돌 가수, 그밖에 사회 유력자들이 있다. 누가 보아도 행복하기만 할 것 같은 그들에게도 아킬레스건이 있다.

그들의 통점도 다양하다. 놀라운 것은 그들의 통점이 그들보다 못살거나 지위가 없는 사람과 비슷하다는 것이다. 돈은 있는데 자식이 속을 썩이거나 명성은 있는데 자식이 없는 사람, 모든 것을 갖춘 것 같은데 아내가 병에 걸린 사람 등 겉으로는 누구나 같은 정도의 통증이지만 사실 그들에게는 더욱 아픈 통점이었다.

겉으로 볼 때 그들은 매우 행복하다. 남들보다 돈이 많거나 사회적 명성이 있다. 혹은 수많은 팬이 있거나 안락한 삶을 사는 것으로 보인다. 그러나 남이 모르는 통증이 있을 가능성이 크다.

그들을 만나보면 더욱 아픈 것 같다는 생각을 지울 수 없다. 마음속이 지옥처럼 헝클어져 찾아오는 사람도 있고, 밝은 겉모습과 달리 우울한 사람도 있다. 그들은 일반적인 사람들과 비교해 개인사를 들추어내기를 더욱 꺼리기 때문에 밝혀지지 않고 드러나지 않을 뿐이지 숨겨진 고통이 더욱 크게 느껴지는 경우도 많다.

큰 틀에서 보면 세상은 공평하다. 유학(儒學)의 거두로 존경을 받고 제자들에게 숭상받았던 이율곡(李栗谷)은 둘째형 때문에 평생 고통을 당하고 고민 속에서 살았던 것으로 보인다. 이처럼 누구에게나 아픈 손가락이 있는데 이것이 아킬레스건이고 통점이다. 부자들 중에는 엇나가는 자식을 둔 경우가 많고, 형제자매 중 하나가 수명이 짧거나 불행한 일을 당하기도 한다. 자신은 교수로서 대단히 성공했는데 형제 중 누군가는 너무 가난한 경우도 있다.

세상은 불공평하지만 큰 틀에서는 공평하기도 하다. 모두 잘된다는 것이 지나치게 불공평해서인지 꼭 통점을 하나씩 만들어놓는다. 누구라도 그렇지만 큰 인물이 되려면 모진 풍파를 견디거나 뼈를 깎는 고통이 따라야 하는데, 대인(大人)이 되려면 고통의 무게를 지고 가거나 이겨내야 한다. 그러한 고통을 이겨내지 못할 사주였다면 큰 인물이 되기 어려웠을 것이다.

많은 사람의 사주를 풀고 그들의 운명을 들여다보면 놀랄 때가 많다. 언젠가 이력이 화려한 사람과 인연이 있었다. 그는 30대에 100억대 재산을 모았으나 기이하게도 40세가 넘도록 결혼운이 따르지 않았다.

또 다른 인연도 있었다. 외국의 좋은 대학에 유학하여 40대에 외국계 글로벌 회사에서 승승장구하여 대표이사를 바라보는 그에게는 그렇게 원하지만 자식이 생기지 않았다. 어떤 남자는 자기 영역에서 천하를 지배할 듯한 명성을 얻었지만 '미투 운동'으로 인생에 전환점을 찍었다.

세상에 걱정이 없는 인생은 없다. 그 걱정은 또한 제각각 다르다. 그러한 점이 명리의 관점으로 보면 매우 불평등한 가운데 평등한 것이다. 겉으로는 매우 행복한 것처럼 보여도 그 사람 사주에는 반드시 아픔이 있다. 누구에게나 통점이 있다. 다만 드러나지 않아서 행복해 보일 뿐이다. 이 통점을 찾아내 아픔을 순화하는 것이 명리학이다.

4장

운명에 영향을
미치는 것들

사람의 운명에 대해서는
누구나 할 말이 많다. 많은 사람이 운명은 스스로 개척하는 것이라고 말한
다. 이것이 진리처럼 여겨진 지 오래다. 성공한 사람들은 하나같이 주장한다.
"운명은 개척하는 것이다."

공감하지만 명리의 시각으로 본다면 이 말은 맞지 않을 수도 있다. 반드
시 내가 운명론자라서가 아니다. 명리의 눈으로 보면 인간의 운명에는 일정
한 법칙이 있으며 사람마다 주어진 길이 있다. 다만 그 길고 짧음과 폭을 모
르기 때문에 운명에 부합하는 행로를 정하지 못하고 기회를 잡지 못할 뿐
이다. 명리는 이러한 인간의 미흡한 부분을 예측하고 시기를 찾아가게 도와
준다.

이 운명론적으로 보이는 명리의 판단에서 사람은 각기 다르다. 사람은 각
기 다른 운명을 가지고 있다. 사람마다 태어난 시간이 다르듯 그릇의 크기
도 다르며 재료도 다르다. 생각이 다르고 뇌 구조가 다르다. 행동이 다르고
발복(發福) 시기도 다르다. 성공과 실패 시기도 다르고 삶의 방식도 다르다.
각자가 느끼는 행복의 진폭이 다르고 행복을 받아들이는 시기나 방법, 강도
도 다르다.

【아차!】   운명론(運命論)

많은 사람이 명리학을 운명론의 범주에서 파악한다. 운명론은 자연현상이나 인간사는 이미 모두 정해진 운명이기 때문에 변경할 수 없다고 믿는 이론이다. 결정론과 혼동되는데 결정론은 인간의 의지적 행위를 다수의 자연적 원인으로 돌리려고 하는 이른바 심리학적 이론이라는 점에서 운명론과 다르다. 이 운명론이 반드시 명리학의 결과와 부합하는 것은 아니다.

같은 날 같은 시간에 태어난 사람이 반드시 있다. 그런데 그들의 삶이 다르다는 것은 무엇을 의미하는가? 명리학은 오랜 기간 발전하였고 그것을 정리하거나 새롭게 발견한 사람들이 남긴 기록이 있다. 그 기록에 따르면 사람의 운명은 단순하게 태어난 시간만으로 이루어지는 것이 아니다.

사람은 착각의 동물이다. 자신이 아는 것이 전부이고 진리라고 생각하는 경우가 많다. 풍수지리에 심취한 사람은 풍수지리가 운명을 바꿀 수 있다고 생각하고 명리학을 배운 사람은 명리학이 운명을 바꾼다고 생각한다. 두 가지 이론을 모두 배운 사람은 풍수지리와 명리학이 상호 보완적인 것임을 안다. 흔히 명리학은 추명학(追命學)이라 하고 풍수지리는 개운학(開運學)이라고 한다. 명리로 운명을 예측하거나 검증하고, 운을 열어주는 방법으로는 풍수지리를 이용한다는 것이 옛사람들의 생각이었다.

추명학과 개운학이라는 이름에는 어떤 의미가 있을까? 추명은 운명을 따라가며 과거를 거울삼아 미래를 예측하는 것이다. 개운은 운을 열어주는 것이다. 결론적으로 명리학은 운을 열어주는 것이 아니라는 얘기다. 그러나 운명을 아는 것은 명리학이다.

명리학을 다룬 《적천수(滴天髓)》에 명기되어 있듯 사람들은 생년월일을 따진 사주팔자만으로 운명을 논하려는 어리석음을 범한다. 많은 사람을 간명하며 얻은 경험치로 보아도 반드시 사주팔자만으로 운명을 논하지 못하는 경우가 아주 많다.

《적천수》는 기(氣)와 같은 어려움에 해답을 내려준다. 명리 3대 보서(寶書)라고 일컬어지는《자평진전(子平眞詮)》,《난강망(欄江網)》,《적천수》중에서 제1을 꼽으라면 나는 의당《적천수》를 꼽을 것이다. 그 이유는 아마《자평진전》이나《난강망》이 사주팔자의 체(體) 영역을 주로 다루었다면《적천수》는 용(用)의 영역도 다루었기 때문일 것이다.

《적천수》말미에 적혀 있는 대로 사람의 운명을 파악할 때 사주팔자보다 먼저 작용하는 것이 가문(家門)과 풍수(風水)다. 이 두 가지를 제쳐두고 사주팔자만으로 한 개인의 운명을 완벽하게 예측하기는 어렵다.

【집중】　　　　　　　　　　　　　　　　　　　**적천수(滴天髓)**

중국 명대(明代)의 성의백(誠意伯)이 저술한 명리서다. 사주명리학의 고전으로 평가받을 뿐 아니라 명리학의 3대 서적으로도 인정받는다. 사주학 해설서는《연해자평》과《적천수》에 크게 의거하는데 지금도 이 두 서적을 원서로 한다. 명리학에 따른 고대의 3서로《연해자평(淵海子平)》,《적천수》,《삼명통회(三命通會)》가 있고 근대의 3서로는《명리약언(命理約言)》,《자평진전》,《주적천수(註滴天髓)》가 있다. 명리학을 깊이 배우고자 하면 이 서적들은 필수에 해당한다.

이와 같은데도 우리는 명리학의 근거를 매우 중요하게 여긴다. 사람들은 "아이고 내 팔자야!"라고 습관적으로 말한다. 많은 사람이 자기 운명을 바꾸고 싶어 한다. 현재 내 모습이 불민하고 안타깝다고 생각해 더 나은 미래를 기원한다. 이러한 여러 가지 이유로 운명을 바꾸고 싶어 한다.

그렇다면 운명을 바꿀 수 있을까? 명리학을 깊이 연구하거나 공부한 사람이라면 운명을 바꾼다고 말하기는 어려울 것이다. 내가 만난 사람들 가운데 운명을 바꾸고자 노력한 이들이 많았지만 바꾸었다고 하기보다는 폭을 넓혔다고 본다. 운명의 폭을 넘었다고 생각되는 사람들 중에는 가문의 영향이 있었고 풍수지리의 도움이 있었다고 판단한다.

현재 내 모습이 불만스럽고 안타까워 어떻게든 운명을 바꾸고 싶다면 어떻게 해야 할까?《적천수》의 이론대로 가문을 바꿀 수는 없다. 그러나 풍수지리는 바꿀 수 있다. 좋은 곳에 조상의 묘를 쓰는 행위와 좋은 집에서 사는 것이다. 좋은 집이란 비싼 집이 아니라 풍수적으로 사람이 살기에 좋고 기(氣)를 받을 수 있는 집을 말한다. 그다음이 노력이고 습관을 바꾸는 것이다.

습관(習慣, habit)이란 사전적으로는 같은 상황에서 반복된 행동의 안정화 또는 자동화된 수행을 말한다. 좁은 의미로는 반복에 따른 근육 운동이나 건(腱) 운동이 정형화되는 것을 말하지만, 주기적으로 반복하는 식사나 수면 습관, 풍속, 문화 등 넓은 범위의 관습도 습관이라고 한다. 습관이란 정형적이며 자동으로 발생하는 반응이라는 점에서 자유로이 변화하는 의도적(意圖的) 반응과 구별된다. 또 습관은 습득(習得)된 결과라는 점에서 선천적 반응과 구별된다.

명리적 판단에서 습관은 일상적 행동이 아니다. 명리적 판단에서 습관이란 '특정한 마음가짐이나 일관된 행동과 대응'이 될 것이다. 마음가짐이 행동을 바꾸고, 이 행동이 운명을 바꾼다. 아니, 운명을 바꾸는 것이 아니라 올바른 운명을 찾아가는 것이다. 운명론자라고 할 수 있는 사고이지만 명리학은 지극히 운명론적이다.

습관은 인간의 행동을 제어한다. 사회가 어렵고 취직이 어려우며 살기가 어렵다는 말을 한다. 그러나 이런 말은 과거에도 있었고 그 이전에도 있었다. 함무라비 법전에 나와 있다는 말이 생각난다. "요즘 아이들은 버릇이 없어." 지금도 같은 말을 한다. 어른의 눈으로 보았을 때 젊은 사람의 행동은 언제나 버릇이 없다. 경제상황도 그렇다. 현재가 어려운 것이 아니라 항상 어려웠다. 단지 지나간 일은 지나간 일로 치부하므로 더 어려웠다 해도 조금은 쉬웠던 것으로 인식할 뿐이다.

취업이 어려운 시기라고 한다. 일을 얻기 어려운 시기라고 한다. 누구에게나 같은 상황일 수 없지만 어렵다는 공통점은 있다. 사람들은 각기 다른 판단을 한다. 누군가는 생각한다. '어려운 시기이니 지금은 참고 쉬며 내일을 기약하자.' 또 다른 누군가는 다른 생각을 한다. '어려운 시기이니 우선 힘들더라도 일을 하며 더 나은 일을 찾아보자.' 누군가는 움직이지 않고 기회를 기다렸고 누군가는 움직이며 기회를 찾았다. 그리고 두 사람의 결과는 전연 다르게 나타난다.

사람들은 말한다. 그건 판단이라고! 나는 말한다. 이건 습관이야. 습관은 판단에서 나오는 것이겠지만 반복된 학습의 결과다. 이 학습을 하도록 하는 것이 바로 생각이고 뇌 구조다.

일주(日柱)는 태어난 날을 기호화한 것이다. 사람이 태어난 날을 하늘을 의미하는 글자 천간과 지지로 적용하여 해석한다. 이 일주로 사람의 생각을 예측한다.

이 생각을 지배하는 것이 명리학에서는 일주라고 파악한다. 일주는 사람이 태어난 날을 하늘을 의미하는 글자 천간(天干)과 땅을 의미하는 글자 지지(地支)로 적용하여 해석한 것이다.

생각을 지배하는 것이 일주다				
생년월일(生年月日)	시(時)	일(日)	월(月)	년(年)
천간(天干)		갑(甲)		
지지(地支)		자(子)		

일주는 태어난 날을 기호화한 것이다. 사람이 태어난 날을 하늘을 의미하는 글자 천간과 지지로 적용하여 해석한다. 이 일주로 사람의 생각을 예측한다.

행동을 반복하는 것이 습관이다. 이 습관이 반드시 긍정적이라고 할 수는 없다. 때로는 부정적으로 나타나는 것도 습관이다. 이 습관을 만드는 것이 생각인데, 생각은 사주팔자에서 고유 영역이다.

명리학을 배우거나 사주의 구조를 연습한 사람들은 어떤 사람의 생년월일을 따져 사주를 구성하면 그 사람의 머릿속이 어떤 구조로 되어 있는지 알 수 있으므로 습관도 예측이 가능하다.

습관은 태도를 만든다. 사람에게는 각기 다른 습관이 있어 태도도 달리 나타나므로 어떤 습관이 옳다고 말할 수는 없다. 누구에게나 판단 근거가 있고 그 판단이 습관을 따라 나타날 수도 있다. 상황에 따라 판단이나 습관이 영향을 미친다. 취직하기 어려운 시기에 좋지 않은 직장에 취직하여 기회를 보는 것보다 기다리다가 좋은 직장을 잡을 수도 있다. 그러나 중요한 것은 습관에 따라 흐름이 이어진다는 것이다.

사주팔자를 분석하면 성격이 나타난다. 그 성격에 따라 습관도 예측이 가능하다. 누군가는 강력한 리더십을 가지고 있고 적극적인 성격이다. 혹은 말만 앞서거나 자신만의 이익을 좇는 성격이다. 경우에 따라서는 신기하게도 분위기에 따라 여기저기를 기웃거리거나 자신의 이익을 취하기도 한다.

중요한 것은 습관이다. 위기의 순간이나 결정의 순간에 습관이 나타난다.

습관은 자신의 사주 구성에서 나타난다. 우유부단해서 항상 시기를 놓치거나 기회를 놓치는 사람도 있고 지나치게 서둘러 달려가 일을 어그러뜨리는 사람도 있다. 평소 습관이 많은 것을 결정짓는다. 그 습관은 자기 사주에 이미 들어 있다. 자기 사주를 파악해서 약점이 무엇인지 알고 습관을 고칠 수 있다면 운을 받아들이는 데 도움이 된다.

1. 나는 누구인가

사람의 운명을 분석하고 상담하며 조언한다는 것은 매우 어렵고도 신중해지는 일이다. 무엇에 중점을 두고 분석할지도 생각해야 한다. 무작정 그럴 것이라는 판단은 금물이고 사람마다 개개인의 다른 성향을 분석하고 판단해야 한다. 개개인의 성향을 분석하는 것이 모든 것의 시작이다.

수많은 사람을 만나 사주를 풀다보니 그 성향이 중요함을 알았다. 몇 년 전 일이다. 20대 초반으로 대학 4학년인 그 여성은 우리나라 여자대학에서 연기와 연극을 배우는 학과에 다녔다. 오랫동안 연기를 배웠고 연기자가 꿈이었다. 그러나 동료들과 비교했을 때 이상하게 운이 닿지 않았다. 몸매나 얼굴이 빠지는 것도 아니고 실력이 부족한 것도 아니었다.

이 젊고 유능한 여성의 사주를 분석해보니 예술적 소양이 있지만 기획과 문서를 사용하는 스타일이지 몸으로 연기하는 사주 구성이 아니었다. 미세한 차이지만 명리학은 이러한 것을 분석할 수 있다. 이는 사주 구성에서 예술적 기질을 드러내는 요소가 부족하다는 것이다. 그 대신 그것을 가르치고 지도하며 문서화하는 능력이 있었다.

사실 크게 부담스럽게 파악할 것은 아니나 그 여성분에게는 일생일대의 중요한 결정을 해야 했다. 그때까지도 이 여성은 학생이었고 4년간 열심히 연기를 배워왔다. 동료들이나 학우들이 연기에 전념하고 방송에 나왔지만 이 학생은 이상하게 길거리 캐스팅 기회도 주어지지 않았다. 우선 이 학생의 희망을 살려야 했다. 지나치게 침체되어 있었고 4년의 대학생활이 헛수고가 아닌가 하고 고민했으므로 우선적으로 필요한 것은 용기였다. 일단 여러 곳에 원서를 내고 오디션에 참가하라고 했다. 그러나 반드시 연기에 매달리기보다는 연출자가 적성에 더 어울리니 그런 기회도 찾아보라고 했다. 만약 연기자의 길만 쫓아다니면 결국 실망하고 만족하기 어려울 것이라고 이야기해주었다. 그리고 연기가 연출을 위한 연습 내지 경험이 될 것이라고 조언하고 기회가 오면 연기를 하겠지만 그보다는 연출로 방향을 돌려보라고 했다. 연기가 바탕이 되어야 연출이 가능하니 경험을 쌓는다는 측면에서 연기에 접근해보라고 했다.

3년이 지난 뒤 이 여성이 다시 찾아왔다. 지금은 무엇을 하느냐고 물었더니 연출을 한다고 했다. 연기도 조금씩 하는데 주연은 아니고 준조연급이라고 했다. 그런데 막상 사회생활을 하고 보니 자기가 생각하기에도 연기보다 연출이 잘 맞는다고 했다. 이 여성은 스스로 성취감이 높았고 여러 회사에서 자신을 찾아 동년배 연출자보다 많이 앞서 나가는 중이며 만족한다고 했다. 자기 능력을 알아보는 것은 매우 중요한데 명리학은 그와 같은 가능성을 찾아낼 수 있다.

언젠가 오십대 후반의 준수한 중년인을 만났다. 내가 강의하는 센터에 그가 풍수지리를 배우러 찾아와 인연을 맺었는데 열정적이고 적극적인 성품을 지니고 있었다. 그는 국영기업에서 평생 헌신했고 최고에 근접한 이사 자리에 올랐다. 그러나 예기치 않았던 일로 사직을 해야 했고 새로운 기회를 찾고 있었다.

그 기회는 자신이 근무하던 기업과 연대하는 것이었다. 그는 자신이 잘못하지 않은 일에 책임을 지고 사직한 탓에 회사로부터 받을 빚이 있었다. 물론 인간적인 부분이고 누군가는 책임을 져야 했기에 그가 책임진 것이다. 그가 책임진 상황도 이해되었다. 그는 워커홀릭이며 일에 매달릴 줄 아는 스타일이었다. 특히 일을 해결하는 능력이 뛰어났는데, 프로젝트팀에서 실력을 발휘하는 유형이었다. 저돌적으로 일하지만 여기저기 기웃거리고 참견하며 남의 일도 잘 처리하는 성격이었다. 그런 그의 성격과 업무처리 능력을 인정받아 승진하고 자신의 자리를 지켜나갔다.

세상은 변한다. 과거에는 그런 식의 방식이 통했지만 회사 방침이 바뀌었다. 좀더 전문적인 기술과 능력을 요구했다. 그러던 차에 정권이 바뀌고 공기업은 어쩔 수 없이 보조를 맞추어 나가야 했다. 과거 누군가 결정했던 일이 화(禍)가 될 줄은 아무도 몰랐을 것이다. 그 당시 일을 결정한 임원들은 모두 오래전에 퇴사했고 남은 임원은 그뿐이었다. 누군가 책임을 져야 했고 직접적 책임은 없지만 결국 그가 그 책임 아닌 책임을 져야 했다. 그래도 조직은 사회인지라 그가 퇴사하는 조건으로 남은 인원들은 그가 무언가 할 수 있도록 도와주기로 약속했다.

그의 사주를 분석하니 그는 어느 곳에 있어도 나서며 일에 개입하는 스타일이었다. 그리고 운의 흐름이 그가 움직일 수밖에 없는 상황이었다. 실제로 그는 가만히 있지 못하고 기회가 있으면 언제든지 움직였다. 그는 어렵고 복잡한 세상과 어울리며 일을 저지르는 타입이었다. 또 편안하게 머무르고 기회를 보라고 하면 답답해했다.

그가 물었다. 올해 무언가 해도 되느냐고 말이다. 그의 사주와 운을 살피니 반드시 일을 저지를 것 같았다. 그는 자신이 어떤 스타일이라는 것을 알았지만 그것이 제어되지도 않았다. 그에게 올해는 움직이지 않는 것이 좋겠다고 말해주었다. 아마도 동업으로 움직일 것 같은데 이익이 없으니 헛된 곳에 힘쓰지 말고 기다리는 것이 좋겠다고 했다. 그가 자신은 한번 한다면 하는 성격이니 그렇게 한다고 하며 나에게 필요 없는 약속 아닌 약속을 했지만 나는 믿지 않았다.

우연히 그와 함께 어디를 가게 되었는데 그가 불현듯 말했다. "저, 저질렀습니다." 나는 놀라지 않았다. 이미 그가 무언가 저지를 것이라는 사실을 알고 있었던 거다. 그것이 새로울 리 없었다. 그는 자신을 잘 안다고 생각했지만 사실 잘 모르는지도 몰랐다. 자신을 아는 것이 무엇보다 중요하다. 명리학에서는 태어난 날을 기호화한 것을 일주라고 하는데 이 일주는 물론 주변을 잘 분석해야 기본 성격과 변화를 알 수 있다.

2. 자신을 알아야 실패를 줄인다

사람들이 묻는다. "사주가 변하나요?" "굿을 하면 사주가 변한다고 해요." "오래전에 부모님이 저를 절에 팔았대요. 그래서 사주가 변했다고 해요." 결론적으로 말하면 모두 근거 없는 말이고 소용없는 이야기다. 종교적으로나 심정적으로 무엇인가를 해서 좋은 운이 오기를 바랐다는 노력은 이해되지만 사주가 변했다는 말은 믿을 수 없고 변하지도 않는다.

다시 말하지만 사주는 변하는 것이 아니다. 어떤 경우에도 사주는 변하지 않는다. 이런 질문을 받을 때마다 그들의 무지와 현혹된 사고에 놀란다. 사주는 어머니 배 속에서 태어나는 순간 정해진다. 만약 사주를 변하게 한다면 이는 다시 어머니 배 속에 들어갔다 나와야 한다는 말이다. 이제는 누구도 이런 말에 현혹되지 않기를 바라며 현혹하는 자들도 생각을 바꾸거나 거짓된 마음에서 벗어나야 한다.

사주는 본질이다. 어떤 경우에도 변하지 않는다. 성격도 사주에 나타나듯 타고난다. 사람들이 성격을 바꾸었다고 말한다. 성격을 바꾼 것이 아니라 순화한 것이다. 기본 성격은 변한 것이 아니다. 더불어 성인이 되고 오랜 시간 살아 고착되면 성격이 순화도 잘되지 않는다. 성격이 그렇듯 습관도 그렇다.

사회적 차원에서 성격을 바꾸라거나 습관을 바꾸라는 책이 많이 나와서 선풍적인 인기를 누린다. 그러나 진정으로 성격을 바꾸거나 습관을 바꾼 사람은 찾기 힘들다.

얼마 전 있었던 일이다. 오래전에도 수많은 도둑질을 서슴지 않았던 그는 오래도록 교도소에서 머물렀다. 그는 교도소에서 교화되어 종교를 가졌으며 목사 자격도 얻었다. 그는 출소한 뒤 목회활동을 하며 방송을 타기도 했다. 그러던 어느 날 충격적인 소식을 들었다. 그가 다시 도둑질을 하여 교도소에 들어갔다는 이야기였다. 좋은 예는 아니지만 습관은 이처럼 바꾸기 힘들고 생각도 바꾸기 어렵다.

습관이나 생각을 바꾸기 어렵다면 그것을 보충해주거나 보완해줄 상대나 상황을 찾아야 한다. 이것을 매개변수 혹은 조력자라고 한다. 내 단점을 안다면 늘 생각하고 조심하게 되지만 이것이 결코 쉽지 않다. 이때는 나를 도와줄 형제나 친구 혹은 동료를 곁에 두면 된다. 나를 보좌하는 부하직원을 둠으로써 내 지위와 역할에 충실할 수 있다. 내가 기업 이사라면 나를 보좌할 사람을 곁에 두어야 한다. 중간 관리자급이 좋다. 어머니가 내 말을 잘 들어주지 않는다면 아버지나 오빠를 통해 의사를 전달하거나 동의를 구해야 한다. 내가 강성이라면 내 이야기를 부드럽게 전달해줄 사람이 곁에 있어야 하고 내가 지나치게 부드러운 성격이라면 나를 보좌해 강하게 이야기를 주입할 부하직원이 필요하다. 내가 하기 힘든 일이나 말을 보좌하는 사람이나 중간 매개를 이용해 전달하는 것이 하나의 방법이다.

나를 변화시키는 노력도 필요하다. 나를 변화시키는 가장 빠른 방법은 내 일정이나 스케줄 혹은 활동범위를 체계화·수치화·규격화하는 것이다. 나의 단점을 파악하는 것도 좋은 작업이고 그로써 단점을 커버할 수 있는 작전을 수립하는 것이다. 그것을 수치화함으로써 단점을 어느 정도 커버할 수 있다. 이 수칙이 반복되면 습관이 된다. 물론 근본적인 사고는 바뀌지 않으므로 늘 조심해야 한다. 더 나은 방법을 찾으려 하면 조력자가 필요하다. 즉 나를 지켜보는 사람을 두어 나에게 충고하게 하는 것이다. 그가 피드백을 하면 조금 더 빠르게 습관을 정착시킬 수 있다. 그러나 조력자를 잔소리가 아닌 충고가 되도록 배치해야 한다.

사실 누구나 습관을 고치거나 생각을 바꾸기는 힘들다. 습관을 바꾸려고 해도 생각이 바뀌지 않으면 변화가 일어나지 않는다. 그렇지만 간혹 성공하는 사람이 있다. 이 경우는 바뀐 게 아니라 순화했다고 본다. 그래서 차선책을 선택해야 한다. 바로 순화하는 것이다. 뼈를 깎는 노력은 자신을 순화하고 운명을 다른 길로 접어들게 한다. 이처럼 뼈를 깎는 노력을 하지 않으면 대부분 사람은 자신에게 주어진 길 중 드러난 길만 따라가게 된다.

5장

운(運)을 파악하라

우리는 운명(運命)이라
고 말한다. 명운(命運)이라고 말하지 않는다. 사주를 살필 때 사주 자체를
말하는 것이 명(命)이고 그 흐름을 찾아 변화를 살피는 것을 운(運)이라 한
다. 누구나 명이 먼저 나오고, 명을 먼저 살피고 먼저 이야기해야 한다는 것
을 생각할 수 있다. 근본을 먼저 살피듯이 사주가 인생 판단의 뿌리이니 말
이다. 명은 뿌리이고 운은 꽃과 같다. 누구나 그런 이치는 안다. 그럼 당연히
명운이라 해야 하는데 오래전부터 운명이라고 한다. 무엇 때문일까? 아마도
운이 그렇게 중요하다는 의미일 것이다. 예를 들어 사주 자체는 자동차와
같다고 본다. 흔히 하는 이야기지만 생년월일시를 따져 적용한 네 기둥, 여
덟 글자를 사주팔자라 하고 원국(原局, 元局)이라고 한다. 그리고 그에 따른
변화를 적용하는 것이 운이다.

이 중 원국은 자동차이고 운은 도로라고 볼 수 있다. 애초에 태어날 때 어
떤 차를 타고 나왔는지가 중요하다. 달리 말하는 사람도 있다. 아무리 고급
외제차를 타고났다고 해도 논두렁을 달린다면 아무 의미가 없다는 것이다.
이곳에서 말하는 논두렁이 바로 운이다. 그들은 말한다. 설사 자전거를 타고
나거나 경차를 타고났다 해도 고속도로를 만나면 잘 달린다고 말이다.

많은 사람이 오래도록 원국과 운에 대하여 논쟁하였다. 혹자는 원국이 좋

아야 한다고 주장하고 누군가는 운이 좋아야 하다고 주장한다. 사실 결과는 뻔한 것으로 '원국도 좋고 운도 좋아야 한다.' 하지만 세상 이치가 그렇지 못하니 논쟁이 생기게 마련이다. 아무튼 우리는 이 원국과 운을 모두 합해 운명이라고 말한다.

도대체 운명이 무엇이기에 인생이라는 말과 같은 의미로 받아들일까? 사람들은 운명에 대해 두 가지 생각을 하는 듯하다. 그 하나는 이미 고정된 것으로 보는 바꿀 수 없는 그 무엇이고, 다른 한 가지는 노력으로 바꿀 수 있는 것이라고 생각한다. 많은 사람이 운명을 바꿀 수 없는 미래라고 생각하는데 사회가 발달할수록 운명은 바뀌고 바꿀 수 있는 것이라고 생각하는 경향이 강하다.

운명을 믿지 않는 사람도 많다. 또는 애써 신경 쓰지 않거나 외면하려는 사람도 있다. 혹자는 운명이라는 말을 실패의 대비로 사용하기도 한다. 과거 실패를 합리화하거나 자신을 회피하기 위해 운명이라는 개념과 말을 사용하기도 한다. 그러나 대비적으로 운명은 개척하는 것이고 미래에 무언가 나타날 것 같은 희망의 동의어로 사용하는 경우도 있으니 운명의 범위는 참으로 넓다.

관상(觀相)이 있다. 관상은 대부분 사람의 상을 파악하는 것으로 면상학(面相學)을 관상학의 가장 큰 부분으로 사용한다. 그런데 사람들은 말한다. 나이를 들어보니 관상학을 배우지 않아도 사람을 보면 알게 된다고! 그런데 명리학이라는 측면에서 생각해보아도 그와 유사한 말이 있다. "살아보니 운명이란 걸 알겠어!" 이는 대부분 인생을 살 만큼 산 사람들의 말이다. 혹은 달리 말하기도 한다. "처음에는 몰랐지만 운명이라는 것이 있기는 한 것 같아." 이 말도 어느 정도 인생을 산 사람들의 회고에 속한다.

인생을 오래 살았다고 하면 나이가 최소 50세는 넘어야 한다. 그들은 과거를 회상하며 인생을 반추하거나 지나간 시간을 돌이키는데, 그때마다 불가항력이었다는 말을 하며 그것이 인생이라고 한다. 즉 그들에게 인생은 운명과 동의어가 된다. 그들이 살아온 시간이 운명이다.

나이가 적든 많든 우리 삶에는 불가항력이라는 것이 있다. 그래서 인간은 신을 창조했다. 어린 나이에도 자기 힘으로 이루지 못하는 것이 있다는 사실을 깨닫는다. 나이를 먹어도 지혜와 경험으로 하지 못할 일이 있음을 알게 된다. 그때 비로소 운명을 논하고 깊이 생각하게 된다.

나이에 상관없이 인간의 힘으로 어쩌지 못하는 불가항력이 있으며 우리는 이것을 운명이라고 생각한다. 우리는 인생 항로에 변수가 많다는 것을 알며 그것을 극복하지 못하는 경우가 허다하다는 사실도 인식하고 있다. 그래서 인간은 미래가 불확실하다고 말하며, 행복하게 살고 싶어 하고, 보람찬 미래를 위해 예측하고 판단하고 싶어 한다. 명리학이 그 방법으로 쓰이고 있다.

1. 내 운명은 내 사주에 달렸다

나는 사람이 살아감에 그 길이 결정되어 있다는 운명론을 믿는다. 학자들이나 명리학을 익히고 배우는 사람들 가운데 이런 의견에 동조하는 이들도 있다. 혹자는 운명이 결정되어 있지 않다고 말한다. 달리 개척론적이라고 할 수 있다.

내가 운명이 이미 결정되어 있다고 하면 사람들은 말할 것이다. 미래가 정확하게 정해져 있다면 그 결과를 안다고 해서 바꿀 수 없는 것 아닌가? 혹은 미래를 위해 노력해도 바꿀 수 없는 것 아닌가?

내가 말하고자 하는 명리적 사고에서 운명론은 이미 정해져 있지만 우리는 그 흐름을 알지 못한다. 운명은 하나의 길이 아니라 여러 갈래 혹은 수없이 넓은 범위에서 전개되지만 선택해서 갈 수 있는 길은 하나뿐이다. 단지 너무 넓고 여러 갈래라서 그때그때 선택하게 되는데, 선택에 따라 길이 달라진다.

우리가 개척하는 것으로 보이는 그 길도 이미 정해져 있지만 모를 뿐이며, 이전에 선택하지 않았다. 정리하면 운명은 이미 정해져 있지만 그 폭과 길을 선택하는 방법은 대단히 다양하고, 그 다양함 또한 천지차이라는 것이다.

명리학은 추명하는 것이다. 즉 지나온 과거를 따라 살피고 미래를 예측하는 것이다. 이 학문은 하나의 가설로 이루어진 것이 아니라 포괄적 개념이다. 다른 사람의 운명을 예측할 수 있다면 사주가 비슷한 사람의 미래를 예측할 수 있다는 것이다. 즉 추론이 가능하다는 전제를 깔고 있다. 만약 사람이 노력하거나 다른 길을 선택하는 것에 따라 전연 다른 결과가 나타난다면 우리는 운명을 예측하거나 예단하지 못한다.

명리학의 주된 이론은 현재 어떤 결정을 하고 어떻게 행동하느냐에 따라 결과가 예측된다는 것이다. 명리학의 주된 역할은 결정에 따른 결과를 예측하고 어떤 시나리오를 적용하면 확률이 있을지를 보여주는 것이다. 또 그 시나리오를 짬으로써 최선의 결정에 이르도록 도와주는 것이다.

달리 정의하면, 명리학의 개념에서 미리 결정된 운명을 따라가는 것이지만 노력으로 바꾸는 것이 아니라 여러 가지 정보를 바탕으로 올바른 길을 찾아가는 것이다. 사람의 운명에는 길이 여러 가지이니 노력하여 운명을 바꾸는 것이 아니라 예상 시나리오를 예측하고 그 시나리오 중에서 미래를 위해 최선의 선택을 하는 것이다. 개척론자들은 이 말에 다른 의견을 제시할 수도 있겠지만 명리학적 개념에서 살펴보면 가장 효율적인 시나리오에 맞추어 주어진 가장 효율적인 길을 찾아가는 것이다.

말하자면 명리에서 바라보는 미래는 이미 정해져 있는 여러 가지 결과를 예측하는 것으로 시작한다. 사주를 통해 미래를 예측하고 가장 효율적이고 효과적인 미래를 추구한다. 타고난 바탕(사주)을 기반으로 하여 개인이 추구할 수 있거나 주어진 조건(운)을 적용한다. 운이란 다양하여 국가, 사회, 시기, 날, 달, 가정, 가문, 풍수지리, 과거이력, 부모, 형제와 같은 조건을 고려한다.

사주를 볼 때 마치 점쟁이처럼 묻지도 않고 분석하면 그 효과가 떨어진다. 나는 사주를 분석할 때 가능한 한 문진(問診)을 하라고 말한다. 훌륭한 의사는 자신의 지식과 기술만 믿는 것이 아니라 병의 증상이나 생활습관, 몸의 변화, 식사, 음주 등 다양한 질문을 한다.

명리학자는 점술가가 아니다. 그 사람의 습관이나 의식, 행동, 주변, 현재

처한 상황 등을 물어본다고 해서 잘못 판단하는 것이 아니다. 그러나 많은 명리학자는 마치 무속인처럼 사주에서 맞힐 수 있는 것을 찾아내는 것이 실력이라고 말한다. 올바로 판단하려면 사주원국을 살피고 물어보는 과정을 게을리해서는 안 된다.

따라서 명리학이란 타고난 사주를 바탕으로 각 개인이 과거부터 경험하고 겪어온, 그리고 현재 접하는 조건과 변화를 인식하는 과정에서 불변의 조건을 인식하고, 그것을 매개로 삼아 미래를 파악하고 예측하며 미래의 결과를 도출해내기 위해 여러 가지 행위를 하기 위한 현재의 선택이라고 보면 된다.

앞서 이야기한《적천수》에 나와 있는 것처럼 사주팔자보다 가문이나 풍수지리적 환경이 더 중요한 것인지도 생각해야 한다. 그럼에도 운명의 흐름은 주어진다. 여러 가지 사항을 고려하고 사주를 들여다보아야 한다. 부모의 재력이나 명성은 타고나며 이 조건은 이미 내 사주에 나와 있는 것 이상으로 힘을 발휘할 수 있다. 체력적 환경이나 경제적 환경, 가문의 환경 또한 매우 중요하다.

명리학자들은 사주가 같은 사람을 찾는 노력을 이미 해보았다. 아무도 같은 삶을 살지는 않았지만 그 흐름의 유사성은 볼 수 있었다. 예를 들어 사주가 같은 사람을 찾아보았는데, 누군가는 대통령이 되었고 누군가는 거지들의 왕초가 되었으며 누군가는 벌을 기르는 사람이 되었다.

이들은 전혀 다른 운명의 항로를 걸었지만 어느 조직의 우두머리로 많은 무리를 거느리는 존재라는 점에서는 틀리지 않았다. 이들의 운명이 달라진 것은 근본적으로 가문이 다르고 풍수지리적 조건이 달랐기 때문이다. 물론 순간순간의 선택도 달랐다.

생년월일시가 같다면 같은 사주를 가지고 태어난다. 그러나 그들이 각각 어디에서 태어났느냐에 따라 운명이 달라진다. 한국에서 태어난 사람과 미국에서 태어난 사람은 다른 운명을 따라갈 수밖에 없다. 조선시대에 태어난 사람과 대한민국에서 태어난 사람은 시대가 다르므로 같은 인생이 될 수 없다. 논개 같은 여성이 지금 태어났다면 어떤 여성으로 살아갈까?

영조대왕과 논개는 사주가 같다고 한다. 비슷한 시기라 하지만 여자로 태어난 것과 남자로 태어난 것은 무슨 차이가 있을까? 왕의 자손으로 태어난 것과 일반인으로 태어난 것이 가장 큰 차이가 아닐까?

어느 시기에 어느 나라의 어느 가문에서 남자 또는 여자로 태어났느냐에 따라 시나리오가 달라지고 변수가 달라진다. 혹자는 태어난 환경이 미래를 예측하기 위한 중요한 시나리오의 부분 요소이지 결과 자체는 아니라고 말한다. 그 말에 반박할 생각은 없다. 그러나 같은 사주라고 해도 환경 요소에 따라 가는 길은 전연 다르다. 따라서 나는 미래를 결정하는 요소를 이야기할 때 환경이 시나리오에서 결정적 요소라고 말하고 싶다. 물론 이 결정적 요소를 움직이는 매개변수는 있다.

2. 바탕과 변화

생각해보자. 세상은 점차 환경적 요소를 강화한다. 예전에는 '개천에서 용났다'는 식의 반응에 고개를 끄덕이는 사람이 많았다. 그러나 이제는 그러한 말이 없어질지도 모르는 시대에 들어섰다. 물론 개천에서 용이 나는 것처럼 자신을 드러내는 사람이 없다는 것은 아니다. 불행한 결론이지만 부모가 돈이 많으면 그 자식도 돈이 많을 가능성이 높고 잘될 가능성 또한 높아진다. 부모에게 권력이 있으면 자식도 권력을 지니거나 잘살 가능성이 매우 높다. 아니라고 할 수 있는가?

물론 변수가 있기는 하다. 아버지가 돈이 많은 회사의 사장이라 해도 그 자식 가운데 파락호가 있기도 하고, 부모가 교수나 교사처럼 인망 있고 품행을 갖추었어도 몰상식하고 공부를 못 하는 자식이 있기도 하다. 어떤 사람은 부모나 조상에게서 막대한 재산을 물려받았음에도 흔히 '말아먹는다'는 표현처럼 수성(守成)하지 못하는 경우가 있고 어떤 사람은 부모에게서 물려받은 재산을 열 배, 백 배로 불리기도 한다. 또 가문에서 3대째 내려온 기업의 재산을 형제간 싸움으로 모두 날려버리는 것도 보았다.

최종 결과는 아주 다양하다. 그럼에도 시작부터 바탕이 있다면 맨바닥에서 시작한 사람보다 결과가 좋을 가능성이 높다. 그런데도 희망을 준다는 생각으로 환경이 그저 그런 요인이라고 말할 수 있을까? 나는 환경적 요인이 미래를 결정하는 여러 시나리오 중 가장 강력한 영향을 미치는 요인이라고 본다.

문제는 이 환경적 요인을 찾아내는 것이다. 드러나지 않았지만 작용하는 요인이 아주 다양하고 많을 것이다. 결정적으로 작용하는 요인을 찾아내야 한다. 최종적으로 어떤 결과를 만들어내든 요인 설정은 다양하게 작용한다.

애초부터 주어지는 요인이 없다면 자신이 만들어내고 찾아내야 하는 것이 요인이다. 다만 최종적으로 결과를 만들어내기 위한 요인 선택에서 중요한 인생의 요인이 다 다르다는 것을 인식하고 그에 따라 결과가 달라진다는 것도 인식해야 한다. 사주의 구조를 이해한다면 때를 파악하여 유리한 요인을 사용해 의사결정을 현명하게 할 수 있다.

사주의 구조를 파악해보니 예술적 성향이 높은 아이였다고 가정하자. 일정 나이가 되었을 때 유학을 보낼지 국내 대학에서 공부를 마칠지 판단해야 한다.

예를 들어 한국에서 피아니스트로 활약하는데, 교수가 되거나 오케스트라에 들어가려 한다면 유학은 필수나 마찬가지다. 그런데 본인 사주에 관운을 나타내는 힘이 약하면 유학을 보내도 그다지 효과를 보지 못한다.

학업도 그렇지만 가업 운용도 다르지 않다. 가업 운용은 끝없는 도전이다. 아이템은 훌륭한데 자금력이 약할 수 있다. 다행히 부채는 없지만 투자 자금력은 약하다. 이런 경우 대부분 투자 제의가 들어오게 마련이다. 주식을 나누는 대가로 투자 제안이 들어온다면 어떻게 결정할 것인가? 이때 자기 사주를 알면 판단하기가 조금은 쉬워진다. 만약 2년 뒤 대운이 재물운으로 바뀌고 상승 기운이라고 판단할 수 있다면 주식을 주고 자금을 조달하기보다는 지금의 운을 이어가며 아이템을 키운 다음 2년이 지난 후 상승 기회를 노릴 것이다. 그러나 자기 사주를 분석하지 못했다면 투자 제의를 받아들이게 되고 결국 자신의 많은 것을 나누는 형국으로 흘러갈 것이다. 2년 후 좋은 기회가 와서 막대한 돈을 벌어들여도 투자자에게 줄 것을 생각하면 서글퍼진다.

사주는 변하지 않는다. 그러나 결과를 만들어내는 시나리오는 운에 달렸다. 운이 나쁘다면 원국이 좋아도 결과에 이르지 못한다. 운명은 대단히 넓은 벌판과 같다. 그 벌판에서 내 것을 찾아가는 과정이다. 흔히 고정불변이 아니라고 한다면 넓은 벌판에서 찾아내는 것이라고 생각해도 된다. 그러나 온 세상이 모두 내 것은 아니다. 사주의 한계는 분명하게 존재한다는 것이 내 생각이다. 싸리가지나 칡넝쿨은 아무리 키워도 궁궐의 대들보로 만들지 못한다는 것이 사주원국의 이해라고 생각한다.

POINT

운로(運路) 사주는 크게 두 가지 영역으로 살핀다. 하나는 사주 자체인 원 국이고 다른 하나는 운의 흐름인 운로다. 운로에는 각기 대운, 세운, 월운, 일운, 시운, 소운이 있다.

운명은 운에 따라 진로가 나타난다. 운은 달리 운로(運路)라고 하는데, 바로 운의 길이다. 길에는 수많은 차가 달리고 차종도 각각 다르다. 사람이 걸어가기도 하고 마차가 다니기도 한다. 빨리 달리는 차도 있고 느릿느릿 달리는 차도 있다. 이는 운로에는 다양한 변화가 있다는 말이다. 이 변화는 정보이기도 하고 변화이기도 하다. 우리는 주어진 환경에서 어느 정도 정보를 가지고 현명한 방법을 선택함으로써 미래를 향해 간다.

사실 많은 사람과 상담하다보면 비슷하거나 누가 보아도 똑같은 상황에서 더 나은 선택을 함으로써 좋은 변화를 경험한 사람들을 볼 수 있다. 변화와 정보를 인식하고 적용하기가 쉬운 것은 아니다. 그러나 노력과 성찰, 고민을 통해 자기 사주를 파악하고 운명을 알아서 더 나은 미래를 위해 노력하는 사람을 무수히 보아왔다. 그들은 자신의 운명에 주어진 넓은 도로에서 가장 효율적인 도로를 찾아냈고, 넓은 운명의 벌판에서 자신이 가질 수 있는 가장 확실한 결과를 만들어냈다. 우리는 그것을 일러 운이 트였다고 하는데, 나는 운이 트인 것이 아니라 찾아냈다고 생각한다.

6장

운명을
설정할 수 있을까

자녀에게 기대하는 것은 인간의 본연이라고 할 수 있다. 전 세계 모든 부모는 한결같이 자신의 자녀가 잘되기를 기대한다. 물론 자식의 젊음에 기대어 사는 부모가 있는 것도 사실이지만 이는 극히 일부에 국한될 뿐이다.

세상의 모든 부모는 자식들이 나보다 더 잘살기를 바라고 잘되기를 기원한다. 혹자는 우리나라만 교육열이 높다고 비판하는데 이는 편향된 시각 때문이거나 잘 알지 못하는 이념에 목마르기 때문이라고 생각한다. 지나친 교육열을 변명하거나 수긍하려는 것이 아니다. 다만 우리나라만이 아니라 전 세계 모든 부모가 같은 기준을 가지고 있다고 보이는 면이 있다.

우리나라 부모들은 특히 우리의 교육적 상황에 비판적이다. 이는 수긍할 수 있기는 하지만 어느 나라나 교육적 문제점을 가지고 있는 것이 사실이다. 우리의 가치기준에서 비교대상은 영국이나 미국, 독일이나 이스라엘일 가능성이 높다. 시대가 변하면서 이제는 중국의 부자들을 대상으로 하거나 인도의 부자들을 살펴보기도 한다.

우선 미국을 살펴보자. 우리는 미국의 공교육이 아주 뛰어나고 체계적이라고 생각한다. 그렇다면 미국에는 학원도 없고 방과 후 교실은 더더욱 없으며 지나친 치맛바람도 없을까?

사실 미국 부모들은 우리보다 더욱 열성적이다. 그들은 자녀들 삶에 직접 개입하고 더 통제하는 경향이 있다. 그들은 학부모 네트워크가 강하고 학교 운영위원회도 강한 조직에 속한다. 그들에게도 사교육이 있고 어린 시절에는 잠을 자는 시간까지 통제하며, 자율성을 높이는 것 같지만 책임도 가르친다.

한국에서 사는 사람들이 현실을 직시하기에는 미국에 대한 자료와 정보가 너무 부족하다. 그러다가 미국에 정착하거나 유학을 가거나 현지에서 생활한다는 이유로 현지 학교에 자식을 보내면 그제야 진정으로 현실을 이해하게 된다.

일반적으로 한국에서 사는 사람들은 미국에서는 아이들을 자유분방하게 키우며 사교육 따위는 시키지도 않을 것이라고 생각한다. 그렇지만 실제 미국에서 살다보면 전혀 다른 양상을 접하면서 누군가 그런 헛소문을 퍼뜨렸다고 생각한다. 물론 남들 하는 걸 무시하고 살 수도 있지만 그렇게 따지면 이런 삶은 한국에서도 가능하다. 미국 학교에는 이주한 아이들을 위해 영어 무료학습프로그램(ESL)이 있는 것이 사실이지만 한국에서 영어 공부를 열심히 해오지 않았다면 과외선생을 붙여 부족한 영어를 따라잡아야 한다.

그뿐 아니다. 학교마다 특성이 있지만 특별활동에 참여하기 위해서도 레슨을 받거나 과외를 해야 할 경우가 있다. 서머캠프, 뮤직캠프, 리틀야구 서머리그까지 하려면 그야말로 한국과 조금도 다르지 않다.

사실 미국은 이미 오래전 양극화가 심해져 지금은 빈부격차가 세계에서 가장 큰 나라가 되었다. 미국에서 상류층은 따로 사교육을 받을 필요가 없는데 자율형 사립고라는 고급학교가 있기 때문이다. 이 학교는 상위 5%를 위한 학교로 교육비가 비싼 대신 교육의 질도 높다. 이런 학교를 다니니 따로 사교육이 필요하지 않다. 중하류 학교들은 애초에 부자들과 분류되고 상위 5%와 경쟁해서 신분상승을 꿈꾼다는 것이 불가능해졌다.

일본도 만만치 않다. 일본 경기에 따라 약간 흐름이 있지만 일본 사교육 시장도 활발해서 지하철을 타보면 여기저기에 입시학원 광고가 눈을 어지럽힌다. 사실 일본의 입시는 글자가 다르고 표현이 다를 뿐 우리와 대동소이하다.

사교육 열풍이 가장 먼저 시작된 곳이 바로 일본이라고 여겨진다. 특히 20~30년 전 일본의 사교육 열풍은 세계 최고였다는 것이 정설이다. 그러다가 10~20년 전부터 일본의 사교육 열풍이 사그라들기 시작했다. 그 이유는 아이러니하게도 사회의 양극화 때문이다. 일본 사회에서 상위 10%와 하위 90%의 양극화가 심해지고 신분상승의 사다리가 사라지자 자식을 아무리 교육해도 중하위에 해당하는 90%에 머무른다면 굳이 비싼 돈 주고 사교육을 시킬 이유가 없어졌다.

대다수 후진국은 상위 10%와 하위 90%로 양극화되어 있는데 이들의 신분은 철저하게 세습된다. 하위 90%는 아무리 노력해도 신분상승이 어렵고 10%의 상류층은 아무리 놀아도 신분하락이 안 되니 당연한 일이지만 사교육이 따로 필요하지 않다. 이 경우 아무리 사주가 좋아도 가문과 풍수의 영향에서 벗어나지 못한다는 대명제에 해당한다.

서유럽국가들은 어떤가? 서유럽은 사교육이 전멸하다시피하고 있다. 이유는 간단한데 돈이 없기 때문이다. 이들은 적금 넣을 돈도 없고 주식이나 부동산 투기를 할 능력도 없다. 이들은 수입의 40~50%가 세금이다보니 돈이 없어 사교육을 시키기 어렵다. 그러나 이들 중에 1%는 어마어마한 사교육비를 지출한다. 이들은 나라의 기득권자로 이들에 의해 부와 권력이 세습

된다. 이런 것을 보고도 사주가 모든 것이라고 주장할 수 있을까?

사실 사교육은 우리나라를 비롯한 극동아시아의 모든 나라, 동유럽, 미국 등 전 세계 많은 나라의 골칫거리다. 물론 표면적으로나 우리가 느끼는 감정은 이 사교육 열풍의 최고 정점은 단연코 대한민국이다.

한국은 아직 신분의 사다리가 열려 있기 때문에 신분상승을 꿈꾸며 미친 듯 사교육에 돈을 쏟아 붓는다. 일반인도 서울대에 갈 수 있다. 하지만 이는 몇몇 국가에서는 꿈도 꿀 수 없는 일이다. 앞으로 로스쿨로 더욱 어려워지겠지만 일반인도 판검사가 될 수 있다. 누구나 대통령을 꿈꾸고 누구나 대학교수가 될 수 있다.

이는 신분상승 기회가 있음을 보여주는 것이다. 반대로 말하면 상류층도 아차 하면 중류나 평민에 해당하는 계급으로 떨어질 수 있다는 말이다. 사실 한국인은 세금을 적게 내고 여유자금이 많으므로 사교육에 막대한 재원을 쏟아 부을 수 있다. 불행한 예측이지만 한국도 신분상승의 사다리가 사라지면 사교육이 줄어들거나 없어질 것이다.

사교육이 가장 두드러지게 현실화된 곳이 중국이다. 한 자녀 정책이 물러난 지금까지도 중국인들은 사교육에 열을 올린다. 현실적으로 부의 축적이 가능해져 신분상승이 부로 이어지기 때문이다. 여유만 있다면 자녀에게 최고의 교육 환경을 만들어주고 싶고 사교육을 해서라도 신분상승을 이루어주고 싶은 것이 부모 마음이다. 이는 중국이라고 해서 다르지 않다.

그런데 주목할 것이 있다. 한국 사람들은 아이가 태어나기 전부터 아이들에 대한 열망을 드러낸다는 것이다. 출산율이 떨어지고 있지만 반대로 아이들이 태어날 때 이미 한국 부모는 자신들의 사랑을 표면화한다.

1. 출산택일, 정말 해야 하나

내가 싫어하는 일 가운데 하나가 출산택일(出産擇日)이다. 이는 명리학을 익혀 업으로 삼는 사람이라면 누구나 부딪치는 문제다. 나는 많은 사람을 상대하고 수많은 학생에게 풍수지리와 명리학을 강의하지만 몇 가지 불문율이 있다. 한 가지는 풍수지리를 하는 사람으로서 땅장사를 하지 않는다는 것이다. 또 한 가지는 12세 이전 아이의 사주는 보지 않고 출산택일을 하지 않는다는 것이다. 혹자는 20세 이전 사주는 보지 말아야 한다고 하지만 이는 지나치다고 생각한다. 그래도 12세 이하의 사주는 가능한 한 보지 않는다.

그보다 더욱 내가 피하는 것은 출산택일이다. 자연분만을 하는 경우도 있지만 제왕절개로 아이를 낳는 경우도 많은 모양이다. 그래서인지 출산택일을 해달라는 부모가 매우 많다. 오래전에는 시부모나 친정부모가 찾아와 아이의 출산택일을 하려고 했지만 최근에는 임신부나 아버지 될 사람이 직접 찾아와 출산택일을 하려는 경우가 많아졌다.

출산택일이 좋은 것인가, 나쁜 것인가? 사주에 영향이 있는가? 운명을 바꾸는 것은 아닌가? 그동안 의견이 분분했던 것도 사실이다. 물론 명리학자마다 의견이 다른 것이 사실이다. 어찌 보면 어느 것이 정석이라고 규명되지 않은 상황에서 자기 의견을 말하는 것이라고 본다.

나는 명리학적으로 좋은 날, 좋은 시기, 좋은 시간에 태어나는 것이 좋은 것이라고 생각한다. 그러나 제왕절개에 대해서는 의견이 다를 수 있다. 제왕절개에 대해 인간이 자연적이고 신의 영역에 해당하는 섭리에 개입하는 것이 좋지 않으며 때로는 화를 부를 수 있다는 주장이 있는가 하면 이왕 좋은 시기를 택하는 것이 인간이 할 수 있는 최선이라는 주장도 있다.

좋은 시기를 택하는 것이 좋다고는 생각하지만 애써 출산택일을 하여 제왕절개까지 해야 하는지는 의문이다. 더 중요한 것은 완벽한 사주는 없다는 것이다. 출산택일을 아무리 잘한다고 해도 무언가 미지근한 물에 손을 담그듯 완벽할 수는 없다는 얘기다.

경험이 말해주듯 출산택일은 정말 어려운 일이다. 2년 전 쯤의 일이다. 후배를 통해 소개받은 이가 전화를 하였다. 그는 인도네시아에서 살고 있는데 아이 이름을 짓겠다고 하였다. 그는 이미 소개받은 명리학자가 있는데 중국인이라고 하였다. 그러나 한국인으로서 한국 이름을 짓는 일은 한국 사람에게 하고 싶다고 하였다. 나는 그러라고 했고, 그는 아이를 낳으면 출생일시를 알려주겠노라고 했다.

보름 정도가 지난 후 연락이 왔다. 그에게 출생일시를 불러달라고 하였는데 사주를 뽑아보고는 깜짝 놀랐다. 병신년(丙申年)에 태어났고 인월(寅月)인데 태어난 시간이 사시(巳時)였다. 나는 몇 번이고 확인하고 다시 물었지만 그날이 틀림없었다. 나는 고민했다. 사주에 인사신(寅巳申)이 동시에 나타나면 삼형(三刑)이라고 한다. 무어라고 이야기해야 한단 말인가? 물론 인사신(寅巳申)이 지지에 받치고 있는 삼형살(三刑殺)이 반드시 부정적이라고만 풀 수도 없지만 대체로 거친 인생이 될 확률이 높다.

삼형살이란 무엇인가? 사주에 인사신(寅巳申)이 동시에 나타나면 무은지형(無恩之刑)이라 하는데 사주에서는 그다지 좋지 않은 배치로 해석한다. 무은지형이 일어나면 타인을 억누르거나 업신여기려는 속성이 강해 매사에 속전속결로 일을 처리하려는 성질이 있어 급하게 덤비다가 실수하고 후회한다. 운로가 험할 때는 관형(官刑)을 당해 영어(囹圄)의 몸이 되거나 형벌을 받는다. 교통사고가 많이 일어나고 약물중독, 총상 등이 우려되며 소장이나 편도선 등 고질병에 시달리고 수술이 있다. 대인관계에서 형제, 친척, 친구, 동기간으로부터 배신당하며 반목하고 시비가 벌어지며 동분서주하는 생활을 한다. 처음에는 유정한 듯하나 결국 원수로 변한다. 항상 불안하고 앞만 보면서 주변을 무시하는 성향이 강하고 성격이 냉혹하며 은혜를 모르는 사람이 된다. 평생 재물에 대한 고민이 발생한다. 이것이 무은지형에 해당한다. 두려운 분석으로 가능한 한 피해야 한다.

【앗, 잠깐!】 **삼형살(三刑殺)**

지지에 인사신(寅巳申), 축술미(丑戌未)가 있는 것을 삼형살이라고 한다. 자신의 지지에 인사(寅巳)가 있는데 신(申)년이 오면 인사신 삼형살이 된다. 축술미 삼형도 마찬가지다. 인사신의 삼형살은 역마삼형(驛馬三刑)이라고 한다. 삼형살을 감당할 만큼 신강사주라면 사법, 행정, 군인, 교도관 등 형벌을 집행하거나 다스리는 직업에 종사할 수 있다. 하지만 오히려 약한 신약사주라면 삼형살이 나를 치게 되니 인생의 굴곡이 심하게 되고 동분서주하게 되며 노력하지만 실속이 없다. 삼형은 사건, 사고를 뜻하기도 하므로 경찰서, 법원 등의 출입이 잦아지니 인생의 흐름이 안정되지 못하고 매사에 불안하다.

고민이 생기지 않을 수 없었다. 도대체 이 출산택일을 한 사람은 어떤 생각을 한 걸까? 명리학의 기초이론에는 삼형이 있으면 관의 지배를 받지만 반대로 관에 투신하거나 권력을 지니는 일을 하거나 권력을 사용하는 조직에 몸담으면 문제가 없다고 말하기도 하지만 경험으로 보아 삼형살은 반드시 작용하는 힘이 강하다. 생각해보면 이해하기 힘들었다. 년과 월은 어쩔 수 없다고 하지만 날과 시각은 바꿀 수 있지 않았을까? 아이가 태어난 시각이 사시였기 때문에 삼형이 되었다. 년과 월에서 이미 인사형이 되었지만 시를 바꿔 적용하여 삼형을 피할 수 있지 않았을까?

고민이 무척 길어졌다. 아무리 생각해도 이렇게 택일한 이유를 알 수 없었다. 일부러 골탕 먹이려고 한 것 같았다. 내가 모르는 이유나 시비가 있는 건 아닌지 고민했다. 고민 끝에 결론을 내렸다. 이런 상황을 이야기해주고 사주를 분석해주어야 한다고 생각했다.

그에게 전화를 걸었다. 우선 사주 전반을 이야기하고 삼형에 대해 설명하였다. 그리고 그에 따라 작명했음을 알리고 직업적으로 권력기관이나 공직 혹은 경찰과 같은 조직에 몸담는 것이 좋을 것이라는 이야기를 해주었다.

그 결과는 고통스러웠다. 그 사람이 조언하는 나를 아주 나쁜 사람으로 평가한 것이다. 나는 긍정적 측면을 강조하려고 애썼으며 직업적으로 그를 인도하고자 했고 인성(人性)을 강조하였으나 그는 나를 나쁜 사람으로 인식한 모양이었다. 어쩌면 출산택일을 한 사람이 나를 폄하하고 자기주장을 했을지도 모르겠다. 출산택일이 잘못된 예인데, 현명하지 못한 택일이었다.

사실 사람이 태어나는 시간을 택할 때는 세밀하게 분석하여 적용해야 하므로 시간이 걸리는 어려운 일이다. 우선 년이 정해지고 월이 정해지니 이 글자의 배치에 따른 오행과 육친을 파악해야 한다. 아울러 조후(調喉)를 파악하니 사주의 한난조습(寒暖燥濕)을 따져야 한다.

변하지 않는 것도 있다. 때에 따라서는 이미 정해진 년월이라 이에 따라 변할 수 있거나 택할 수 있는 것이 일시뿐일 수도 있다. 그럼 일시를 효율적으로 정해야 한다. 태어나는 날을 정했다 해도 태어나는 시를 적용해야 한다. 시는 일지와 같은 글자를 적용하여 자축인묘진사오미신유술해(子丑寅卯辰巳午未申酉戌亥)의 12시를 배치하는데, 총 열두 개 시에서 정해야 한다. 무턱대고 정하거나 조후만 생각해 짓거나 아차 하는 날에는 예를 든 인도네시아의 경우 같은 일이 생길 수 있다.

　출산택일 방법을 찾아보자. 병원에서 의사가 제왕절개를 하고자 하면 일찍부터 시간을 잡을 것이다. 가령 출산예정일보다 앞선 날로 일주일 안에 일정을 잡는다고 생각해보자. 일주일이면 7일이다. 년월은 같다고 보고 시가 하루에 12개씩 정해지니 일주일이면 84개 사주가 나온다. 84개 사주를 모두 뽑고 나서 재물이나 관운이 나쁜 사주부터 지워나간다. 예전에는 건강운이 먼저이고 재물운과 관운을 살피는 순서였지만 요즈음은 건강운을 먼저 보고 관운보다 재물운을 먼저 살피는 경향이 있다. 사주를 살필 때도 명예보다는 재물이 먼저인 시대가 되었다.

　하지만 문제는 한두 가지가 아니다. 84개 사주를 살폈는데도 마음에 드는 사주가 전혀 없으면 어떻게 할 것인가? 지나치게 차가운 사주, 지나치게 뜨거운 사주, 충이 많은 사주, 형살이 많은 사주, 사고나 무관(無官) 혹은 무재사주(無財四柱), 하나같이 마음에 걸리는 사주가 나타날 가능성이 많다. 출산택일을 하면서 느낀 점은 인간이 신의 영역에 도전하는 일은 가능한 한 하지 말아야 한다는 것이다.

2. 선택이 운명이다

　출산택일은 어제오늘의 일이 아니며 점차 일반화되고 있다. 예전처럼 자식을 많이 낳는 시대가 아니기 때문에 더욱 그러하다. 이제 부모들은 좀더 적극적으로 출산택일에 매달린다. 그들은 재물복이 많은 사주를 찾아달라고 하고, 명예가 있는 사주를 찾아달라고 한다. 심지어 결혼운이 좋은 사주를 찾아달라고 하거나 때로는 노골적으로 대통령이나 국무총리 같은 사주를 찾아달라고 한다.

출산택일을 할 때는 원국(原局)의 구성도 살펴야 하지만 대운(大運)으로 흐름도 살펴야 한다. "대운이 왔어"라고 말하는 무속인이나 명리학자가 있다고 들었다. 참으로 모호한 말이다.

먼저 운에 대해 알아야 한다. 어느 운을 말하는 건가? 대운이 시작되었다는 건가? 정말 좋은 운이 왔다는 건가? 사람의 사주를 분석하면 대운은 늘 있다.

그럼 무엇이 대운인가? 10년 단위로 바뀌어 흐름을 잡는 것이 대운이다. 사람의 운에서 대운은 늘 오는 것인데 새삼스럽게 무슨 대운이 왔단 말인가? 예를 들어 "정관대운이 왔어"라고 한다면 이해하기가 쉬울 것이다. 대운은 늘 흐르는 것이니 새삼스럽게 대운이 왔다고 할 이유는 없다.

대운은 좋은 운이 아니라 10년 동안 작용하는 운이다. 대박이 아니라 대운이다. 큰 흐름이라고 이해하면 된다. 모든 사람에게 오는 운이고 누구에게나 적용되는 것이다. 새삼스러울 것이 없다. 그런데 "대운이 왔어"라고 한다면 뭔가 부족하거나 스멀거리는 냄새가 난다. 사기의 냄새 말이다. 올바로 말한다면 "식상대운이야", "정재대운이야"라고 표현해야 한다.

대운은 태어나는 월과 관련이 있다. 월은 사주팔자를 구성하는 여덟 개 글자에서 가장 눈여겨보아야 하는 글자다. 같은 해, 같은 달에 태어난 사람이라면 대운의 흐름이 같다. 물론 남녀는 반대로 흐르는 대운을 가지게 될 것이다. 이는 음양의 이치에 따른 것이다. 또한 태어난 날에 따라 그 운이 변하는 시기가 각각 다르다.

운이 변하는 시기를 대운수라고 하는데, 1에서 10까지 다양하다. 일반적으로 아홉수라고 하는데 이는 9살, 19살, 29살과 같이 9살 단위를 이야기하지만 대운수의 법칙에 따르면 명리의 개념에서 아홉수는 대운수에 따른다. 즉 대운수가 8이면 아홉수는 7이고 대운수가 4이면 아홉수는 3이다. 만약 전자의 경우처럼 9살 단위를 모두 아홉수라고 하면 같은 시대에 태어난 띠는 모두 같은 아홉수에 해당할 것이다. 그러나 명리학적 아홉수는 태어난 날에 따라 같은 년도에 태어난 사람이라 해도 아홉수가 각각 다르다.

대운수에 따라 운이 바뀌는 시기가 다르다. 예를 들어 대운수가 7이라면 7살, 17살, 27살, 37살에 운이 바뀐다. 대운수가 5라면 5살, 15살, 25살, 35살에 운이 바뀐다. 사주팔자에서 사주원국(四柱原局)은 자동차이고 운로(運路)는 도로와 같다고 했다. 아무리 사주원국이 좋아도 운로가 나쁘면 고급 세단이 논두렁을 달리는 격이고, 사주원국은 나쁘지만 운로가 좋으면 소형차가 고속도로를 달리는 격이다. 따라서 사주분석에는 반드시 대운분석이 따라야 하며 이를 바탕으로 사주 전반을 살핀다.

원국을 분석하는 것을 간명(看命)이라 하고 대운이라는 운로를 포함하여 년운(年運)을 살피고 여타를 분석하는 것을 통변(通辯)이라고 한다.

【앗, 잠깐!】 **간명(看命)과 통변**

간명(看命)은 인간의 운명을 생년월일시의 사주팔자로 조직하여 오행의 생극(生剋)과 화합(化合), 희기구구(喜忌救仇), 지지의 형충회합(刑沖會合) 등을 간명하고 일간의 강약을 비롯하여 월지용신이나 사주 중 용신과의 배열을 일정한 방법에 따라서 규명하며 대운, 세운 등 후천 운세도 간명하여 현재, 미래에 걸친 운명을 파악하는 것이다. 따라서 간명은 선천운명과 후천운명을 사주 감정법에 따라 감정하는 것이다.

통변(通辯)은 사전적으로 통역(interpretation)이라는 의미다. 통변은 필요한 내용을 상황에 맞게 풀어서 설명해주는 것이다. 통변은 다양하게 해석할 수 있기에 관점에 따라 폭넓은 해석이 가능하다. 여기에는 비유, 해설, 적용 등이 사용된다.

이미 말했지만 좋은 사주를 주기 위해 날짜를 정하는 것은 개개인의 판단으로 부모의 몫이 되겠지만 사람에 따라 판단을 달리한다. 좋은 날에 태어나는 것이 좋겠지만 신의 영역에 해당하는 출생날짜와 시간에 개입하는 것은 조심스럽다. 사주를 정해 제왕절개를 하는 것이 옳은지 그른지에 대한 판단은 개인의 몫이다. 다만 100점짜리나 완벽한 사주는 없으므로 그 정도는 감안해야 한다.

재미있는 것은 부모가 자식의 출산택일을 정했다 해도 때때로 그 예측이나 시기를 놓친다는 것이다. 날짜와 시간을 정했지만 의사의 피치 못할 사정으로 제때 제왕절개를 하지 못했다는 말을 많이 듣는다. 앞 산모의 수술이 늦어지거나 차가 막혀 수술할 의사가 늦게 도착하거나 때로는 차사고로 아예 하루가 늦어지는 경우도 있다.

출산택일을 하는 부모는 나날이 늘어간다. 우리 사회가 저출산의 함정에 빠져 있고 적은 수를 출산하는 시대인지라 하나뿐인 자식에게 좋은 사주를 주고자 하는 부모 마음은 충분히 이해된다. 시부모나 친정부모의 주장으로 제왕절개를 하건, 자신이 결정하여 제왕절개를 하건 이미 인간이 신의 영역에 달려든 것이다.

하지만 두려움이 있는 것도 사실이다. 누구나 인식하듯이 출산시간은 신의 영역이다. 인간이 신의 영역을 침범하는 것이 재앙을 가져오는 것은 아닐까?

예부터 모든 신화에서는 인간이 신의 영역에 도전할 때마다 재앙을 내렸다. 인위적인 출산시간 조절이 인간에게 재앙으로 다가오지 않을까? 인간이 인위적으로 출산을 조절하여 우리나라가 출산절벽에 다다른 것처럼 말이다. 그러나 어쩌면 부모가 그런 결정을 하는 것도 신의 섭리인지 모르겠다. 어차피 부모가 그리 결정한 것도 아이 운명이라 생각하면 마음이 편해진다.

3. 부모 영향이 큰 어린 시절

사람은 태어나는 순간 사주를 지닌다. 이 사주와 더불어 대운의 흐름을 가진다. 명리학자들은 이 대운을 따져 아이 운명이 어떻게 흐르는지 파악한다. 용신, 격국, 합충, 육친의 대입 등과 같은 여러 요소를 분석해 아이의 대운을 분석하고 어찌될 것이라는 판단을 한다.

앞서 나는 명리를 판단할 때 가문과 풍수적 요소를 배제할 수 없다고 하였다. 아이가 태어나는 순간 운로는 내달리기 시작한다. 이 운로에 따라 인생 흐름 전반이 정해지는데 《적천수》에서 말하듯 가문이 중요한 역할을 한다. 가문의 힘이나 역할이 가장 강하게 영향을 미치는 시기는 당연히 어린 시절이다. 사람들은 유년 시절은 아이 사주와 관계없이 부모의 영향이 크다고 하는데, 이 말이 바로 가문을 말하는 것이라고 생각한다.

아무리 좋은 사주라 해도, 혹은 아무리 나쁜 사주라 해도 어린 시절은 부모의 영향이 매우 크다. 많은 명리학자가 20세까지는 사주의 영향보다 부모의 영향이 더 크다고 말한다. 그에 따라 20세 이전 사주는 보지 않는다고 말하는 명리학자도 있다.

그러나 내 경험으로는 12세까지는 사주를 보지 않는다 해도 그 이후는 살펴보아야 한다고 본다. 아마도 옛날 아이들이 태어나 12세 이전에 많이 죽어 사주를 보지 않은 것 같은데 세상이 바뀌어 태어나도 죽는 아이들이 적어졌고 대부분 살아나므로 이제는 기준이 바뀌어야 하지 않을까 생각한다.

어쨌든 유년 시절 아이 성장에는 사주보다 부모의 영향이 더 큰 것이 사실이다. 아이 사주가 좋고 나쁘고를 떠나 부모는 자식을 정성들여 잘 키우고자 한다. 간혹 그렇지 않은 부모가 있기는 하지만 이는 대세가 아니니 논하지 않겠다. 특히 부모가 어떤 생각을 하고 어떤 학력과 어떤 사회적 지위를 가지고 있느냐에 따라 아이의 성장이나 사고 발달은 현격한 차이가 난다.

나는 12세 이상 된 아이의 사주는 보는 편이다. 그 이전의 아이 사주는 건강만 살핀다. 다만 아이 어머니가 어떤 사람이냐에 따라 아이 사주를 볼지 말지 파악한다.

지나치게 편견을 가지고 있거나 지나친 아집으로 뭉친 부모라면 아이 사주를 봐주지 않는다. 아이를 이해하고 잠재력을 깨우려 하고 긍정적으로 바라보는 부모라면 아이 사주를 봐준다. 특히 아이를 객관적인 시선으로 보는 부모라면 당연히 사실대로 말해준다.

사주를 펼쳐 아이의 장단점을 얘기하고 효율적인 진로를 말한다. 아울러 아이의 성정을 분석하여 훈계하는 방법이나 훈육하는 방법 혹은 부족한 것을 채우는 방법을 충고하거나 분석해 알려준다.

아이의 미래는 정해지지 않았다. 아이들은 새싹이다. 누가 자라나서 꽃을 피우고 열매를 맺게 될지는 아무도 모른다. 공을 들이고 정성을 들이면 사주가 지닌 근사치로 나아가고 극대화할 수 있다. 아이는 이미 태어났다. 태어난 아이는 사주를 가지고 있다. 아이는 자신의 판단이 아니라 부모의 판단으로 태어났다. 부모의 사랑이 아이의 심정에 내재된 희망을 꺼낸다는 것을 생각하자.

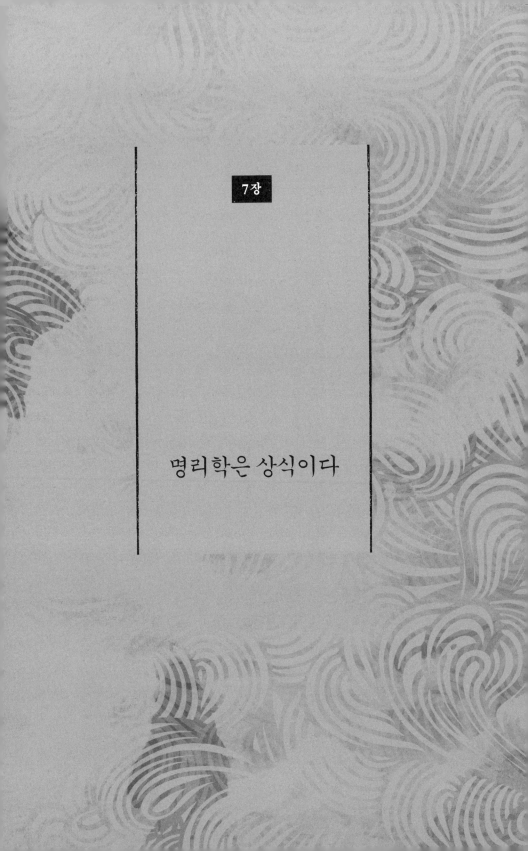

7장

명리학은 상식이다

명리학은 무엇인가? 사람들은 무엇인가 바라는 것이 있게 마련인데, 명리학이 자신의 미래를 만들어주거나 없었던 무엇인가를 만들어주는 것이라고 착각하는 것 같다. 때로는 무속인처럼 신의 계시를 받아 혹은 사람이 알 수 없는 어떤 존재를 통해 들려오는 소리를 읽어주거나 해석해주는 것으로 착각하는 것 같다. 만약 그렇게 착각하게 만든다면 그런 사람은 명리학자가 아닐 것이다. 무속인도 명리학을 배워 점술학에 참고할 수 있고 그런 경우를 보기도 했다.

누군가 병원에 갈 때는 병을 알고자 하거나 알고 있는 병을 고치고자 하는 것이다. 이와 같은 경우 환자는 전적으로 의사에게 의존할 수밖에 없다. 의사가 능력이 떨어지거나 경험이 부족하면 병과 다른 진단을 내릴 수 있으며, 때로는 병의 원인이나 결과를 예측하지 못할 수도 있다. 그러나 대부분 의사는 병에 대해 진단을 내릴 줄 알고 그 원인이나 결과에 대해 수긍하도록 이야기할 줄 안다. 그렇지 못한 의사는 극히 소수라고 생각한다. 그렇게 하지 못하면 의료사고가 날 수 있다.

명리학도 이와 같다. 명리학을 배우고 타인의 사주를 들여다보는 사람이라면 의사와 같은 현명함이 있어야 한다. 사주를 보면 어떤 병이 있을지 예측해야 하고 그 원인이 무엇인지 혹은 그 결과가 어찌 나타날지 예측해야 한다. 그것이 불가능할 때는 의사가 의료사고를 낸 것이나 마찬가지다. 이러한 경우 사람들은 사이비(似而非)라고 한다. 말 그대로 그럴 듯한데 아니라는 것이다.

요즈음은 깨우치는 방법이 많다. 통신이 발달하고 학문이 발달하였으며 지식이 범주화되어 있다. 많은 사람이 병원에 가기 전에 인터넷이나 다른 자료를 뒤져 자신의 병증을 찾아보고 예단하기도 하며 병명이 무엇일 것이라고 짐작하기도 한다. 또 의사가 진단을 내렸다 하더라도 의심스러우면 다른 의사를 찾아가 다시 진료를 받기도 한다. 이처럼 현대사회에서 병을 찾아보고 자기 병을 살피는 것은 상식에 속한다.

명리학은 어떤가? 명리학자를 찾아오는 근본은 자신이 모르는 것을 묻기 위해서다. 자신의 인생항로를 묻거나 앞으로 일어날 가능성이 있는 일을 대비하기 위해 찾아온다. 그런데 많은 사람이 명리학에 대해 지나치게 무지한 상태로 찾아온다. 자신에게 앞날을 이야기해주는 명리학자가 진실을 말하는지 혹은 사람 잡는 의사인지 모른다는 것이다.

1. 기본이 상식이다

명리 상담은 의사의 상담과 다를 것이 하나도 없다. 명리학자는 결정하기 어렵거나 판단하기 어려운 병을 알려주는 의사처럼 어려운 판단을 해주어야 한다. 그러나 일반인은 그 판단의 근거를 알 수 없다.

병이라면 의사가 논리적으로 판단하고 엑스레이 필름이나 자기공명영상

(magnetic resonance imaging, MRI) 자료를 제시한다. 그러나 명리학자들은 자료를 제시하지 않는 경우가 많다. 물론 일반인은 엑스레이 필름이나 MRI 자료를 해독하지 못할 수도 있다. 그러나 깜깜이로 들어야 하는 명리와는 다르다. 이제 일반인도 그 근거를 알아야 하고 명리학자들은 어떤 근거로 해석하고 해설하는지 제시해야 한다. 그보다 바람직한 일은 일반인이라도 명리학의 근본 근거를 알아두는 것이다.

명리학자들 중 일부는 뜬구름을 잡는 듯한 이야기를 하는데, 그 근거가 있는 것은 사실이다. 물이 많다. 불이 적다. 목이 강하다. 수가 약하다. 이는 단순히 사주원국을 말하는 것이지만 듣는 사람은 그야말로 장님 꼬리잡기다. 그것으로 그치지 않고 그 이유가 결혼에 왜 부정적인지, 왜 건강에 문제가 되는지 대부분 알 수 없다.

명리학자들은 친절하게 설명하지만 알아듣기가 어렵다. 용신(用神)이 좋은데 일은 잘 안 풀린다는 말이 무엇인지, 작년에는 형제와 사이가 좋다더니 올해는 형제간에 돈 거래를 하지 말라는 이유는 무엇인지 도저히 알 수 없다.

가장 문제는 바람에 귀를 맡긴다는 것이다. 극히 말초적인 해설에 귀가 열린다는 것이다. 그것은 내담자가 물어보는 한계가 있기 때문이다. 오래 상담을 해보면 간혹 한숨이 나온다.

과거를 살피고 미래를 예측하며 개개인의 특장점을 찾아 적용하는 것이 명리학이라지만 사람들은 그다지 관심이 없다. 아니, 근본적인 것이 아니라 말초적인 것에만 관심이 있다. 결혼운이 있나요? 좋은 대학에 가나요? 돈을 많이 버나요? 애인이 생기나요? 남편이 바람을 피우나요? 이러한 물음에 근본은 없다.

일주(日柱) 일주는 태어난 날의 기둥이다. 사주를 푸는 기본이 일주에서 시작된다. 일주의 성격이 사주의 근본 성격이다. 일지가 충을 당하면 뿌리가 흔들린다. 공망도 일주(日柱)를 기준으로 산출하여 정한다.

근본은 무엇인가? 사주원국을 확실하게 분석하는 것이며 인간적인 면을 분석하는 것이다. 태어난 날을 의미하는 일주(日柱)를 확실하게 분석해야만 올바른 질문에 답할 수 있다. 경우에 따라 다르지만 인간성에 따라 대응이 달라진다.

이혼할 위기가 닥쳤다고 하자. 좋지 않은 예지만, 그 불행은 자식이 없어서 시작되었다고 하자. 혹자는 화를 내며 자식을 낳지 못하는 여자라고 욕할 테고 그것을 핑계 삼아 이혼을 요구할 것이다.

인간성이 좋은 남자라면 여자가 자식을 낳을 수 없다고 하면 부부의 사랑으로 충분하다고 할 것이다. 나아가 정말로 아이가 필요하다면 입양하자고 할 것이다. 사람의 생각이 환경을 변화시키고 그 결과를 달리 가져온다.

사주의 근본을 알아야 한다. 사주를 보는 기본은 상식선이다. 사주를 보려 하거나 사주를 통해 운을 보려 하거나 행위에 대한 결과를 알고자 한다면 기본을 알아야 한다. 그 기본은 사주를 푸는 것이 아니라 자신이 누구인지 아는 것이다.

사주의 기본을 모르니 뜬구름 잡는 이야기를 하는 가짜 명리학자에게 자신을 팔고 만다. 이와 같은 이유로 아무리 뛰어난 명리학자가 있다 하더라도 여러 가지 불균형이 나타난다.

기본을 무시한 질문으로는 대안을 찾기 위한 대화가 이루어지지 않는다.

의견을 내놓을 때도 근본에 어긋난 질문을 하면 원하는 대답을 듣기가 어렵다. 그저 앞으로 다가올 일에 대한 예측이나 추론을 듣는 것으로 그치고 마는데, 상담자가 원하는 것은 그보다 더 깊은 이야기를 듣고자 하는 경우가 많다.

명리학자를 만나 상의하고 상담하며 생각해볼 것이 한둘이 아니다. 사람들은 명리를 통해 미래를 보려고 한다. 과연 미래를 미리 확인하는 것만이 사람들이 오랜 시간 이 학문을 닦은 이유인가? 혹은 그것만을 위해 명리학을 배우는가? 그것은 아니라고 생각한다.

많은 사람이 미래는 정해진 것이 없다고 한다. 노력함으로써 미래를 개척한다고 한다. 이러한 대답에 나는 불행하게도 "아니다"라고 한다. 나는 미래가 정해져 있다고 생각하는 운명론자다. 그러나 막연한 운명론이 아니다.

인간은 개개인이 가야 할 길이 정해져 있으며, 그것이 사주에 나타나고 운로에 표시된다는 것이 내 생각이다. "삶은 개척하는 것이다"라고 주장하거나 "노력으로 미래를 개척한다"라고 주장하는 많은 주장자와 배치되는 생각일 것이다. 나는 훌륭한 철학자는 아니다. 사회적 지위를 가진 사람도 아니다. 그러나 명리학을 연구하고 가르치는 사람으로서 할 말은 있다.

나는 인간의 미래가 이미 정해져 있다고 생각한다. 문제는 그 목표에 도달할 수 있는가 하는 것이다. 모두 미래의 목표에 도달하지는 못할 것이다. 마라톤선수라고 해서 모두 같은 시간에 결승선으로 들어올 수 없듯이 미래가 주어져도 모두 완주하거나 목표에 도달하지는 못할 것이다. 혹자는 3시간이 넘어 들어오기도 하고 혹자는 다리 근육에 경련이 와서 중도에 포기할 것이다. 마라톤 코스는 하나가 아니다. 전 세계에 수십, 수백, 수천 개 코스가 있으며 선수는 어느 곳에서나 달릴 수 있다.

나는 인생이 길고 긴 마라톤이라 생각한다. 장거리 운동이고 장거리 인생이다. 눈앞에 놓인 코스 외에도 다양한 코스가 주어져 있다고 생각한다. 인간은 어느 코스가 유리한지 모르고 마라톤을 시작했을 뿐이다.

미래를 예측하는 명리학자는 대부분 "정해진 미래는 없다"라고 주장할 것이다. 태어난 년월일시를 적용하여 사주를 풀면 사람은 태어날 때부터 각각 다른 능력을 가지고 있으며 인생의 흐름 속에 시기별로 발생할 수 있는 사안이 있다. 또 시기마다 다가오는 기운이 다르니 확률로 따져 예측이 가능하다. 그 예측에 따라 반응을 달리할 수 있다. 그들은 이처럼 인생의 흐름은 일기예보와 같이 예측하고 맞이하며 피해가고 적응하는 것이라고 말할 것이다.

누군가는 욕을 하거나 고개를 젓겠지만 나는 생각이 다르다. 인간의 앞날에는 헤아릴 수 없는 가지가지 길이 있다. 전 세계에 공인된 마라톤 코스만큼이나 많다. 인간은 운로를 달리며 그때 나타나는 정보를 따라 다가오는 마라톤 코스를 선택할 수 있다. 이때 만나는 인생의 마라톤 코스는 면으로 나타나는 3차원이 아니라 공간으로 나타나는 4차원이다. 일기예보처럼 수많은 정보가 다가오면 그 정보에 따라 길을 갈아타는 것이다. 변화에 따라 어떤 환경이나 정보가 오게 될지는 아무도 모르지만, 명리학은 여러 가지 정보를 취합하고 유추하여 정보를 파악하고, 그 정보를 토대로 오늘 더 나은 판단을 한 결과 평탄한 코스로 갈아탐으로써 미래를 위해 의사결정하는 것이다. 즉 명리학은 주어진 미래를 예측하고 올바른 길을 선택할 수 있도록 분석하는 것이다.

사주를 분석해 미래의 결과에 다가갈 때 방해물이나 나쁜 결과를 피해가는 것도 중요하다. 미래의 결과에 주안점을 두는 것은 인간의 당연한 심리다. 안타까운 것은 내담자들이 명리학자들에게 미래 걱정을 줄이는 방법을 요구한다는 것이다. 미래의 결과를 요구하는 경우는 극히 드물다는 의미다. 미래의 결과를 만들어가는 것은 오늘의 판단이다. 내일의 결과를 걱정하기보다는 오늘 최선을 다해 명리학을 사용한다면 미래에 좋은 결과를 맞이할 수 있다.

올바른 판단을 하려면 올바른 정보가 필요하다. 올바른 미래를 설정하기 위해서는 오늘의 올바른 판단이 중요하다. 이를 위해서는 명리의 기본을 이해해야 한다. 전문가 수준을 원하는 것이 아니다. 명리에 대해 기본적이라고 할 정도만 알아도 명리를 오도하는 사람의 판단에서 벗어날 것이다. 명리학자가 어떠한 결정이나 판단을 내린다면 왜 그런지 물을 수 있고 명확하게 이해하며 올바른 판단의 밑거름으로 사용할 수 있다. 따라서 가장 중요한 것을 기본으로 최소한의 명리지식을 알고 있어야 한다.

명리지식은 여러 가지로 도움이 된다. 자신이 명리를 배우지 않는다면 십중팔구 전문가인 명리학자를 찾아가 물어야 한다. 문제는 상담을 해주는 명리학자가 진정 고수인지 모른다는 것이다. 심지어 사기에 가까운 하수도 있다.

명리의 기초지식을 알면 상담해주는 사람이 하수인지 고수인지 알 수 있다. 명리를 공부한 사람도 많고 사주분석을 생업으로 삼는 사람도 많다. 사람들은 대부분 잘 맞힌다는 주변 사람들 말을 듣고 그를 고수로 믿는다. 그러나 정말 고수인지는 알 수 없다.

명리학자에게는 자격증이 없다. 세상이 자격증을 바탕으로 하는 사회가 되어가고 있지만 명리학에는 자격증이 없다. 간혹 민간자격증이 있지만 이 자격증이 일정한 수준 이상의 실력자라는 것을 알려주는 척도는 아니다. 의

사, 변호사, 부동산중개인 등과 같은 직종은 국가 자격증이 있어 공신력을 인정받지만 명리학자는 그렇지 않다.

일부 명리학자들은 자격증을 제시하기도 하는데, 사단법인이라든가 단체에서 발행한 국가공인 자격증과는 다른 민간자격증으로 공신력을 인정하기는 어려운 것이 사실이다.

많은 사람이 찾으며 이 시간에도 상담이 이어지지만 누가 실력이 있고 진정 고수인지 알기는 어렵다. 상담가별로 차이가 많기도 하고 명리의 기본은 같지만 판단하고 분석하는 방법은 여러 가지이므로 반드시 같은 답이 나오지 않을 수도 있다. 소문은 그럴싸한데 막상 찾아가보면 전혀 그렇지 않은 경우도 많다.

사람마다 사주의 구조가 달라 실력에 따라 풀이의 격이 달라질 수도 있다. 때로는 사주의 구조가 독특하거나 특이하여 고수만이 제대로 풀어낼 수 있는 경우도 있다. 년운(年運)이나 대운(大運)의 풀이에 따라 민감한 부분들이 드러나기도 하지만 근본적으로 원국을 제대로 읽어야 한다. 그런데 사람들은 자신에게 다가오는 사안에 관심이 많다보니 진정으로 필요한 원국 분석을 소홀히 한다.

사람의 진정성을 먼저 알아야 하는데 그러자면 원국을 먼저 분석해야 한다. 이 원국 분석을 제대로 하는 사람이 바로 실력자이고 고수다. 내가 누구인가의 문제도 역시 원국 분석에서 나타난다. 이는 가장 기본적인 사항이다. 내가 누구인지 안다면 상담자 실력을 어느 정도는 가늠할 수 있다. 상담하러 찾아간 사람도 명리학자의 실력을 알아야 상담을 마치고 그가 한 말을 참고할지 판단할 수 있다.

2. 나에 대해 물어라

명리를 통해 가장 중요한 것은 나를 안다는 것이다. 사람은 평생 살아도 자신이 어떤 사람인지 모르는 경우가 많다. 내담자를 만나 이야기해보면 자신의 성격조차 알지 못하거나 증거를 제시해도 고개를 젓는 사람이 있다.

그들이 묻고자 한 것은 자신의 본성이 아닐 수도 있다. 그들은 "올해 돈을 벌까요?", "올해 애인이 생길까요?", "올해 투자하면 돈을 벌까요?", "우리 아이가 좋은 대학에 갈까요?"와 같은 현실적인 문제를 묻는다. 명리학자들도 이와 같은 통변에 능통하다.

그러나 더욱 중요한 것은 본성이 어떤 사람이냐다. 어떤 상황이 오더라도 본성에 따라 대응과 처리가 달라질 수 있기 때문이다. 본성에 따라 모든 상황에 능동적이거나 수동적으로 대응한다. 이에 따라 결과도 달라지며 풍기는 이미지도 달라진다.

명리지식 중에서 가장 필요한 것이 바로 자신을 아는 것이다. 이것이 명리지식 중 핵심이다. 무엇보다 중요한 것은 나를 아는 것으로 미래에 적응을 예측한다는 것이고 결과가 이해된다는 것이다. 결국 나를 이해하는 것이 명리지식의 꽃이고 핵심이다.

오랜 세월 만났다 헤어지면서 같이 살아온 사람은 서로 잘 알게 마련이지만 30년을 같이 살아도, 가깝게 지내도 서로 속을 모르는 이들도 있다. 어느 날 문득 "그가 그래?" 하고 놀라는 경우도 있다. 그러나 올바른 명리는 사람을 판단하는 기준을 제시한다.

우리에게만 사람을 판단하는 기술이 있는 것은 아니다. 사람 사는 곳에 어찌 사람을 판단하는 기술이 없겠는가? 또 사람을 판단하는 기술이 명리만 있는 것이 아니다. 관상학도 사람을 판단하는 기술 중 하나다.

서양에도 사람을 판단하는 다양한 기술이 있다. 그중에는 점성술(占星術, astrology)이나 에니어그램(Enneagram), 수비학(數祕學), MBTI(The Myers-Briggs Type Indicator) 등이 있다. 이밖에도 혈액형으로 파악하는 방법, 태어난 별자리로 파악하는 방법 등이 있다.

서양에서 사용되는 추명학, 즉 운의 흐름을 파악하거나 미래를 살피는 기술 중 가장 널리 알려진 것이 점성술일 것이다. 점성술은 천체현상을 관찰하여 인간의 운명이나 장래를 점치는 방법이다. 점성술의 방법과 체계는 바빌로니아와 고대 중국에서 시작되었으며, 고대 로마에서는 점성술을 구사하는 사람들을 칼데아(Chaldea)인이라고 불렀다. 칼데아는 바빌로니아 남부를 가리키는 지명인데 이곳 사람(셈족의 일종)들에 의해 점성술이 알려지자 점성술을 하는 사람을 칼데아인이라고 부르게 되었다. 하지만 칼데아인들보다 역사가 더 오래된 메소포타미아 지역에서는 기원전 6000년 전부터 별을 관측하고 이를 인간사에 대비하여 해석하였다. 이후 점성술은 이집트문명을 거쳐 그리스문명이 발달하면서 더욱 체계화되었다. 점성술은 별의 모양이나 밝기 또는 자리 등을 고려하여 나라의 안위와 개인의 길흉을 점치는 술법으로 오늘날까지 명맥이 이어지고 있다.

최근 많이 이용되는 서양의 상담기법은 아무래도 에니어그램일 것이다. 사람들이 느끼고 생각하고 행동하는 유형을 아홉 가지로 분류할 수 있으며 이 중 하나의 유형을 타고난다고 설명하는 행동과학이다. '에니어그램'은 그리스어의 '아홉(ennea)'이란 단어와 '모형(gram)'이란 단어의 조합이며, 기원전 2500년경 중동아시아에서 유래한 고대의 지혜로 알려져 있다. 에니어그램에는 아홉 가지 유형이 있으며 각각 독특한 사고방식, 감정, 행동을 표현하고 서로 다른 발달행로와 연결된다. 이 아홉 가지 유형으로 인간을 파악한다.

에니어그램의 분석	
1유형	완벽함을 추구하는 개혁전문가
2유형	타인에게 도움을 주려는 조력전문가
3유형	성공을 중시하는 성취전문가
4유형	특별한 존재를 지향하는 창조전문가
5유형	지식을 얻어 관찰하는 지식전문가
6유형	안전을 추구하고 충실한 질문전문가
7유형	즐거움을 추구하고 계획하는 선택전문가
8유형	주장이 강한 도전전문가
9유형	조화와 평화를 바라는 화합전문가

수비학도 인간의 심성을 파악하고 미래의 일을 예측하는 데 이용된다. 수를 사용해서 사물의 본성, 특히 인물의 성격이나 운명, 미래의 일을 해명하고 예견하는 서양 고래의 점술학이다. 영어로는 numerology로, 수는 만물의 원리이며 우주의 일체는 수로 측량되어 질서화된다는 피타고라스학파의 철학이나 카발라적 성서해석법인 게마트리아의 전통에 의거한 것으로 생각된다.

고대 알파벳은 음가(音價)만이 아니라 수치를 가지고 있었기 때문에 문자로 나타내는 말 또는 관념은 동시에 일정한 수치를 가지게 된다. 이 수치를 동일하게 하는 것은 조응관계로 잠재적 관계를 맺고 있다고 생각되며, 점술에도 응용할 수 있다.

본래 변환에 이용된 것은 그리스 문자나 헤브라이 문자의 수치인데, 현행 수비학은 보통 알파벳에 1에서 9까지를 적용해서 이용한다. ABC순으로 1에서 9를 해당시켜서 J와 S에서 1로 돌아간다. 그러면 A · J · S는 1, B · K · T는 2의 수치를 가진다. 이하 동일하게 한다. 가령 Adam은 1+4+1+4=10, Eva는 5+4+1=10이 된다. 10 이상 수는 각 자리의 숫자를 다시 더해서 한 자리로 환원한다. 이런 Adam과 Eva는 모두 1(1+0=1)의 수를 가지며 1이 지니는 원초, 창조, 통합의 관념을 가지고 있다고 해석된다.

MBTI는 일상생활에 활용할 수 있도록 고안된 자기보고식 성격유형지표로 '마이어브릭스 유형지표(TheMyers-Briggs Type Indicator)'의 약어다. 카를 융(C. G. Jung)의 심리유형론을 근거로 하는 심리검사다. '마이어브릭스 성격진단' 또는 '성격 유형지표'라고도 한다. 1921~1975년에 브릭스(Katharine Cook Briggs)와 마이어(Isabel Briggs Myers) 모녀가 개발했다.

MBTI는 개인이 쉽게 응답할 수 있는 자기보고 문항을 통해 각자가 인식하고 판단할 때 선호하는 경향을 찾아낸 후 그 경향들이 행동에 어떤 영향을 미치는지 파악하여 실생활에 응용한다. 1921년부터 본격적인 연구를 시작하여 A~E형이 개발되었고 F형은 1962년 미국 ETS(Educational Testing Service)에서 출판했다. 1975년에는 G형이 개발되었으며 이후 K형, M형 등이 개발되었다.

한국에는 1990년에 도입되어 초급, 보수, 중급, 어린이와 청소년, 적용프로그램, 일반강사 교육과정이 개발되었다. 성격유형은 모두 16개이며 외향형과 내향형, 감각형과 직관형, 사고형과 감정형, 판단형과 인식형 등 네 가지의 분리된 선호경향으로 구성된다. 선호경향은 교육이나 환경의 영향을 받기 이전에 잠재되어 있는 선천적 심리경향을 말하며, 각 개인은 자신의 기질과 성향에 따라 각각 네 가지의 한쪽 성향을 띠게 된다는 이론이다.

그밖에도 혈액형으로 사람을 분석하거나 심리를 분석하는 방식이 있다.

이러한 기법들은 사람을 판단하고 분석하는 데 사용된다. 이 모든 학문의 근거는 사람의 심리를 파악하고자 하는 것이다. 사람을 이해하는 데 가장 훌륭한 열쇠가 마음, 바로 성격과 심리다.

사람의 심리에 따라 어떤 현상이나 상황이 오더라도 판단이 달라지고 결과가 달라진다. 자신과 타인의 성격, 심리 그리고 성격의 장단점을 확실히 인식하는 사람은 스스로 인생을 성공적으로 관리할 수 있을 뿐만 아니라 다른 사람을 이해하는 데 시행착오를 줄일 수 있어 대인관계를 성공적으로 이끌어나갈 수 있다.

동양의 심리학은 단연 명리학을 으뜸으로 친다. 사주팔자에 나타나는 음양, 오행, 육친, 신살, 격국, 궁성, 허자 등의 명리학에 나타나는 이론과 단서들은 그 사람의 심리를 읽을 수 있는 단서를 제공한다.

올바른 명리학자는 이렇게 사람의 사주에 나타나는 단서들에 숨어 있는 심리적 현상을 하나하나 분석하고, 미래 예측이 가능하도록 설명한다. 우리는 운명이라는 말을 하는데 이는 개척하는 것이 아니라 이미 주어진 올바른 길을 찾아가는 것이다.

운명은 노력만으로는 바꿀 수 없는 숙명이 아니라 주어진 여러 가지 길에서 올바르고 효율적인 길을 찾는 것이며 심리분석을 통해 일정한 흐름을 읽어내는 우리 자신의 삶이다.

명리학은 하늘의 기운과 땅의 기운을 분리하여 적용하고 그 합을 통해 심리를 분석하고 운의 흐름을 찾아간다. 명리학에서는 인간의 기본 성정을 열 가지로 구분하는데, 그것을 천간(天干)이라고 정의한다.

또 행동의지를 나타내는 글자를 지지(地支)라고 하며 열두 자를 배치하는데, 이를 십이지지(十二地支)라고 한다. 이 두 가지 기운을 교합하면 모두

60가지 기운으로 나타나는데 이를 육십갑자(六十甲子)라고 하며, 인간의 본성을 60가지로 나누어 판단한다.

이 60가지 기운은 성격을 비롯하여 삶의 지향점을 제공하고 원국에서 인과관계, 인간관계, 가족관계, 재물, 관운 등을 파악하는 지표로 사용하며 행운(行運)이라고 불리는 운의 흐름을 파악하는 기초로 작용한다.

명리학을 올바로 파악하거나 실력이 있는 명리학자는 바로 나를 정확하게 파악하는 사람이다. 명리학은 서양의 점성술이나 에니어그램 같은 다른 유형의 상담학과 마찬가지로 인간의 유형을 분류하거나 파악하고 느낌을 수치화하거나 통계를 만들어냄으로써 사람 마음을 들여다볼 수 있는 성찰과 분석 기능을 제공한다. 그러나 많은 사람이 자기 성찰이나 내면을 파악하기보다는 "언제 이사 가야 하나요?", "이직은 가능한가요?", "올해 돈을 벌 수 있을까요?"와 같은 현실적인 문제를 파고든다.

많은 내담자를 만나 상담하지만 "저는 어떤 사람인가요?" 하고 묻는 사람은 보기 힘들다. 현실적인 물음이 가장 궁금한 사항이고 눈앞으로 다가온 문제가 급하기 때문이겠지만 자신을 성찰하고 분석하는 기능을 무시하지 말아야 한다.

명리의 관점에서 '나는 무엇인가?'에 대한 판단을 먼저 해야 한다. 나의 참모습이 '돈을 벌어야겠다', '출세해야겠다', '좋은 남자를 만나 결혼해야지'와 같은 것으로 국한되는 것은 아닐 것이다.

명리학적으로 나는 겉으로 드러나는 모습과도 다를 수 있고 추구하는 표면적 이유와도 다를 수 있다. 명리학뿐 아니라 나의 참모습은 내가 지닌 인간성일 것이다. 이 인간성을 바탕으로 "내가 가장 행복한 순간은 어느 때인가?"를 추구하는 것이다.

행복을 추구하는 방법도 다르고 행복을 느끼는 순간도 다르다. 자신을 알면 이러한 이치가 쉽게 이해되고 자신의 가치도 깨닫게 된다. 나를 이해하고 명리를 통해 본성을 깨닫는다면 타인의 인성을 이해하는 데도 도움이 되고 성숙함도 피어나니 명리학 공부는 인간 성숙이라는 결과를 가져올 것이다.

3. 명리는 어려운가

많은 사람을 만나 명리를 통해 상담하고 답을 얻는다. 그중 누군가는 명리학을 배우고자 학습의 문을 두드린다. 그런데 명리학을 배우고자 하는 사람들이 하는 말이 있다. "한자를 잘 몰라요." 많은 사람이 명리학을 배우려면 한자 실력이 어느 정도 있어야 한다고 생각하는 것 같다.

과연 한자를 몰라서 배우기 어려울까? 물론 한자를 알아야 하고 배우는 기간도 많이 걸리는 것이 사실이다. 명리학은 오랜 시간 만들어졌고 지금도 발전하기 때문에 많은 시간 학습해야 올바른 판단을 내리고 상담이 가능하다는 데에는 이견이 없다. 그러나 한자를 몰라 명리를 배우지 못한다는 것은 맞지 않고 명리학을 잘 모르기 때문에 하는 말이다.

명리학을 배우고 상담하는 사람들 중에는 흰 종이에 유려한 필체로 한자를 휘갈겨 쓰는 이들도 있지만 그들이 써야 하는 글자는 22자에 불과하다. 즉 명리학을 배우고자 하는 사람은 한자 22자만 쓸 수 있으면 된다는 얘기다.

물론 명리학을 배우려면 한자를 많이 알아야 하지만 그것은 가시적인 것이다. 지금은 풀어놓거나 해설해놓은 책이 많아 한자를 모른다 해도 배우기가 어렵지 않다. 한자로 쓰인 글을 우리 식으로 해석해서 이해해도 문제가 없다. 애써 한자를 쓰지 않아도 된다는 말이다. 단 하늘을 의미하는 10개 글자와 땅을 의미하는 12자는 한자로 써야 한다. 사주를 구성하는 이 22개 글자만 한자로 쓸 줄 안다면 명리는 누구나 배울 수 있다. 사실 이 글자는 우리 주변에 널려 있고 누구나 본 적이 있다. 우리에게 익숙한 글자인 것이다.

사주를 어떻게 이해할 것인가? 22자를 어떻게 배치하고 이해할 것인가? 예를 들어 2018년은 무술년(戊戌年)이라고 한다. 2017년은 정유년(丁酉年)이었고 2019년은 기해년(己亥年)이다. 이처럼 한 해를 나타내는 글자는 두 개다. 이 중 정유년의 정(丁)과 무술년의 무(戊), 기해년의 기(己)는 천간이다. 정유년의 유(酉)와 무술년의 술(戌), 기해년의 해(亥)는 지지다.

이미 거론한 것처럼 해마다 그 년도를 나타내는 기둥은 2개 글자로 이루어지는데 위 글자는 천간이고 아래 글자는 지지다. 즉 천간과 지지를 나타내는 글자가 1개씩 모여 그해를 나타내는 기둥이 된다.

천간을 나타내는 글자는 10자로 각각 갑을병정무기경신임계(甲乙丙丁戊己庚辛壬癸)이고, 지지를 나타내는 글자는 12자로 자축인묘진사오미신유술해(子丑寅卯辰巳午未申酉戌亥)다. 천간의 10자와 지지의 12자로 그해의 천간과 지지를 조합하여 기둥을 만드는 것이다. 이 22개 글자만으로 그 사람의 인생항로와 해마다의 변화를 파악할 수 있다.

천간(天干)									
갑	을	병	정	무	기	경	신	임	계
甲	乙	丙	丁	戊	己	庚	辛	壬	癸

지지(地支)											
자	축	인	묘	진	사	오	미	신	유	술	해
子	丑	寅	卯	辰	巳	午	未	申	酉	戌	亥

해마다 연초가 되면 그해의 천간지지를 살핀다. 2018년은 무술년(戊戌年)이다. 무술년을 일러 개의 해라고 한다. 2018년에 태어난 아이들은 개띠인 것이다. 때로 황금개띠라는 말을 하는데 나중에 익히지만 무(戊)라는 글자가 토(土)를 의미하기 때문이고 토(土)의 색이 황토색, 금색, 미색, 베이지색을 의미하기 때문이다.

무술년의 무는 차례로 세어가면 천간의 5번째에 있다. 또 무술년을 형성하는 술(戌)은 지지의 11번째에 해당한다. 즉 무술년은 천간의 5번째 글자와 지지의 11번째 글자가 만난 것이다. 하늘을 나타내는 천간 중 무(戊)와 땅을 나타내는 글자 중 술(戌)이 만나 무술년이 되었다.

사람이 태어난 해를 가늠하고 판단할 때 12개 띠를 분별하는데 이는 지지를 나타낸다. 또 사주분석을 할 때는 글자를 가로로 배치하기보다는 세로로 배치한다. 이를 년주(年柱)라고 한다.

년주(年柱)				
2015년	2016년	2017년	2018년	2019년
을(乙)	병(丙)	정(丁)	무(戊)	기(己)
미(未)	신(申)	유(酉)	술(戌)	해(亥)

위처럼 천간과 지지가 배치되는 법칙이 있다. 천간의 첫 글자와 지지의 첫 글자가 만나고, 천간의 2번째 글자와 지지의 2번째 글자가 만난다. 3번째

끼리 만나고 4번째끼리도 만난다. 5번째, 6번째, 7번째, 8번째, 9번째, 10번째에 서로 만난다. 10번까지는 문제가 없다. 그런데 천간이 10개이고 지지는 12개다. 10번째까지 서로 이으면 지지의 11번째와 12번째는 짝이 없다.

이렇게 되니 어쩔 수 없이 지지의 11번째에 천간의 1번째를 맞추어 기둥을 만든다. 당연히 지지의 12번째에는 천간의 2번을 배치한다. 천간 3번에는 다시 지지 1번을 연결한다. 천간 4번에는 지지 2번이 연결된다. 이러한 방식으로 계속 이어나간다.

천간과 지지의 글자 차이가 있어 계속 엇갈리는데 마지막까지 돌다보면 천간이 6번 돌면 지지는 5번 돈다. 천간이 6번 돌고 지지가 5번 돌면 천간의 마지막 글자인 계(癸)와 지지의 마지막 글자인 해(亥)가 만나 계해(癸亥)가 된다. 천간과 지지가 모두 돌면 60개 기둥이 만들어지니 60갑자라고 한다.

육십갑자(六十甲子)									
갑자 甲子	을축 乙丑	병인 丙寅	정묘 丁卯	무진 戊辰	기사 己巳	경오 庚午	신미 辛未	임신 壬申	계유 癸酉
갑술 甲戌	을해 乙亥	병자 丙子	정축 丁丑	무인 戊寅	기묘 己卯	경진 庚辰	신사 辛巳	임오 壬午	계미 癸未
갑신 甲申	을유 乙酉	병술 丙戌	정해 丁亥	무자 戊子	기축 己丑	경인 庚寅	신묘 辛卯	임진 壬辰	계사 癸巳
갑오 甲午	을미 乙未	병신 丙申	정유 丁酉	무술 戊戌	기해 己亥	경자 庚子	신축 辛丑	임인 壬寅	계묘 癸卯
갑진 甲辰	을사 乙巳	병오 丙午	정미 丁未	무신 戊申	기유 己酉	경술 庚戌	신해 辛亥	임자 壬子	계축 癸丑
갑인 甲寅	을묘 乙卯	병진 丙辰	정사 丁巳	무오 戊午	기미 己未	경신 庚申	신유 辛酉	임술 壬戌	계해 癸亥

이런 방식으로 천간의 10개 글자와 지지의 12개 글자가 만나 60개의 조

합이 이루어진다. 우리가 병신년, 정유년, 무술년, 기해년이라고 하는 것들도 이와 같은 조합으로 이루어졌다. 첫 번째는 천간 첫 번째와 지지 첫 번째가 만나는 것이니 갑자년이고 60번째 만나는 마지막 조합은 계해년이다.

60개가 모두 돌아가고 나면 다시 갑자부터 돈다. 즉 매년 이런 방식으로 그해를 나타내는 조합이 이루어지고 60이라는 숫자에서 반복된다. 그러니까 2018년이 무술년이면 60년 전이 무술년이고 앞으로 60년 후가 무술년이다. 이렇게 한 바퀴를 돌아 제자리로 돌아오는 것을 환갑(還甲) 또는 회갑(回甲)이라고 한다. 명리학에서 이 22개 글자만 알면 이해하고 푸는 데에는 문제가 없다.

4. 어디까지가 기본인가

사람은 어려운 시기에 다다르면 신(神)을 찾거나 누군가에게 자기 문제를 상담하고 싶어 한다. 점을 치는 사람도 있고 명리학자를 찾아가는 사람도 있으며 종교에 귀의하는 사람도 있다. 그중 많은 사람이 명리학을 배웠으면 하는 생각을 한다.

처음에는 한자를 몰라서 망설였다고 하지만 이제 22자만 알아도 충분하다는 사실을 알았으니 그다지 문제가 되지 않을 것이다. 천간과 지지의 글자는 우리가 주변에서 흔히 보는 글자이고 글자를 모른다 해도 익히기 어려운 것이 아니기 때문이다.

22개 글자를 모두 알았다고, 혹은 안다고 해도 의문과 두려움은 남는다.

명리를 알면 좋겠다고 생각하지만 어느 정도 배워야 하고, 누구에게 배워야 하는지 알 수 없고 방법도 천차만별이다.

간혹 전화를 받는 경우가 있다. "3개월에 완성해주실 수 있나요?" 참 난감하다. 장담하지만 명리학은 3개월 만에 마스터할 수 있는 학문이 아니다. 그럼에도 인터넷이나 여러 경로에는 3개월에 명리학을 완성해준다는 광고가 있는 모양이다.

나는 누가 그 정도 실력을 가지고 가르칠 수 있는지 알 수 없다. 명리는 그 정도 시간에 완성할 수 있는 학문이 아니며 그토록 빠르게 익히려는 의도도 알 수 없다. 만약 정말로 3개월에 완성한다면 천재 아니면 사기꾼이다. 천재도 인간으로 감히 상상할 수 없는 대단한 천재일 테고 3개월에 명리를 마스터시킬 수 있는 선생이 있다면 그는 신이거나 사기꾼일 것이다.

사실 나는 명리를 배우고자 해서 배운 것이 아니다. 본래 업은 풍수지리다. 풍수지리를 업으로 삼아 일하는 과정에서 명리가 필요해 적당히 배워야겠다고 생각했는데 배울수록 재미있어 이제는 업이 되었고 학생들을 가르치는 일을 하기에 이르렀다. 처음에는 택일을 하거나 그 사람을 도와주는 것이 옳은지를 파악할 정도의 실력만 필요하다고 생각했지만 이제는 공부를 시작한 지 얼마나 되었는지 세월을 헤아리지 않아도 될 정도가 되었다.

명리를 배우는 사람들이 궁금해하는 것 중 하나가 얼마나 배워야 하느냐다. 물론 사람의 뇌가 발달하는 방법이나 분야가 다를 것이다. 어떤 사람은 외우는 데 특화된 머리를 가지고 있을 테고 혹자는 이해하고 폭넓게 파악하는 머리를 가지고 있을 것이다. 자신을 파악하고 셀프 코칭의 용도로 사용하려고 하면 그다지 긴 시간은 필요하지 않을 것이다. 그러나 전문적인 상담가가 되고자 한다면 아무리 빨라도 최소 3년 이상 전문교육을 받아야 한다. 사실 그보다 훨씬 많은 세월을 매달려야 올바른 판단을 할 수 있다.

물론 어떤 방식의 사고가 발달하였느냐에 따라 기간은 길어질 가능성이 있다. 또한 어느 정도 시간을 할애하는가 하는 문제도 있다. 5년이 넘었는데도 혹은 10년이 되었지만 아직 공부만 할 뿐 임상이 되지 못하는 사람도 있다. 더구나 올바로 판단하려 한다면 임상이 필수적이다. 초보자이거나 배우는 사람은 임상이 어려우므로 가르치는 사람이 간접적인 해설과 풀이과정을 거쳐 임상을 해주어야 한다.

자신을 안다는 측면에서는 그렇게까지 긴 시간이 필요하지 않다. 자신의 생년월일시를 만세력(萬歲曆)에 대입하여 사주를 뽑을 줄 알고, 자기 사주에서 음양오행을 구별하고, 한난조습(寒暖燥濕)을 이해하고, 특징을 알고, 일주에 따라 특징과 성격을 파악하는 정도이면 자신의 사주를 통해 이해를 객관화할 수 있다.

【집중】　　　　　　　　　　　　　　　　　　　　　**만세력(萬歲曆)**

《만세력》은 앞으로 백 년 동안의 천문과 절기를 추산하여 밝힌 책이다. 1782년(정조 6) 왕명에 따라 관상감에서 편찬, 간행한 역서(曆書)로 처음에는 《천세력(千歲曆)》이라고 했다. 이 천세력으로 앞으로 100년 동안의 여러 가지 역에 관한 지식을 미리 알 수 있게 한 것이다. 이렇게 천세력을 10년마다 추가 계산해나가면 1만 년에 걸친 역서를 한 책에 수록할 수 있어 1904년에 《천세력》을 《만세력》이라고 고쳐 발간하였다. 현재 우리가 명리학에서 사용하는 만세력은 사주(년주, 월주, 일주, 시주)를 세우는 데 번거로움을 해소하고 손쉽게 계산하기 위하여 1782년 관상감에서 편찬·간행한 도서를 바탕으로 만들어진 역서(曆書)인데, 태음태양력이 모두 적용되어 있다. 따라서 사주를 세우기 위해 만세력을 찾을 때는 음력과 양력을 정확하게 적용하여 생년월일을 찾아야 한다. 만세력은 양력과 음력에 상관없이 적용이 가능하다.

이 정도 지식과 의미를 파악했다면 명리학자를 만나 상담할 때 궁금증을 물어보고 구체적으로 알아들을 수 있으며 사주를 푸는 상담가가 정말로 명리를 제대로 인식하고 있는지 이해할 수 있다.

만약 상담하는 명리학자가 수준에 미달된다면 주저 없이 일어서면 그만이다. 명리를 배워 업으로 삼고 돈을 벌 생각이라면 더욱 깊게 배우고 익히는 연구과정이 필요하고 임상을 해야 하지만 자신의 운을 파악하고 물어보는 정도에서 이해한다면 그 정도 실력으로 충분하다.

동양학은 공통점에서 출발한다. 동양학이라는 이름이 붙은 여러 가지 이론이나 학설, 학문은 하나같이 하나의 공통점에서 시작한다. 명리학이 그렇고 풍수지리가 그러하듯 동양철학의 기본은 음양에서 시작한다.

태초에 혼돈이 있었으니 이를 일원(一元)이라 하고, 이곳에서 기의 역할이 있어 나뉘니 음양(陰陽)이다. 즉 "태초(太初)의 혼돈에서 음(陰)과 양(陽)으로 갈라지니 이를 음양이라 하고 달리 양의(兩意)라고 한다"가 답이다.

음양이 의(意)라면 오행(五行)은 체(體)다. 음양의 기운이 현실적으로 실제 구현하는 방법은 다섯 가지로 나타난다. 이를 오행이라고 한다. 이 다섯 가지 요소는 우리 주위에 있고 인식할 수 있는 것으로 대단히 포괄적인 의미를 가지고 있다.

오행은 목화토금수(木火土金水)라 불리는데 각기 나무[木], 불[火], 땅[土], 쇠[金], 물[水]의 기운을 말한다.

이 중 쇠와 물은 차가운 기운이기에 음의 기운이다. 나무와 불은 따뜻한 기운이기에 포괄적으로 양의 기운이다. 흙은 중용이기에 가운데에 자리한다. 즉 천간을 따져보면 갑을병정(甲乙丙丁)은 목화(木火)를 표방하니 양의 기운이고 경신임계(庚辛壬癸)는 쇠와 물의 기운이며 음의 기운이다. 이 사이에 무기(戊己)가 자리하니 땅의 기운이며 중용의 기운이다.

포괄적으로 음과 양의 기운을 배정하지만 세부적으로 들어가면 목(木)에는 음목(陰木)이 있고 양목(陽木)이 있으며, 화(火)도 양화(陽火)와 음화(陰火)로 나뉜다. 토(土)도 양토(陽土)와 음토(陰土)로 나뉘고, 금(金)에도 양금(陽金)과 음금(陰金)이 있으며, 수(水)에도 양수(陽水)와 음수(陰水)가 있는데 이는 천간과 지지도 마찬가지다. 즉 하나의 사주를 정하는데 천간이 양이면 지지도 양이고, 천간이 음이면 지지도 음이다.

천간(天干)									
갑	을	병	정	무	기	경	신	임	계
甲	乙	丙	丁	戊	己	庚	辛	壬	癸
木		火		土		金		水	
양	음	양	음	양	음	양	음	양	음

지지(地支)											
자	축	인	묘	진	사	오	미	신	유	술	해
子	丑	寅	卯	辰	巳	午	未	申	酉	戌	亥
水	土	木		土	火		土	金		土	水
양	음	양	음	양	음	양	음	양	음	양	음

모든 천간과 지지는 오행으로 나뉘고 다시 음양으로 나뉜다. 양목(陽木), 음목(陰木), 양화(陽火), 음화(陰火), 양토(陽土), 음토(陰土), 양금(陽金), 음금(陰金), 양수(陽水), 음수(陰水)로 나뉜다.

이미 인식하는 것처럼 천간의 토(土)는 무기(戊己)인데 이 두 글자는 오행으로 따지면 땅을 나타내는 토(土)에 해당하고 좌우 균형을 맞추어 중심에 자리한다. 따라서 소통의 기운이며 중용의 기운이라고 한다. 목(木)을 나타내는 갑(甲)과 을(乙), 그리고 화(火)를 나타내는 병(丙)과 정(丁)의 따뜻한 양의 기운과 금(金)을 나타내는 경(庚)과 신(辛), 수(水)를 나타내는 임(壬)과 계(癸)의 차가운 기운의 중앙에서 소통하고 이어주며 조율하는 역할을 한다.

양과 음은 기의 역할과 기운이 상반되지만 상호 보완적이기도 하다. 남자가 없으면 여자의 존재가 없는 것과 같다. 양은 퍼지고 확대되며 드러나기를 좋아하는 성분이지만 음은 움츠러들고 숨기며 자숙하는 기운이다. 이 음과 양의 기운이 각각의 글자에 배치되어 성격으로 나타난다. 이러한 모든 것이 태어나는 순간 정해지니 어떤 역할로 사주가 바뀐다는 등의 이야기는 하지 말자.

5. 태어나는 순간 정해진다

인간의 운명이 정해져 있지만 그 폭과 행로는 알 수 없으며 향로는 선택에 따라 달라진다. 인간의 운명에 따른 결과는 다양하고 결과 또한 다양하다. 인간의 인생 결과가 종속변수라고 하면 그곳에 이르는 동안 수많은 독립변수가 존재한다. 종속변수는 누군가 살아 무엇이 되었다, 무엇을 이루었다, 어떻게 살았다가 될 테고 독립변수는 가문, 풍수지리, 대인관계, 사업, 기타 여러 요건이 될 것이다. 이러한 여러 변수 중에서 가장 중요한 것은 유일무이한 독립변수, 즉 출생연월일시이다.

인생은 선택하는 것이 아니라 주어지는 것이다. 때로는 부모가 선택하려는 행위를 하지만 이는 근본이 아니며, 자연적으로 태어나는 것이 근본이다. 어쨌든 사람은 엄마 배 속에서 나오며 울음을 터뜨리는 순간이 사주팔자가 정해지는 시간이다.

엄마 배 속에서 태어나는 순간 우주의 기(氣)를 받게 되는데, 이 기운이야 말로 원초적인 기운이고 사주원국을 이루는 기운이며 평생을 살아가는 데 필요한 기본 기운이다. 이 기가 사주로 변환되는 것이다.

출생하는 년월일시의 기운은 한번 정해지면 근본적으로 불변하지만 매년, 매월, 매일, 매시 만나는 오행으로 변화를 만들어낸다. 즉 사주원국을 구성하는 글자가 변화하는 것은 아니지만 새로이 만나는 글자에 따라 교류하며 영향을 일으킨다. 이를 운(運)이라고 한다.

사주팔자는 변하는 것이 아니라고 수차례 강조했다. 태어난 년월일시에 따라 각각의 기둥을 전하는데 각각 천간의 글자와 지지의 글자로 구성된다. 따라서 년월일시 기둥은 4개이므로 천간이 4개 필요하고 지지가 4개 필요하다.

우리가 아는 일반적 개념에서 2018년은 무술년(戊戌年)이다. 즉 무술년에 태어난 사람은 년주(年柱)가 무술이다. 그러나 반드시 모두가 무술은 아니다. 이해할 수 없는 말이겠지만 그런 이치가 존재한다. 양력과 음력을 명확하게 해야 하는 이유가 여기에 있다.

명리학에서 새해는 양력 1월 1일에 시작하지 음력 1월 1일이 아니다. 명리학에서 한 해의 시작은 절기에서 말하는 입춘(立春)이다. 이를 알기 위해 태어난 날을 말할 때 음력인지 양력인지 구별해야 한다. 약간 차이가 있지만 대부분 입춘은 양력으로 따져 그해의 2월 4일경에 해당한다. 만약 2018년에 태어났다 해도 음력으로 따진다면 무술년이 아닐 수 있다.

즉 우리가 무술년에 태어났다고 말하는 경우라도 입춘이 지나지 않은 시점에서 태어나면 무술생이 아니라는 것이다. 입춘은 어느 해인가에 따라 다르지만 대부분 양력 2월 4일 전후로 배치되고 2018년에도 입춘은 양력 2월 4일이었다. 만약 양력으로 2018년 2월 3일에 태어났다면 그는 무술생이 아니라 전해인 정유생(丁酉生)이다. 2018년 2월 5일에 태어났다면 그는 무술생이다.

흔히 입춘을 절입일(節入日)이라고 하는데 이 절입일에도 절입시(節入時)가 있다. 절입일에 태어났다 해도 절입시 이전에 태어나면 전해 년주를 쓰고 절입일 절입시가 지난 후라면 새로운 해의 년주를 쓴다. 2018년의 입춘 절입시는 6시 28분이다. 이와 같은 시간은 모든 만세력에 적혀 있으므로 확인할 수 있다.

─────────────────────────────── **POINT**

절입일(節入日) 명리를 배우고자 하는 사람에게 절입일은 매우 중요하다. 일반적으로 절기라고 하는데 매달의 시작을 알리는 절기가 절입일이다. 명리에서 그달의 시작은 음력 1일이나 양력 1일이 아니라 절입일이다. 흔히 입춘, 입하, 입추, 입동과 같이 매달의 시작을 알리는 절기일이다. 이 절기일에 따라 달이 정해지기도 하며 년을 정하기도 한다. 즉 입춘이 지나지 않으면 새로운 해가 시작된 것이 아니며 절입일이 지나지 않으면 새로운 달이 시작된 것이 아니다.

───

어떤 아기가 태어난 시간을 정해보자. 아기가 양력으로 2018년 2월 4일 6시 20분에 태어났다고 가정하여 사주를 뽑는다고 생각해보자. 이 아이는 양력 2018년에 태어났으므로 년주가 당연하게 무술생이라 생각할 수 있지만 입절일의 입절시가 지나지 않았으므로 무술년이 아니고 정유년 생이다.

양력 2018년 2월 4일 6시 20분				
	시주	일주	월주	년주
천간	계(癸)	정(丁)	계(癸)	정(丁)
지지	묘(卯)	묘(卯)	축(丑)	유(酉)

월주를 찾을 때도 동일한 방법이 적용된다. 각 달에는 절입일이 있는바, 그날의 시간을 월주의 기준으로 삼는다. 즉 2018년의 입춘시가 6시 28분이므로 태어난 시간이 6시 28분이 지나야 인월(寅月)이 된다. 만약 6시 28분 이전에 태어났다면 당연하게 월주는 축월(丑月)이 된다. 다시 돌아가 어느 아기가 양력으로 2018년 2월 4일 6시 20분에 태어났다고 가정하여 사주를 뽑아본다. 불과 몇 분 차이가 나겠지만 그 차이가 아주 다른 경우가 있다. 이 아이는 양력 2018년에 태어났으므로 년주(年柱)가 당연하게 무술생이라 생각할 수 있지만 입절일과 입절시를 파악해야 한다. 만세력을 통해 2018년의 입절시가 6시 28분이라는 것을 알 수 있다. 따라서 입절시가 지나기 전에 태어났으므로 년주와 월주가 다르다.

같은 개념에서 2018년 양력 2월 4일 6시 30분에 태어난 아이의 사주를 살펴보자. 이 아이는 6시 30분에 태어났으므로 입춘시를 지나 태어난 것을 알 수 있다. 따라서 이 아이의 생년은 무술이다. 아울러 입절시를 지났으므로 달도 명리학으로서 음력 1월에 해당한다. 즉 인월(寅月)에 해당한다.

어느 아기가 양력으로 2018년 2월 4일 6시 30분에 태어났다고 가정하여 사주를 뽑아본다. 불과 10분 차이이지만 입춘일 입춘시를 지났는지 지나지 않았는지에 따라 년주와 월주가 바뀐다. 두 사람의 태어난 시간은 불과 10분 차이이지만 전혀 다른 사주를 받는 것이다.

양력 2018년 2월 4일 6시 30분				
	시주	일주	월주	년주
천간	계(癸)	정(丁)	갑(甲)	무(戊)
지지	묘(卯)	묘(卯)	인(寅)	술(戌)

사주를 찾을 때는 절입일이 중요하다. 우리는 24절기가 있다는 것을 안다. 절기란 한 해를 스물넷으로 나눈, 계절의 표준이 되는 것으로 비슷한 말로는 시령(時令), 절후(節候) 등이 있다.

흔히 24절기라고 하는데 이 중 절입일은 양력으로 매월 상순에 드는 절기를 말하니 입춘(立春), 경칩(驚蟄), 청명(淸明) 따위다. 24절기는 농경사회 때부터 태양의 황도 위치에 따라 계절적 구분을 하기 위하여 만들었다.

24절기는 원래 처음부터 달이 아닌 태양을 중심으로 만들어졌다. 24절기는 양력을 기준으로 하기 때문에 일정한 달의 일정한 날에서 정해지는 특징이 있다. 따라서 절입일이 늘 각 달의 상순에 위치하는 특징이 이해된다. 24절기는 밤과 낮의 길이 등이 달이 아닌 태양 중심으로 만들어졌기 때문에 결과적으로 양력과 일치한다.

24절기는 처음부터 태양의 황도상 위치에 따라 계절적 구분을 하기 위해 만든 것으로, 황도에서 춘분점을 기점으로 15도 간격으로 점을 찍어 총 24개 절기로 나타낸다. 아주 오랜 옛날부터 우리 조상들은 1년을 봄, 여름, 가을, 겨울 네 계절로 나누고 각 계절에 6개씩 절기를 나누어놓아 농사짓는 일에 기준으로 삼았다. 즉 1년을 24절기로 나눈 것이다.

이 중 상순에 자리하는 것을 절입일이라고 하며 명리학에서는 이 절입일을 새로운 달의 시작으로 보고 월주(月柱)를 정한다. 절입일의 특이성에서 계절감각도 볼 수 있는데 계절에 들어설 때마다 봄이면 입춘(立春), 여름

24절기와 절입일			
절 기	일 자	내 용	
입춘(立春)	2월 4일 또는 5일	봄 시작	인월(寅月)의 절입일
우수(雨水)	2월 18일 또는 19일	봄비가 내리고 싹이 틈	
경칩(驚蟄)	3월 5일 또는 6일	개구리가 겨울잠에서 깨어남	묘월(卯月)의 절입일
춘분(春分)	3월 20일 또는 21일	낮이 길어지기 시작	
청명(淸明)	4월 4일 또는 5일	봄 농사 준비	진월(辰月)의 절입일
곡우(穀雨)	4월 20일 또는 21일	농사비가 내림	
입하(立夏)	5월 5일 또는 6일	여름 시작	사월(巳月)의 절입일
소만(小滿)	5월 21일 또는 22일	본격적인 농사 시작	
망종(芒種)	6월 5일 또는 6일	씨 뿌리기 시작	오월(午月)의 절입일
하지(夏至)	6월 21일 또는 22일	낮이 연중 가장 긴 시기	
소서(小暑)	7월 7일 또는 8일	더위 시작	미월(未月)의 절입일
대서(大暑)	7월 22일 또는 23일	더위가 가장 심함	
입추(立秋)	8월 7일 또는 8일	가을 시작	신월(申月)의 절입일
처서(處暑)	8월 23일 또는 24일	더위가 식고 일교차가 큼	
백로(白露)	9월 7일 또는 8일	이슬이 내리기 시작	유월(酉月)의 절입일
추분(秋分)	9월 23일 또는 24일	밤이 길어지는 시기	
한로(寒露)	10월 8일 또는 9일	찬 이슬이 내리기 시작	술월(戌月)의 절입일
상강(霜降)	10월 23일 또는 24일	서리가 내리기 시작	
입동(立冬)	11월 7일 또는 8일	겨울 시작	해월(亥月)의 절입일
소설(小雪)	11월 22일 또는 23일	얼음이 얼기 시작	
대설(大雪)	12월 7일 또는 8일	겨울 큰 눈이 옴	자월(子月)의 절입일
동지(冬至)	12월 21일 또는 22일	밤이 연중 가장 긴 시기	
소한(小寒)	1월 5일 또는 6일	겨울 중 가장 추운 때	축월(丑月)의 절입일
대한(大寒)	1월 20일 또는 21일	겨울 큰 추위	

이면 입하(立夏), 가을이면 입추(立秋), 겨울이면 입동(立冬)으로 절기를 알리고, 각 절기에 맞춰 씨를 뿌리고 모내기를 하고 추수를 하고 김장을 했다. 그렇게 우리 조상들은 한 해 농사일을 지혜롭게 해냈다. 명리학에서는 이 24절기를 살피고 이 중 12개 절입일을 달의 시작으로 삼아 월주를 찾는다.

우리는 보통 지지를 말할 때 '자축인묘진사오미신유술해'라고 순서를 말한다. 이와 같은 이치에 따르면 한 해의 시작은 자월(子月)이 되는 듯 보인다. 그러나 명리학에서 새로운 해의 시작은 인월(寅月)이다. 따라서 입춘이 지나야 새로운 해의 년주를 적용받으며 각각의 달에 적용되는 절입일이 지나야 새로운 달의 월주를 적용받는다.

모든 학문에는 공식이 있다. 년에 따라 월을 찾는 공식이 존재함은 당연하다. 만약 년을 나타내는 천간이 갑(甲)이라면 1월을 나타내는 인월은 반드시 병화(丙火)로 시작하니 병인(丙寅)이다. 나중에 배우겠지만 천간의 합에서 갑목(甲木)은 기토(己土)와 천간합(天干合)하는데, 년간이 기토(己土)이고 1월의 월주는 병인(丙寅)이다.

월간지조견표												
년	1월	2월	3월	4월	5월	6월	7월	8월	9월	10월	11월	12월
甲己	丙寅	丁卯	戊辰	己巳	庚午	辛未	壬申	癸酉	甲戌	乙亥	丙子	丁丑
乙庚	戊寅	己卯	庚辰	辛巳	壬午	癸未	甲申	乙酉	丙戌	丁亥	戊子	己丑
丙辛	庚寅	辛卯	壬辰	癸巳	甲午	乙未	丙申	丁酉	戊戌	己亥	庚子	辛丑
丁壬	壬寅	癸卯	甲辰	乙巳	丙午	丁未	戊申	己酉	庚戌	辛亥	壬子	癸丑
戊癸	甲寅	乙卯	丙辰	丁巳	戊午	己未	庚申	辛酉	壬戌	癸亥	甲子	乙丑
절입	입춘	경칩	청명	입하	망종	소서	입추	백로	한로	입동	대설	소한

그러한 방법으로 년주와 월주, 시주를 적용받는다. 그것은 알겠는데 문제

는 시주다. 물론 시주를 계산하는 방법이 따로 있기는 하지만 만세력을 이용하는 것이 편하다. 시중에 나와 있는 모든 만세력에는 시주를 찾는 방법이 있다. 만세력의 시간지조견표를 참조하면 된다.

동경 135도 표준시 기준의 시간지조견표					
생시\일간	甲·己일	乙·庚일	丙·辛일	丁·壬일	戊·癸일
00:30~01:30(정자)	甲子시	丙子시	戊子시	庚子시	壬子시
01:30~03:30	乙丑시	丁丑시	己丑시	辛丑시	癸丑시
03:30~05:30	丙寅시	戊寅시	庚寅시	壬寅시	甲寅시
05:30~07:30	丁卯시	己卯시	辛卯시	癸卯시	乙卯시
07:30~09:30	戊辰시	庚辰시	壬辰시	甲辰시	丙辰시
09:30~11:30	己巳시	辛巳시	癸巳시	乙巳시	丁巳시
11:30~13:30	庚午시	壬午시	甲午시	丙午시	戊午시
13:30~15:30	辛未시	癸未시	乙未시	丁未시	己未시
15:30~17:30	壬申시	甲申시	丙申시	戊申시	庚申시
17:30~19:30	癸酉시	乙酉시	丁酉시	己酉시	辛酉시
19:30~21:30	甲戌시	丙戌시	戊戌시	庚戌시	壬戌시
21:30~23:30	乙亥시	丁亥시	己亥시	辛亥시	癸亥시
23:30~00:30(야자)	丙子시	戊子시	庚子시	壬子시	甲子시

*야자시와 조자시는 사용하는 사람도 있고 사용하지 않는 사람도 있다.

우리나라와 일본은 지형상 위도와 경도 차이가 있다. 그러나 우리는 현재 공식적인 시간을 일본의 동경시에 맞추었다. 이는 국제 관행으로 인접한 국가들이 같은 시간을 사용하는 것과 같은 것이다. 그러나 우리나라와 일본의 동경을 기준으로 하는 일본의 시간은 약간 차이가 있다. 이에 따라 우리나라 시간은 30분 정도 차이가 난다.

동경 135도 표준시			
자시(子時)	23시 30분~01시 30분	축시(丑時)	01시 30분~03시 30분
인시(寅時)	03시 30분~05시 30분	묘시(卯時)	05시 30분~07시 30분
진시(辰時)	07시 30분~09시 30분	사시(巳時)	09시 30분~11시 30분
오시(午時)	11시 30분~13시 30분	미시(未時)	13시 30분~15시 30분
신시(申時)	15시 30분~17시 30분	유시(酉時)	17시 30분~19시 30분
술시(戌時)	19시 30분~21시 30분	해시(亥時)	21시 30분~23시 30분

시기에 따라 적용한 기간이 들쭉날쭉한데 그에 따라 어느 해는 기준을 30분 단위로 하고, 어느 해는 정각으로 한다. 현재는 1961년 8월 10일 이후부터 30분을 적용하여 자시는 전일 밤 11시 30분에서 다음 날 새벽 1시 30분으로 적용하고 있다. 자시를 기준으로 하여 표기할 때 시간 변경은 다음과 같다.

우리나라의 표준시 변경(양력)				
1908. 4. 29(수)	18시 30분을 18시로 조정	동경 127도 30분 표준시	자시 11시 00분~ 01시 00분	황성신문 4.1(음력) 참조
1912. 1. 1(월)	11시 30분까지 사용			매일신보 1. 1 참조
1912. 1. 1(월)	11시 30분을 12시로 조정	동경 135도 표준시	자시 11시 30분~ 01시 30분	매일신보 1. 1 참조
1954. 3. 21(일)	00시 30분까지 사용			동아일보 3. 21 참조
1954. 3. 21(일)	00시 30분을 00시로 조정	동경 127도 30분 표준시	자시 11시 00분~ 01시 00분	동아일보 3. 21 참조
1961. 8. 9(수)	24시까지 사용			경향신문 8. 9 참조
1961. 8. 10(목)	00시를 00시 30분으로 조정	동경 135도 표준시	자시 11시 30분~ 01시 30분	경향신문 8. 9 참조
1961. 8. 10(목) 이후 자시는 11시 30분~01시 30분 적용				

각 지역의 실제시와 동경 135도 표준시의 시간 차이					
지역	경도	시간 차이(+)	지역	경도	시간 차이(+)
백령도	124도 53분	40분 26초	청주	127도 29분	30분 03초
홍도	125도 12분	39분 10초	춘천	127도 44분	29분 04초
흑산도	125도 26분	38분 14초	여수	127도 45분	29분 00초
연평도	125도 42분	37분 12초	충주	127도 55분	28분 20초
덕적도	126도 06분	35분 34초	원주	127도 57분	28분 12초
신안군	126도 11분	35분 14초	사천	128도 05분	27분 20초
목포	126도 23분	34분 26초	김천	128도 07분	27분 12초
서산	126도 27분	34분 10초	상주	128도 10분	26분 56초
제주	126도 32분	33분 52초	통영	128도 26분	25분 52초
보령	126도 33분	33분 48초	마산	128도 34분	25분 44초
서귀포	126도 34분	33분 44초	속초	128도 36분	25분 36초
인천	126도 42분	33분 32초	대구	128도 37분	25분 32초
완도	126도 42분	33분 32초	안동	128도 44분	25분 04초
군산	126도 43분	33분 28초	강릉	128도 54분	24분 23초
정읍	126도 52분	32분 52초	태백	128도 59분	24분 07초
광주	126도 55분	32분 17초	부산	129도 02분	23분 48초
서울	126도 59분	32분 05초	동해	129도 07분	23분 28초
수원	127도 02분	31분 53초	경주	129도 13분	23분 07초
평택	127도 07분	31분 33초	울산	129도 19분	22분 43초
전주	127도 09분	31분 24초	포항	129도 22분	22분 33초
천안	127도 09분	31분 24초	울진	129도 24분	22분 25초
남원	127도 23분	30분 28초	울릉도	130도 54분	16분 25초
대전	127도 25분	30분 19초	독도	131도 55분	12분 21초

이와 같은 이치를 따라 년을 정하고 월을 정하며 일과 시를 정한다. 그런데 세상은 복잡다양하고 헛갈리는 것도 너무 많다. 사람들은 말할지도 모르겠다. 너무나 현란하고 어지럽다고! 그럴 수도 있지만 나를 찾는 작업은 쉬운 것이 아니다. 세상은 수시로 변하고 어지럽다. 그러다보니 적용할 것이 한둘이 아니다.

흔히 생년월일을 말하라고 하면 양력으로 말하기도 하고 음력으로 말하기도 하는데 모두 틀린 것이 아니다. 명리학에서 사용하는 만세력은 양력과 음력을 모두 표기하니 태음태양력이다.

태어난 년월일시를 음력으로 말하는 사람도 있다. 음력을 말할 때는 자신이 태어난 달이 윤달은 아닌지 파악하고 말해야 한다. 사람들 중에는 윤달을 썩은 달이라느니 혹은 쓰지 못하는 달이라는 식으로 말하기도 하는데 엄격하게 말해 윤달도 정당한 하나의 달이다. 그래서 윤달에 해당하는 날짜에도 60갑자의 천간지지가 배열되어 있다.

사주를 뽑는다고 말한다. 만세력이 있다고 해도 참고해야 할 것이 또 있다. 바로 우리나라에 잠시 시행된 적이 있는 서머타임이라는 것이다. 서머타임은 달리 일광절약시간(day light saving time)이라고도 한다.

서머타임은 18세기 후반 미국의 벤저민 프랭클린이 주장하였으나 당시에는 시행되지 못하였다. 영국의 윌리엄 윌릿은 1907년 〈일광의 낭비〉에서 서머타임제를 적극 주장하였다. 서머타임을 실시하면 그만큼 일을 일찍 시작하게 되고, 일찍 잠을 자게 되어 등화 시간을 줄일 수 있다는 경제적 이유와 신선한 공기를 마시고 일광을 장시간 쪼이게 되어 건강도 증진된다는 이유를 내세워 일광절약 법안을 의회에 제출하였으나 부결되었다.

제1차 세계대전 중 독일에서 처음 서머타임이 채택되었으며, 그 후 유럽의 여러 나라가 이를 사용하기 시작하였다. 그러나 일상생활이나 학술적인 면에서 불편하고 혼란을 초래한다고 하여 채택을 중단한 국가들이 많다. 우리나라에서도 동경 127도 30분을 기준으로 한 표준시를 채택한 1948년부터 1960년까지 실시되었다. 또 제24회 올림픽경기대회(서울올림픽)를 계기로 1987~1988년 여름철(5개월간)에 실시되었다가 1989년 다시 폐지되었다.

서머타임제도의 실시에는 다른 여러 가지 이유가 있었던 것도 사실이다. ① 에너지를 절약하고 ② 환경보전에 유익하며 ③ 범죄를 감소시키는 효과가 있을 것이라는 것과 ④ 일광 노출시간 증가로 국민건강 증진에 기여하고 ⑤ 일과종료 후 여가시간이 늘어남에 따라 자기계발을 위한 시간 확보가 용이해질 것이며 ⑥ 출퇴근시간을 분산할 수 있어 교통체증이 완화된다는 점이 서머타임제의 장점으로 논의되었다.

단점으로는 ① 인위적인 시간변동에 따라 국민들의 실시사실에 대한 숙지 및 생체리듬과의 적응 곤란 등으로 일상생활에 혼란을 불러일으키고 ② 외국과 교류 시 시간계산에 불편이 있으며 ③ 근로시간이 오히려 늘어날 우려가 있어 근로여건이 악화됨에 따른 부작용이 예상된다는 점 등이 있다.

대한민국 서머타임 적용 시기					
연도	시작	종료	연도	시작	종료
1948년	6월 1일 0시	9월 12일 24시	1949년	4월 3일 0시	9월 10일 24시
1950년	4월 1일 0시	9월 10일 24시	1951년	5월 6일 0시	9월 8일 24시
1955년	5월 5일 0시	9월 8일 24시	1956년	5월 20일 0시	9월 29일 24시
1957년	5월 5일 0시	9월 21일 24시	1958년	5월 4일 0시	9월 20일 24시
1959년	5월 3일 0시	9월 19일 24시	1960년	5월 1일 0시	9월 17일 24시
1987년	5월 10일 02시	10월 11일 03시	1988년	5월 10일 02시	10월 9일 03시

서머타임제 반대의 유력한 견해의 하나는, 특히 우리나라는 동경 135도를 표준자오선으로 하여 표준시를 정하는데 한반도의 중심위치는 동경 127도 30분이기 때문에 사실상 연중 내내 30분 정도 일광절약시간제를 실시하는 효과가 있다는 것(「표준시에 관한 법률」 전부개정법률안 검토보고서, 2005. 4. 국회)이다.

이와 같은 이치에 따라 서머타임 실시 기간에 태어난 사람은 자신의 사주를 만세력에서 찾을 때 1시간 오차를 적용해야 한다. 따라서 서머타임이 실시된 시기를 정확하게 알아야 한다. 이와 같이 적용하면 사주가 변하지 않는 사람도 있지만 경우에 따라서는 변하는 사람도 있다.

간혹 상담하다보면 헛갈리는 경우도 있다. "자시(子時)예요!"라고 말하는 사람 중 그런 경우가 간혹 있다. 다른 시간은 문제되지 않지만 자시는 문제가 된다.

시간으로 말하면 문제가 없지만 자시라고 규정해서 말하면 문제가 된다. 이미 알다시피 자시는 23시 30분에서 다음 날 1시 30분까지다. 그런데 사람들은 이 자시는 알지만 날짜에 문제가 있다는 것은 알지 못하는 경우가 종종 있다. 경험상 자시(子時)를 제대로 파악하지 못하면 사주를 풀기 어렵거나 전혀 다른 사주를 푸는 격이 된다.

어느 내담자가 말했다. "어머니가 자시라고 했어요." 그 내담자의 사주를 풀었지만 전혀 맞지 않았다. 다시 물어보라고 했다. 내담자는 바로 그 자리에서 어머니에게 전화를 걸어 확인했다. 내 생각이 옳았다.

일반적인 개념의 자시는 태어난 날 새벽이다. 그런데 간혹 자시라고 하는 사람들 중에는 그 하루가 다 지나가고 저녁을 지난 밤의 자시를 말한다. 그렇다면 자시는 맞지만 오늘이 아니라 내일이다.

내담자가 말했다. "저는 1964년 음력 9월 2일 자시에 태어났어요." 그렇다면 사주는 9월 2일을 기준으로 추출한다. 보통은 그렇게 한다. 물론 그의 말이 틀린 것은 아니니 일반적인 사주를 추출한다.

1964년 음력 9월 2일 자시			
甲	己	癸	甲
子	丑	酉	辰

그런데 어머니에게 전화를 걸어 물어보니 태어난 날이라고 한 날의 하루가 다 지나가고 난 다음 저녁을 지나 그 밤에 태어났다는 것이다. 그럴 경우 하루가 지난 것이니 2일이 아니고 3일이 된다. 즉 하루가 지난 다음의 자시는 다음 날의 자시가 된다. 따라서 사주는 전연 다르게 추출된다.

1964년 음력 9월 3일 자시			
丙	庚	癸	甲
子	寅	酉	辰

어느 순간의 자시이냐에 따라 사주 글자가 3자나 바뀌었다. 문제는 태어난 날이 다르다는 것이다. 태어난 날이 다르다는 것은 그 사람의 본체가 다르다는 의미가 된다. 따라서 모든 것을 다른 시각에서 살펴야 한다. 일주가 가장 중요하고 일간이 바로 자신을 나타내는 글자인데 자신을 나타내는 글자가 바뀐다는 것은 전혀 다른 사람이라는 것이며 때로는 일고의 가치도 없이 전혀 다른 개념과 상관성을 가지게 된다.

자신을 파악할 때도 그렇지만 누군가의 사주를 본다면 자시라고 주장하는 사람들은 정확하게 파악해야 한다. 자신의 사주가 자시라고 자신 있게 말하는 사람들 3명 중 1명 정도가 이런 오류를 범한다.

이제 출생하는 년월일시를 통해 내 사주가 어떻게 구성되는지 알 수 있었다. 이 8개 글자가 나를 의미한다. 나를 포함하여 내게 주어지는 돈과 명예, 부모와 형제 그리고 친족의 범위, 건강, 운의 흐름을 예측하게 한다.

사주팔자는 4개 기둥과 8개 글자로 이루어진다. 앞에서 반복해 설명한 것처럼 사주를 구성하는 8개 글자 중에서 가장 중요한 글자는 태어난 날의 글자이고 그 글자 중에서 천간의 글자다. 즉 태어난 날의 천간이 가장 중요하다. 천간이 나를 의미한다. 명리학에서는 이 글자를 일간이라 하고 아신(我神, 我身)이라고 표현하기도 한다. 혹은 본원(本元)이라고 표현하기도 한다. 나머지 일곱 개 글자는 이 글자와의 상관성과 위치를 따져 내 주변을 분석한다.

8장

다섯 가지 기운으로
파악한다

우리는 우주만물을 파악할 때 다양성 중에서 음양오행이라는 단어를 많이 사용한다. 이는 동양철학에서 가장 기본이 되는 사상이고 기본 재료다. 풍수지리와 명리학도 음양오행의 변화를 통해 분석하는 학문이다.

음양오행은 우주를 구성하는 핵심물질이고 사상이며 모든 물체와 흐름, 사상에 적용된다. 명리학도 그와 같아서 음양오행을 떠나서는 분석이 불가능한데 특히 오행은 명리학의 핵심 알갱이와도 같다.

인간의 생성과 소멸은 우주의 순환이치와 같다고 보는 것이 바로 오행사상의 바탕이 된다. 이에 따라 인간의 몸과 생각도 모두 오행의 변화를 적용한다. 오행은 우리 주변의 별을 바탕으로 형상화한다. 태양과 수성, 목성, 화성, 토성, 금성이 달이 지구와 멀고 가까워질 때 생기는 변화에 따라 영향을 받는다. 이에 따라 각 별은 각각의 오행을 부여받는다. 별들은 각기 물[水], 나무[木], 불[火], 흙[土], 쇠[金]의 오행으로 이루어져 있다고 보는 것이다.

오행이 처음 쓰인 것은 중국 은나라 때 《서경》에서부터 〈홍범구주도(洪範九疇圖)〉에까지 기록되어 있다. 이후 오행사상은 동양철학의 근간을 이루며 발전을 거듭하고 있다.

〈홍범구주도〉에 기록된 내용을 파악하면 오행에 따른 각각의 성질을 이해할 수 있다. 예를 들어 맛이라는 측면에서 살피면 수(水)는 짠맛을 만들어낸다. 화(火)는 자기 몸을 부풀려 태우고 나니 쓴맛이다. 목(木)은 신맛을 만들어낸다. 금(金)은 매운맛을 만들어낸다. 토(土)는 단맛을 낸다.

오행은 이러한 다섯 가지 성분으로 이루어져 있다. 과거 철인들은 음과 양 그리고 오행을 만들어 철학적인 학문을 전성케 하였다. 오행에는 음양이 함께 있어서 서로 맞물려 돌아가며 자연의 원리를 이해하게 되면 곧 인간을 이해하는 지혜가 여기에 담겨 있는 것이다.

사주를 구성하는 모든 글자는 오행의 속성을 가진다. 이 오행은 각기 드러내는 의미가 있고 행동하게 하는 속성이 있다.

오행에 따른 기본적인 속성과 기질	
木	성장, 약진, 발육을 의미한다.
火	만물을 정화, 소화시키는 기운이다.
土	모든 것을 중용으로 감싸며 보호해주는 기운이다.
金	사물의 형태를 바꾸고 변형시켜 따르게 하는 기운이다.
水	끊임없이 흐르고 굽이치며 변화·변동하는 기운이다.

사주는 오행의 조화로 이루어진다. 우주만물이 오행으로 구별되고 분석되는 것은 이 다섯 가지 요소가 반드시 필요하다는 것이다. 이 다섯 가지 요소는 서로 조화를 이룬다. 그런데 이 다섯 가지 조화 속에서 하나만 없어도 조화가 깨진다. 따라서 사주에서는 이 조화가 깨져 없는 것을 병이라 한다.

없는 오행이 병	
木이 없다	논리가 약하다. 상대적으로 金이 강할 수 있다. 의협심. 말보다 주먹이 앞선다. 삶에 대한 적극성, 긍정성, 설계하고 창작하는 힘이 부족 간, 담이 허약하다.
火가 없다	예의가 없다. 활동력이 떨어진다. 소극적ㆍ음성적. 성취가 더디다. 심장, 소장, 시력(눈=빛)에 병이 있다. 상대적으로 水(金)가 강하니 잘 응축하고 모인다. 종양, 우울증 등 발생
土가 없다	인생의 흐름에 널뛰기가 심하다. 기복이 심하다. 역마성 발생 직업전변이 자주 발생 금전 축적의 힘이 약하다. 비장, 위장에 병이 온다.
金이 없다	수렴적 기운이 약하다. 결단력이 약하다. 사람 사이에서 의리가 약하다. 자식이나 현금재산과 인연이 박하다. 폐, 대장, 호흡기 계통이 약하다.
水가 없다	지혜, 학문이 부족하다. 융통성 부족 여자가 水 기운이 부족하면 자식이 드물다. 신장, 방광, 생식계통 허결 土일간은 해외로 나가서 활동

1. 정신세계를 의미하는 천간(天干)

동양철학에서 반드시 논의하는 것이 음양과 오행이다. 음양과 오행을 논하지 않고는 동양철학을 이야기하기 힘들다.

동양철학에서 인간의 생성과 소멸은 우주의 순환이치와 같다고 표현한다. 이러한 이치 속에 우리가 살고 있다. 이 이치에는 우리가 알고 있는 천간과 지지가 모두 포함된다. 우리가 말하고자 하는 천간은 지극히 자연스러운 물상으로 태양과 달은 물론이고 수성, 목성, 화성, 토성, 금성을 표현한다.

이 중 태양과 달은 음양을 표현하고, 오행을 표방하는 이 다섯 개 별은 물[水], 나무[木], 불[火], 흙[土], 쇠[金]의 오행으로 이루어져 있다고 표현한다. 우리 지구를 둘러싼 다섯 개 별과 이름이 같다. 이로써 오행이 이루어졌다.

먼저 음양이란 대단히 대립적이라고 할 수 있지만 대단히 보완적이다. 음양의 기운은 서로 상대성이지만 상대가 없으면 의미가 없는 속성이다. 태양과 달의 관계를 통틀어 음양의 대표적 물상으로 보지만 우주에는 대립적 음양의 속성이 부지기수로 많다. 크게는 음양이라는 두 가지 현상과 드러남으로 구분할 때 한편으로는 대립되고 한편으로는 동반자로서 남녀를 연상케하여 매우 좋은 관계로 발전하기도 한다.

흔히 음양의 관계에서 인간관계는 남녀관계로 분석하기도 한다. 남녀라고 하여 늘 궁합이 맞는 것은 아니다. 남녀도 궁합이 맞지 않으면 매일 대립하고 헐뜯으며 싸움이나 하듯이 음과 양의 기운이나 흐름에서 어느 하나라도 기울거나 한쪽이 약하게 되면 극과 극으로 변하게 되고 대립하게 되는 것이 음양의 이치다. 그래서 하늘과 태양은 양(陽)으로 구분하고 지구와 물은 음(陰)으로 구분한다.

음양 구분에서 남자는 양이고 여자는 음이며 밝은 곳은 양이고 어두운 곳은 음이다. 표면적으로 음양은 대립된 성질이고 상황인 듯 보이지만 음양이란 마치 수레바퀴가 돌아가는 것과 같고 기어가 맞물려 돌아가는 톱니바퀴처럼 보완적으로 작용한다.

인간 세상에서 여자가 없으면 남자의 의미가 없고 밝음이 없으면 어둠의 존재가치가 사라지듯 모든 사물과 기운은 천지만물이 순환되면서 돌아가게 마련이다. 음양은 그런 존재이고 순환의 가치가 있다. 음양과 더불어 동양철학의 가장 중요한 키워드는 오행이다. 오행의 역사는 그 시원을 알 수 없을 정도로 연원이 깊다. 언제부터 적용하고 사용하였는지 시작을 알 수 없지만 중국 은나라 때 〈홍범구주〉에서 처음 쓰인 것으로 본다.

〈홍범구주〉에 따르면 기자(箕子)가 무왕에게 간한 글로 전해지는데 이 서적에는 오행의 성정을 명확하게 기록하고 있다. 이 〈홍범구주〉 이야기를 간추리고 각색하면 이렇게 되겠다.

오행을 논함에 수(水)를 논하지 않을 수 없는데, 물은 높은 곳에서 흘러내리는 이치가 있으며 세상 어디에도 물이 없는 곳이 없다. 물은 높은 산꼭대기에서 흘러내리면서 만물을 적시고 자기가 가진 영양분을 공급하고 개울로 냇가로 강으로 흘러서 바다에 도달하니 짠맛만 남았다 하여 물은 흘러내림을 뜻하고 흘러내림은 짠맛을 만들어낸다. 물은 물의 형태만으로 존재하는 것이 아니다. 물은 때로 이슬이 되어 내리거나 안개처럼 피어오르기도 하고 얼음으로 얼어 존재하기도 한다. 물은 형태가 자유로우니 그릇에 따라 담긴 모양이 다르고 그 규모도 다르다.

화(火)는 근본적으로 타는 것이다. 타는 것은 열을 내고 빛을 낸다. 열이 있는 것이나 빛이 있는 것은 화의 기운이라고 볼 수 있다. 근본적으로 불이라는 물상은 타오르면서 퍼지고 위로 올라가는 것을 뜻하며 열심히 자기 몸을 부풀려 태우고 나니 입맛이 쓰다 하여 쓴맛을 만들어낸다. 불이란 반드시 타오르는 것이라고 보기는 어려운 측면이 있다. 태양처럼 빛을 뿜어내거나 전등처럼 빛을 뿜어내는 것도 화의 기운이다. 화로의 숯불도 빛과 열을 내니 화의 기운이고 촛불이나 모닥불은 당연히 빛이다. 달빛이나 별빛처럼 열이 없어도 빛을 내는 것은 화의 범주에 포함된다.

목(木)은 흔히 나무의 성질이다. 달리 목은 목의 성질을 지닌 모든 것을 총칭한다. 이와 같은 이치로 목이라고 하여 반드시 나무만 의미하는 것은 아니다. 잘라 기둥이 되거나 하늘을 찌를 듯 자라는 나무도 목이지만 풀도 목이 된다. 소나무나 전나무처럼 하늘로 자라는 굵은 나무도 목이나 바람에 쓰러지는 풀이나 다른 나무를 타고 오르는 등나무, 칡과 같은 넝쿨도 목이다. 따라서 목이란 굽기도 하지만 곧은 것이 특징이요, 하늘의 태양을 보며 자라남을 뜻하며 태양을 향해 위로 올라가는 습성을 가지고 있다. 나무의 결실은 열매가 달려 무르익으면서 신맛을 내므로 나무는 신맛을 만들어낸다.

금(金)은 쇠다. 단단하고 날카로우며 차갑다. 원래 칼날을 갈면 빛이 나는 것처럼 금의 성격은 빛을 내는 데 주저함이 없다. 광물을 제련하여 쇠를 추출하고 그 쇠를 다듬어 장신구나 칼을 만드는 것처럼 금의 성질은 변화무쌍하기 이를 데 없다. 한겨울의 물보다 차가운 것이 금이니 냉정하고 싸늘하다. 금의 성격은 변질됨으로써 녹여서 금반지도 만들고 온갖 장식품을 만들어낸다. 금은 매운맛을 만들어낸다.

토(土)는 중용과 중화의 상징이다. 오행의 모든 구성은 토를 바탕으로 한다. 나무는 토에 뿌리박고, 태양은 그 나무를 키운다. 금은 토에서 나오며 물은 토에 제약을 받는다. 토는 인류 문명의 상징이기도 하다. 인류는 아주 먼 선사시대부터 흙에서 살면서 열매와 식물을 채취해 삶을 누려왔다. 인류가 이 지구상에 나타나 구석기시대와 신석기시대를 지나 사냥의 시대에서 기름의 시대로 접어드는 완전한 농경문화를 이루는 데까지는 흙에서부터 삶의 지혜를 얻어왔다. 땅은 인류의 무대이고 삶의 터전이다. 인간은 땅에서 태어나 땅에서 삶을 영위하다가 죽어서 결국 땅속으로 묻히게 되는 대자연의 순환 속에서 이어져왔다. 토는 단맛을 내는 데 그 뜻이 있다.

동양철학에서는 이 오행으로 모든 사물과 우주의 변화를 풀고자 노력하였다. 인간의 삶과 변화의 가치도 오행으로 풀고자 하니 이것이 바로 명리학이다. 과거 철인들은 음과 양 그리고 오행을 만들어 철학적인 학문을 전성케 하였다. 오행에는 늘 음양이 함께 부여되는바 모든 사물은 음양과 오행의 가치를 부여받는다. 이 음양과 오행은 서로 맞물려 돌아가며 자연의 원리를 이해하게 되면 곧 인간을 이해할 수 있는 지혜가 여기에 담겨 있다.

오행은 서로 돕거나 제어하는 기능을 지닌다. 이를 오행의 상생(相生)과 상극(相剋)이라 하는데 명리학에도 이 같은 이치가 적용된다.

오행의 생극(生剋)과 제어(制御)는 각기 사주를 푸는 열쇠가 된다. 이 오행의 관계를 통해 사람, 재물을 파악하고 친족, 일, 배우자, 병을 파악할 수 있다. 따라서 오행의 상생상극은 명리학의 이치를 이해하는 데 가장 기초가 된다.

명리학은 지극히 우주적이다. 태양의 공전과 지구의 자전의 관계에 따라 발생한 절기(節氣)는 물론이고 한난조습(寒暖燥濕)을 파악한다.

태어난 날을 우주의 법칙에 적용한다. 이로써 년월일시에 비장(秘藏)된 하늘의 기(氣)와 땅의 질(質)을 음양오행의 이법으로 적용하여 인간의 본체

오행의 상생상극 표	
상생	상극
목생화(木生火)	목극토(木剋土)
화생토(火生土)	토극수(土剋水)
토생금(土生金)	수극화(水剋火)
금생수(金生水)	화극금(火剋金)
수생목(水生木)	금극목(金剋木)

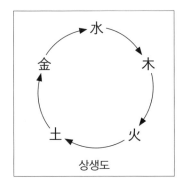

상생도

상극도

와 살아가며 변화하는 운명을 파악하려고 하는 학문이다.

인간의 생년월일시에 따른 간지에서 천간의 오행을 기(氣)로 하고, 지지의 오행을 질(質)로 보는 것이 명리학 적용의 본질이다. 이에 따라 사주팔자에 적용되는 여덟 개 글자의 음양오행을 따지고 생극화합(生剋和合)의 원리에 비추어 간명(看命)하며 통변(通辯)한다.

간명은 사주원국의 여러 가지 이치를 분별하는 것이고 통변은 사주의 흐름에 따른 변화를 살피는 것이다. 이 과정에서 천간의 음양오행이 지닌 역할과 변화를 파악하고, 지지의 다양한 역할과 변화, 생극관계를 적용하여 해석한다.

천간을 이해하고자 하는 이유는 그 속성을 알고자 함이다. 그 속성을 이

천간오행										
천간	갑 (甲)	을 (乙)	병 (丙)	정 (丁)	무 (戊)	기 (己)	경 (庚)	신 (辛)	임 (壬)	계 (癸)
음양	양	음	양	음	양	음	양	음	양	음
오행	목(木)		화(火)		토(土)		금(金)		수(水)	

해하는 것이 나를 아는 길이다. 일주의 천간, 즉 일간이 바로 나다. 이 일간의 속성을 알아야 나를 알 수 있다.

일간을 올바로 이해하지 못한다면 장님이 코끼리를 만지는 것이나 다를 바 없다. 모든 물체나 모든 사물, 모든 글자나 모든 무엇인가는 본기(本氣), 즉 속성이 있게 마련이다. 이처럼 사주에도 근본속성이 있으니 바로 일간이 그것을 보여준다. 물론 천간을 이루는 네 글자가 모두 속성을 가지고 있다.

천간을 이루는 글자의 속성은 글자가 가지는 속성을 이해함으로써 알 수 있다. 또한 지지에도 천간과 의미가 비슷한 글자가 있다. 사주를 구성하는 네 기둥에서 네 천간이 있으며 이 중 일간이 가장 중요하다는 것을 잊어서는 안 된다. 바로 이 일간을 이해하는 것이 사주를 올바로 이해하는 출발점이 된다.

오행/직업	오행의 분류에 따른 직업
목(木)	❶ 나무 관련업: 목공예, 가구점, 수목원, 묘목 판매, 화훼단지, 목재업, 목공소 ❶ 의류, 패션업: 패션업, 섬유계통, 의류도소매, 인테리어 ❶ 어린이 및 청소년 관련 직업: 교육, 학원, 교사, 어린이집, 유치원 ❶ 목재 성분 관련업: 문구사, 도서관, 서점, 독서실 ❶ 농산물 취급, 농사, 건축업(목재 부문), 교육, 출판, 지식산업, 기획, 의학, 생명공학, 한의사

오행/직업	오행의 분류에 따른 직업
화(火)	❶ 화기 관련업: 철공소, 음식점, 조명, 소방기구, 소방원, 주유소, 찜질방 ❶ 화술 이용: 강의, 상담, 중개업, 중매, 결혼상담소 ❶ 예술성 이용: 연예, 스포츠, 예술업종, 대중예술, 의류모델, 패션, 엔터테인먼트, 언론계통, 신문방송기자, 사진사, 관광산업, 이미용, 화장품 ❶ 야간업소, 퀵 서비스, 전기, 전자, 통신, 광고, 인터넷 사업, 의학
토(土)	❶ 흙과 관련된 업종: 건설, 토목, 도예, 부동산중개, 원예, 종묘, 농사 ❶ 중간자적인 업종: 중개인, 중매인, 통역, 거간, 통역 ❶ 토속적 성향: 토속음식, 민속, 전통종교, 제례, 토속신앙, 불교 ❶ 숙박업, 제빵, 제과, 피부미용 관련, 납골당, 체육관, 임대업
금(金)	❶ 쇠와 관련: 철강업, 철공소, 주물업, 금형, 선박, 자동차, 침술원 ❶ 예리함과 빛: 보석, 감정, 액세서리 ❶ 금을 쓰는 직업: 군인, 경찰, 법조계, 첨단산업 ❶ 의학 분야: 치과, 정형외과, 성형외과 ❶ 각종 금융산업, 정비소, 카센터, 은행, 조폐공사, 보신탕집
수(水)	❶ 물과 관련: 해운업, 어부, 수산, 양어장, 횟집, 수족관 ❶ 흐름과 관련: 주류 판매, 주류도매, 도매업, 음료 판매, 주식 ❶ 생명 관련업: 식품, 유전학, 생명 관련산업, 바이오, 혈액 ❶ 지식산업: 유전자 개발, 연구, 기획, 회계 ❶ 건강산업, 실버산업, 사회복지

1) 목(木)의 글자인 갑(甲)과 을(乙)

목은 목질(木質)이라! 목이라고 해서 반드시 나무만을 의미하는 것은 아니다. 나무의 성질을 지닌 것을 모두 의미하며 목의 성질을 지닌 모든 것을 의미한다. 표면적으로 나무는 물론이고 나무와 같은 성질로 만든 책상이나 의자, 책, 옷 혹은 목의 성분과 관련된 직업인 서점, 가구점, 목재소, 의류공장, 옷가게, 인쇄소 등을 총칭하는 넓은 개념으로 인식한다. 목에는 양의 기운을 지닌 양목(陽木)과 음의 기운을 지닌 음목(陰木)이 있으니, 양목이라 함은 피어남이고 드러남이며 큰 것이다. 음목이라 함은 수그림이고 감춤이며 작은 것이다. 표면적인 목이라 할 수가 있는 갑목(甲木)과 내면적인 목이라 할 수가 있는 을목(乙木)이 그것이다.

표면적으로는 커다란 나무로 대별되는 양목과 풀로 대별되는 음목이 있다. 양목(陽木)은 목의 기(氣)를 표방하고, 음목(陰木)은 목의 질(質)을 표방한다. 이 둘은 목(木)의 음양(陰陽)과 같아서 서로 분리해서 살피는 것이 아니며 분리할 수도 없다. 그러나 각각 표방하는 바를 살펴야 한다. 드러남을 살피니 갑목(甲木)은 외향적이고 을목(乙木)은 내향적이다.

목(木)의 천간(天干)			
목(木)	갑(甲)	양목(陽木)	대림목(大林木)
	을(乙)	음목(陰木)	화초목(花草木)
강할 때	- 항상 새로운 일을 생각하고 시작하기를 좋아한다. - 다소 이기적이나 사람들을 이끌고 리드하기를 잘한다. - 하고 싶은 일에 대한 자제력이 부족하고 과시하려는 기질이 강하다.		
약하거나 없을 때	- 집중력이 부족하여 산만한 경향이 있다. - 사고력 부족이 원인이 되어 불안하고 대인관계에 두려움이 많다.		

갑목(甲木)

갑목은 양목(陽木)이다. 하늘을 향해 길게 자라는 나무를 의미하니 일러 대림목(大林木)이라 한다. 우리가 주위에서 볼 수 있는 소나무, 전나무, 낙엽송과 같은 나무를 생각하면 된다. 이러한 나무들은 하늘을 향해 솟구치듯 자라는데 이러한 모습은 리더십과 자존심을 의미하고 자부심을 드러내는 것으로 볼 수 있다.

갑목은 천간의 첫 번째를 차지한다. 따라서 앞서 나가는 기질이며 우두머리라는 뜻이 있다. 주변에 배치된 글자들에 따라 어느 정도 차이가 있지만 갑목일간을 지닌 사람들은 대부분 실제로 개척자 정신이 강하며 나서는 기질도 있는 것이 사실이다.

단단한 목질(木質)을 표방하는 것이 갑목인 만큼 딱딱한 성질이라 융통성이 적고 고집도 있다. 갑에는 갑옷, 껍질이라는 의미가 있고, 단단한 껍질에 싸여 있는 것처럼 자기 생각이 강한 편이며 주장도 강하다. 하늘을 향해 자라는 속성은 자기 그늘에서 자라는 풀을 인식하지 못하니 주변을 돌아보지 못하므로 융통성이나 유연성은 떨어지는 편이다. 또한 단단한 성질처럼 부러지면 다시 일어서기에 힘이 든다.

갑목은 사시사철 화(火)를 보면 좋은데, 천간에는 병화(丙火)와 정화(丁火)가 있다. 갑목으로서는 나무가 자라는 데 자양분을 공급하는 병화를 만나는 것이 좀더 자연스럽고 유용하다. 갑목은 하늘을 향해 자라는 나무이고 병화는 태양이라는 물상으로 풀이하듯 빛이다. 나무에는 빛이 필요하다.

나무는 어떤 경우에도 태양을 보는 것이 목적이며, 태양이 있어야 진정으로 갑목의 가치를 드러낼 수 있다. 봄에 태어난 나무는 새싹과 같아서 반드시 병화가 있어야 잘 자랄 수 있다. 병화가 없으면 올바로 자라기가 힘들다.

초봄인 인월(寅月)의 갑목은 아직 추운 계절이라 반드시 병화가 필요하다. 여름에 태어난 갑목도 병화가 필요한데, 이 경우에는 화(火)를 꽃이라고 본다. 특히 여름에 태어난 갑목이 병화를 보면 외향적인 일에 잘 어울린다.

여름에 태어나면 단단해지는 나무의 질과 더불어 열매를 익게 하기에 역시 병화가 있어야 유리하다. 겨울에 태어난 갑목은 베어져 대들보가 되는 것이 본분이므로 조직에 투신하면 중요한 역할을 하고 크게 자랄 수 있는 저력이 있다.

갑목이 병화가 없을 경우 정화를 만나는 것도 그다지 나쁘지는 않지만 병화에 비교해 갑목이 힘을 쓰기에는 더 많은 노력이 필요하다. 갑목을 일러 상향지기(上向之氣)라고 표현하듯 위로 뻗어가거나 상승하는 에너지의 흐름으로 볼 수 있다.

갑목은 매사 우직하고 부러질지언정 뚝심을 드러내는 경우가 많고 표면적으로 유약하거나 부드러워 보여도 내심으로는 고집이 세고 굽히지 않는 강한 기질을 지녔다. 말이 많지는 않으나 입을 열면 때때로 촌철살인(寸鐵殺人)의 기세를 드러낸다. 즉 표면적으로 보면 부드럽게 핵심을 말하지만 사실 뼈 있는 한마디를 날리는 편으로 직설적 언어를 사용하기도 하여 타인에게 상처를 입히기도 한다.

갑목은 글씨 자체가 현침(懸針)이라 글재주가 있거나 논리적인 사고와 글솜씨가 돋보이기도 한다. 뾰족한 것을 잘 다루므로 침술이나 붓글씨, 자수, 바느질을 잘하기도 한다. 갑목은 지나치게 나서는 경향도 있는데 아닌 척하며 말하는 경우와 주저하지 않고 앞서 나가는 투쟁적인 기질도 있다.

갑목은 앞서 나서는 성질을 컨트롤하면 올바른 관점에서 추진력이나 굽히지 않는 뚝심으로 인정되지만 치우치거나 자신을 주체하지 못하면 고집불통에 독선적인 기질로 나타난다. 갑목이 인정을 받고 인품을 갖추려면 나설 때와 나서지 않을 때를 구분하여 진퇴가 확실해야 한다.

사주 구성에서 일간 갑목 주위로 병화(丙火)와 정화(丁火)가 지나치게 많거나 지지에 사화(巳火)와 오화(午火)가 많이 오는 현상은 좋지 않다. 갑목이 화를 필요로 하는 것은 사실이나 화를 지나치게 많이 보면 불합리한데 나무가 불에 타버리는 화다목분(火多木焚)이 된다.

갑목일간에 주변으로 수(水)를 나타내는 오행이 지나치면 나무가 물에 둥둥 떠버리는 격이다. 수다목부(水多木浮)가 되어 둥둥 떠다니거나 흘러가는 물에 흘러가버릴 수 있다. 남녀 모두의 사주에 수다목부가 되면 한곳에 정착하지 못한다.

여자 사주에서 목(木)은 남자를 의미하는 관성(官星)인데 수 기운이 지나치면 부목(浮木)이 되니 남자에게 정착하지 못하고 결혼관계가 약해져 갈등, 이혼 등이 발생할 수도 있다. 갑목일주에 지지에 축토(丑土)와 진토(辰土)가 있으면 습토(濕土)가 되어 뿌리를 잘 내릴 수 있게 해준다.

갑목은 지나치게 자존심을 내세우면 반드시 손해를 본다. 아울러 갑목일간에 주변에 갑목이 있을 경우에도 문제가 된다. 갑목이 하나 더 있어 두 개가 되면 갑갑해지고 늘 경쟁해야 하며 형제간에 신경 쓸 일이 많아진다. 그러나 리더십이 강해진다는 이점도 있으며 자존심을 너무 내세우는 단점이 강해진다.

을목(乙木)

을목은 음목(陰木)이다. 음목이라는 것은 강하지 못하고 약하며 부드럽다는 의미를 내포한다. 갑목이 하늘을 찌르고 자라는 나무에 비유되는 반면 을목은 화초목(花草木)에 비유되니 풀이고 꽃이며 넝쿨식물이다. 화초를 포함하여 연약하고 작은 나무나 등나무, 칡과 같은 넝쿨도 포함된다.

을목은 갑목과 마찬가지로 목질(木質)을 지녔지만 직진성(直進性)과 상향성(上向性)을 지닌 갑목의 운동성과 달리 상승하는 성질은 같은 기능이지만 직립(直立)하지 못하고 갑목을 감아 옆으로 빙빙 돌면서 상향하는 성질을 나타낸다. 따라서 을목 주변에는 갑목이 있어야 진정으로 상향성이 완벽해진다.

을목은 유연하여 쓰러지지만 부러지지 않는 유연함을 지니고 모두 베어지고 쓰러져도 뿌리가 살아 다시 싹이 나고 살아나는 끈기를 보여준다.

목(木)의 체(體)와 상(象)을 구분하는 관점에서 살피면 갑목은 을의 기(氣)이고, 을목은 갑의 질(質)이다. 목이라는 포괄적 개념에서 살피면 을목은 갑목이 다 자라 성장이 멈춘 상태로도 볼 수 있고, 갑목의 에너지가 수렴하는 상태로도 볼 수 있다. 따라서 을목은 풀이 보여주는 것처럼 유연하며 쉽게 포기하지 않는 저력을 지녔다.

특히 을목은 실리적이며 융통성이 있고 상황이나 이익에 따라 옮겨 다니거나 결정하는 이익 중심적 성향을 가지고 있다. 이를 일러 외유내강(外柔內剛)의 성정이라 표현하니 겉은 부드러우나 속은 생명의지가 강하다. 표면적으로 유연함과 굴신성이 을목의 특성으로 나타난다. 따라서 일간이 을인 사람은 드러나는 부드러움보다 끈기가 강하고 쉽게 주저하지 않는다.

이미 지나간 시대인 조선 같은 사회는 갑목 중심의 목적성을 지닌 사람들이 주도하는 세상이었으나 현대사회에 들어서는 실리 중심의 을목이 유리해졌다. 을목은 현재에 어울리는 인간형이다.

갑목은 명분을 중시하지만 을목은 실리를 중시한다. 을목도 병화(丙火)를 보면 성장하는 데 도움이 된다. 을목은 갑목과 같이 병화를 통해 재능을 발휘하고 활용하며 계수(癸水)를 통해 필요한 자질과 지식을 습득한다. 갑목은 습득해 활용하지만 을목은 활용성이 우선이다.

을목에 토(土)는 재성(財星)이다. 또한 토는 목의 터전이니 토의 존재는 적합성 여부로 판단한다. 토가 없거나 약하면 적합성이 부족하다. 축토(丑

土)는 갑목을 키우고 진토는 을목을 키우는 성분이다.

을목도 성장하려면 화의 기운이 필요한데, 병화(丙火)가 지나치게 왕성하면 뜨겁다고 불만을 터뜨리고, 계수(癸水)가 지나치게 많으면 차갑다고 불만이다. 무(戊)나 술미(戌未) 같은 건토(乾土)가 왕성하면 태양의 기운인 병화(丙火)를 가리므로 어둡다고 하는데, 자신을 알아주지 않는다고 불만을 터뜨린다.

을목은 어떤 상황에 놓이더라도 만족하지 못하는 성정이라 이래저래 불만이 많다. 을목 여성은 자신을 잘 제어하면 좋지만 제어가 안 되면 남편을 피곤하게 한다. 때로는 이러한 성정이 이혼의 빌미가 되기도 한다.

을목은 표면적으로 대단히 부드러운 모습을 보이지만 숨겨진 곳에서는 실리를 따르고 계산을 한다. 생각이 많아 갈등하고 이익과 자신의 처세를 위해서는 적과 아군을 가리지 않는다. 이러한 모습이 인간적으로 보이기도 한다.

표면적으로 처세술이 뛰어나 인간적으로 보이고 분위기를 잘 맞추지만 위기에 처하거나 목적을 위해서는 적과 아군을 가리지 않고 빌붙기도 한다. 따라서 인간적으로 보이지만 사실은 지나치게 이기적이다.

을목은 갑목의 직진성이나 명분을 추구하는 성질과 달리 상황이 불리해지면 언제 그랬냐는 듯 숙이면서 타협하거나 실리를 챙기는 등 처세술이 빛을 발한다. 처세술이나 자신의 이익을 추구하는 계략을 갖추기도 했지만 지나치면 비판을 받으며 의외로 날카로운 면이 있어 갈등이 생긴다.

힘이 없을 때는 약한 모습으로 고개를 숙이지만 강해지면 건방을 떨고 안하무인이 되기도 한다. 힘이 생기면 자신을 이끌어준 사람을 무시하거나 짓밟기도 한다. 을목과 다투면 지루한 싸움이 되기 쉽고, 처음 만났을 때 인간적이라 해도 그것이 본심이 아닐 가능성이 높다. 앞에서는 상냥하지만 힘을 지니면 뒤에서 깔아뭉개는 성정도 있다. 을목은 글씨가 새의 형태를 지녀 시끄럽다고 풀며 역마성(驛馬性)으로 풀기도 한다.

2) 화(火)의 글자인 병(丙)과 정(丁)

화는 화질(火質)이라! 화라고 하여 반드시 표면적으로 드러나는 불을 의미하는 것은 아니다. 화는 화의 성질을 가진 모든 것을 의미하니 빛과 열이 그것이다. 또한 불길이나 빛으로 이루어진 모든 것을 말하고 자연적인 것과 인공적인 것이 모두 포함된다.

표면적으로 빛을 뿌리는 태양은 물론이고 열을 내는 불이 모두 포함된다. 따라서 화로 구별되는 사물은 태양을 비롯하여 달, 별, 모닥불, 전구, 화롯불, 촛불을 의미하며 불을 다루는 모든 직업이 이에 해당한다.

화의 본질은 빛과 열의 결합이다. 천간(天干)에서는 양화(陽火)인 병화(丙火)와 음화(陰火)인 정화(丁火)로 나뉜다. 양화는 오행에서 표면적인 화와

화(火)의 천간(天干)			
화(火)	병(丙)	양화(陽火)	태양
	정(丁)	음화(陰火)	모닥불
강할 때	- 문화생활을 중요하게 생각하며 감성적인 면이 많다. - 외적으로 보이는 면과 체면을 중시한다. - 모호한 것을 싫어하며 충동적일 때가 많다.		
약하거나 없을 때	- 삶에 대한 불안감이 크고 부정적인 생각이 많다. - 표현력 부족이 원인이 되어 인화력이 떨어진다.		

서로 통하고, 음화는 오행에서 내면적인 화와 통한다. 표면적인 화는 광선(光線)을 논하고 내면적인 화는 화질(火質)로 불덩어리의 열로 살핀다.

병화(丙火)

병화(丙火)는 커다란 불로 하늘에서는 태양이고 번개이며, 땅에서는 거대한 빛과 열을 뿜어내는 용광로다. 그리고 양화(陽火)이고 사화(死火)다. 불이라고 하지만 손으로 만질 수는 없는 존재다.

모든 생물을 키우는 존재이므로 너그럽다. 열보다는 빛으로 판단하고 널리 퍼지는 속성을 지녔다. 자연의 불이며 하늘의 불이다. 태양으로 높이 떠 있으므로 이상이 높으며 원리원칙을 중시하는 성격으로 명예지향적이다.

오행은 하나같이 여러 가지 의미를 지니며 인체의 속성도 적용한다. 인체에서는 소장(小腸)이 해당되고 어깨에 해당한다. 병화는 태양이라 만물을 자양난조(滋養暖照)하는 것을 본분으로 삼는다. 그러나 성(性)이 맹렬하여 그 기세를 막으려면 임수(壬水)밖에 없다.

병화(丙火)는 만물을 생성하고 자라게 하는 자양분이지만 특히 갑목(甲木)을 자양(滋養)하여 자라게 하고 그 열매를 성숙하게 하여 결실을 맺게 하는데, 태양을 의미하는 병화일간에 만약 갑목(甲木)이 없으면 노년에는 외로운 팔자가 된다.

병화일주는 임수(壬水)와 갑목(甲木)이 있으면 대부(大富)요, 둘 중 한 자만 있어도 소부(小富)는 된다. 태양을 의미하는 병화가 천간에 여러 개가 있으면 이상주의적 성향이 너무 강해져 종교적 특성이 드러나기도 한다. 병화가 여러 개 투간되면 종교인이 되거나 철학자의 성정을 지닌 경우도 많다.

모든 천간이 그렇지만 같은 글자가 일간에 있고 타간에 자리하면 그 성정이 강해진다는 특징을 지닌다. 그러나 같은 글자가 붙어 있으면 자신의 성격과 특질이 강해지는 것과 비례해서 본연은 가려지거나 대등해지고 때로 울울창창한 것과 마찬가지로 자신만의 특색이 드러나지 않고 경쟁관계가 되므로 자신을 드러냄에 힘이 들고 자기 모습이 드러나지 않는 경우도 있다. 즉 병화가 나란히 서면 병립(竝立) 혹은 쌍팔통이라 하는데 이때는 태양이 두 개 뜬 것과 같다.

쌍팔통이 되면 내가 다른 태양에 가려지니 내 빛이 확연하지 않은 것처럼 삶이 갑갑해지고 늘 경쟁관계에 놓인다. 그러나 타간의 병이 일간인 나와 조금 떨어져 있으면 내 힘을 강화해주는 관계가 형성된다. 병이 세 개 나란히 있으면 사회적으로 성공할 가능성이 매우 높고 부자가 될 확률이 높다고 본다.

일간과 같은 천간이 나란히 서면 답답하고 매사 경쟁적 심리가 되는 것은 단지 병화일주만의 문제가 아니고 모든 일간의 문제다. 아울러 일간과 같은 천간 세 개가 나란히 있으면 사회적 역량이 생기고 부자가 될 가능성이 높은 것도 모든 일주가 같은 경우에 해당한다.

옛글에 이르기를 '병화(丙火)에는 임수(壬水)가 필수용(必須用)'이라 하였으니 병화일간에는 임수가 필수적으로 배치되어야 길하다. 유갑무임(有甲無壬)이면 월급쟁이 기술자요, 사업하면 빈한해진다고 하였으며, 유임무갑(有壬無甲)은 좋다고 하였다.

만약 병화일간에 임수가 투간되었다 하더라도 유년(流年)에 기토(己土)를 만나면 맑은 임수(壬水)에 흙탕물과 같은 기토(己土)가 섞인 꼴이라 탁수(濁水)가 되어 병화(丙火)의 얼굴에 흙탕물을 뒤긴 형상으로 변하니 명예가 손상되고 망신당한다.

병(丙)이 여러 개 있으면 철학적이고 이상이 높은데 현실적으로 높은 지위에 오르거나 재물을 많이 가진 경우가 많다. 종교인이나 철학자 같은 성정을 지니거나 직업을 택하기도 한다. 사주에 병(丙)이 많이 투간되면 순수함이 돋보인다. 그러나 병화일간이 재물을 지니지 못하면 실천력이 떨어져 사기꾼처럼 보이기도 한다.

정화(丁火)

정화(丁火)는 불의 성정을 지니는 화기(火氣)에서 음화(陰火)이고 형상적으로는 지상의 불로써 모닥불, 촛불, 라이터불, 횃불, 호롱불과 같은 불이고 인간의 노력으로 만들어진 전등을 의미하므로 문화의 불이라고도 표현한다. 하늘에 떠 있는 달, 별 등으로 표현된다.

정화는 음화로 활화(活火)이며 등촉화(燈燭火)라! 왕하면 열화이고 약하면 별빛이다. 은근하고 명랑하며 인정이 많고 사교적이다. 정이 많아 이해득실을 따지지 않고 타인의 일에 나섰다가 손해를 보는 경우도 많다. 그러나 자신을 칭찬하지 않거나 관심을 기울여주지 않으면 삐치고 외면하니 소심하고 눈물도 많다.

외적으로 왕하게 타는 불이므로 속을 감추지 못하고 타 일간에 비하여 희비 표현이 많이 나타나는 편이다. 어두운 곳을 밝히는 불이므로 주변 도움을 받지 못하고 희생하는 경우도 많다. 태양처럼 강렬하지 않지만 밤에는 어둠을 밝혀주는 빛이고 실제로 열을 지니고 무엇인가를 태우는 기능이 있어 실제적이다. 현실성이 강하고 유용한 능력을 지닌 경우가 많다.

화술이 좋고 명랑하지만 분노하면 주변을 태우는 광폭한 기질도 있다. 화를 낼 때는 병화보다 정화가 더 강렬하고 무섭다. 정화가 분노했을 때는 곁에 있다가 화를 당하지 말고 일단 자리를 피하는 것이 유리하다. 병화는 분노해도 타인을 태우지 못하나 정화는 타인을 태워버리는 성정이다.

정화는 어떠한 경우라도 불심지가 있어야 잘 탈 수 있다. 심지가 없다면 불이 붙기 어렵다. 정화일간(丁火日干)의 사주를 파악하고자 한다면 단순하게 그 숫자로 신강신약으로 추명하면 때때로 큰 오류가 따른다. 일반적으로 월지 개념과 그 숫자로 신약과 신강을 따지는데 때로는 월의 개념과 배치를 참고하여 신강과 신약을 따져야 할 경우도 있다.

때로는 월지가 생(生)하는 일간이라는 관계만으로 신강을 논하지만 정화일간의 경우 사오미월(巳午未月)의 정화라는 이유만으로 신강이라고 추명하면 오류가 생긴다. 그 이유는 사오미시(巳午未時)에 하늘을 보면 태양이 떠 있기 때문에 별은 보이지 않는다. 존재감이 없는 것이다. 다른 의미에서는 신유술(申酉戌), 해자축(亥子丑)이 되어야 비로소 제 역할을 할 수 있다고 보기도 한다. 이러한 이치는 이 시간에는 하늘에 떠 있던 병화가 온전하게 자취를 감추고 별이 뜨고 불을 켜는 연유다. 자연론에서는 정화 일간이 해자축(亥子丑)에 태어났을 때 비로소 귀한 자식이라는 표현을 쓴다.

정화의 본분은 갑(甲)목을 심지로 삼아 불을 키워 경(庚)금을 제련하는 것이다. 이는 자연적으로 통나무를 경금(庚金)으로 잘 쪼개 불[丁]을 붙인다는 말과 같고 다른 표현으로는 나무를 쪼개 쏘시개로 사용하여 불을 피워 경금을 제련해 기물을 만든다는 의미로 분석하기도 한다.

벽갑인화(劈甲引火)라는 말이 있다. 즉 천간 구조에서 정이 일간이면 갑경정(甲庚丁)의 배치가 가장 좋은 구조가 된다. 하지만 어느 하나가 빠지면 좋지 못하다. 경금(庚金) 없이 통나무만 불에 넣게 되면 연기만 나는 경우가 많다. 때로 나무가 지나치게 많으면 불이 꺼지는 경우가 있는데, 이는 정화가 있어도 나무가 젖거나 지나치게 많은 나무에 약한 불꽃이 살아나지 못하니 목다화식(木多火息)이다.

을목 또한 목의 성분이라 정화의 좋은 불심지가 되지만 봄의 을목은 바람으로 표현되기도 한다. 을목은 근본적으로 물기가 가득한 습목(濕木)이다. 봄의 을목은 물기를 머금은 습목이라 심지 역할을 제대로 하지 못하고 젖은 나무를 연소시킨다고 해도 연기가 피어올라 눈물만 나게 한다.

정화일간을 간명할 때 자연의 이치를 모르면 추명에 오류가 많은 대표적 일간이다. 정화(丁火)는 어떠한 경우라도 불심지가 필요하며 사오미월(巳午未月) 정화를 강하다고 하지만 더운 여름에 또 불을 들고 나왔으니 특이한 기질이 있고 왕따도 잘 당한다. 결국 쓸모없이 나왔음을 나타낸다.

불을 피우려면 어느 계절에도 불심지가 필요한데 아무리 더운 계절인 여름에도 불심지가 필요한 것이 정화다. 계절적으로 해자축(亥子丑)에 이르러 정화일간은 태생이 귀하니 환영받는다. 겨울이야말로 춥고 꽁꽁 어는 계절이라 가장 필요한 것이 불보다 좋은 것이 없다는 자연의 이치다.

자연론의 판단에 따른 간명에서는 오월(午月)의 정화가 지지에 오화(午火)가 3개 있어도 신강으로 안 본다. 오화(午火) 또한 약한 불이고 천간의 화기가 없다면 끌어올리기가 쉽지 않다. 정화는 감정 기복이 심하고 때때로 화를 내기도 잘하는데 심지 없이 오월(午月)의 쓸모없는 정화가 성질만 더럽다고 표현하기도 한다. 정화가 일간으로 병화를 보면 낮에 해와 달이 같이 떠 있는 것과 같아서 실기당한다고 하는데 다만 태양[丙] 때문에 별[丁]이 안 보일 뿐이다.

정화일간이 경금 없이 갑목만 있으면 오히려 불길을 꺼뜨리는 통나무가 되므로 목다화식(木多火息)이다. 운로에서 갑목의 운이 들어와 발복이 이루어져야 하는데 생각보다 발복하지 않거나 때로는 더 나쁘게 흐르는 경우가 있는데 이는 목다화식이 되기 때문이다.

정화일간에 불을 붙이는 심지는 지지에서 인묘해(寅卯亥)가 들어와야 진정으로 심지 역할이 가능하다. 때때로 정묘일주에서 지지의 묘목(卯木)은 진정한 심지가 되지 못하는데, 정화의 좋은 심지는 을(乙)목이지만 월령에 따라 달라진다.

근본적으로 묘목은 습목이라 잘 타기보다는 연기만 나고 눈에 눈물만 나게 하는데, 젖은 꽃을 불에 넣으면 불꽃을 일으키거나 타지 않고 연기만 난다. 대부분 묘월생(卯月生)이며 정화일간의 삶은 모친 때문에 눈물이 마를 날이 없다. 겨울생의 정묘일주들은 대부분 남편 복이 그런대로 괜찮은 편이다.

3) 토(土)의 글자인 무(戊)와 기(己)

토의 본질은 양토(陽土)인 무토(戊土)와 음토(陰土)인 기토(己土)로 나뉜다. 토는 모든 오행이 태동하는 곳이다. 토는 모든 오행의 성분을 조금씩은 가지고 있다고 판단한다. 천간의 양토는 무토(戊土)로 오행에서의 표면적인 토가 되고, 음토는 기토(己土)로서 오행에서의 내면적인 토가 되는 것으로도 둘은 서로 통한다.

음과 양은 반(反)하는 존재이지만 합(合)하는 존재로, 양토를 자연에서는 지구의 중력(重力)으로 대입하고 음토(陰土)는 지질(地質), 즉 땅덩어리로 관찰하게 된다.

토(土)의 천간(天干)			
토(土)	무(戊)	양토(陽土)	산
	기(己)	음토(陰土)	벌판
강할 때	- 누구와도 무난하게 지내며 믿음직하다는 말을 많이 듣는다. - 모든 문제의 타협점을 찾아 잘 해결한다. - 과거를 참고하여 일에 대한 판단을 하며 현실적인 결정을 한다.		
약하거나 없을 때	- 중요하지 않은 일에 자주 집착한다. - 나와 이질적인 사람에 대한 거부감이 강하다.		

무토(戊土)

토(土)는 10개 천간(天干) 중에서 중앙을 차지한다. 천간을 이루는 갑을병정무기경신임계(甲乙丙丁戊己庚辛壬癸)에서 살펴보면 무(戊)와 기(己)는 중앙에 자리하고 앞으로는 갑을병정(甲乙丙丁)이 에워싸고 뒤로는 경신임계(庚辛壬癸)가 막아선다.

이 글자들은 방향을 의미하기도 하는데 갑을은 동(東)을 가리키고 병정은 남(南)을 가리킨다. 경신은 서(西), 임계는 북(北)을 가리킨다. 따라서 무기는 토(土)를 표방하며 자리에서 보이듯 중앙을 차지한다.

무와 기는 동서남북으로 에워싸인 격이다. 무토(戊土)는 중간에서 잡아주는 역할을 잘하고 중재 역할을 잘하는 것을 표현한다.

무토는 높은 산, 큰 산을 나타내는 물상이며 상승(上昇)과 하강(下降)을 조절하고 전체적으로 중심을 잡아주며 중간자적 역할을 해서 소통과 연결을 상징한다. 자신을 중심으로 사물이나 사람을 모으는 특성이 있으며 중간자로서 서로 연결하고 이어주며 소통시켜주는 역할이 강하다. 사람들이 자신에게 의지하도록 도와주며 중개자(仲介者) 역할뿐 아니라 매개자(媒介者)

역할도 강하다. 사람 사이를 잘 조절하여 연결해주고 통로 구실을 수행한다.

무토는 높고 큰 산이다. 듬직하고 쉽게 움직이거나 가볍게 움직이지 않으며 우뚝 서서 많은 것이 깃들게 만든다. 무토는 산이니 그 산에 무엇이 심어지고 자라나느냐에 따라 산의 가치가 달라진다.

어떤 나무가 심어져 있는지, 물은 잘 흐르고 햇볕은 잘 드는지, 새들이 놀러오거나 사람들이 올라오거나, 수려한 바위가 있는지에 따라 가치가 달라지는 것처럼 무토 주위에 어떤 글자가 있느냐에 따라 그 가치가 달라진다. 아무리 큰 산이고 산세가 좋아도 민둥산에다 사람이 찾아오지 않고 날카로운 바위만 튀어나와 있다면 사람도 찾지 않고 가치가 없다.

무토는 높은 산과 같아 때로 찾는 이가 없어 외롭고 쓸쓸하며 쓸모가 전혀 없는 경우가 허다하다. 목(木)이 무토 위에 심어지고, 무토는 나무를 키워야 가치가 있다. 나무를 키워야 할 일이 생기는 것이며 화(火)가 투간되면 화가 지닌 빛과 열을 뿌려 무토의 색상을 결정한다. 이처럼 무토는 병화(丙火)와 더불어 나무를 키움으로써 자기 몸에 색을 입힐 수 있다.

토는 양운동과 음운동의 중재자이며 모든 운행의 억제작용을 한다. 무토는 묵직함이 있어 표면적으로 같은 토의 기운이라 해도 무토보다 기토가 말을 더 잘한다. 무토는 자연 그대로 땅, 황무지, 사막, 큰 산, 메마른 땅, 지나치게 딱딱하거나 단단하여 목이 싫어하는 땅이다.

무토는 성정이 듬직하고 무게가 있으며 큰 땅이므로 신용이 있고 믿음이 있다. 변화를 싫어하고 쉽게 움직이거나 자신을 바꾸지 않는 성정으로 어떤 경우에도 산은 움직이지 않고 그 자리에 있다.

산에서는 모든 것이 살아간다. 모든 것을 받아들이니 포용력이 좋다. 마음이 넓고 중후하다. 무토는 반드시 수(水)가 있어야 사람 구실을 한다. 바위틈으로 맑은 물이 흘러내리는 격이다. 물이 없으면 깨끗하지 못하고 혼탁(混濁)하며 만물을 기르기에 부족하다.

여자 일주의 무토는 수(水)가 없으면 독신명(獨身命)이니 외롭게 혼자 살거나 결혼해도 곧 깨지고 아쉽게도 이별수가 다변하다.

운동장, 넓은 광장, 가공되지 않은 땅, 부풀어 오르는 빵, 발효와도 관계가 있다. 큰 대지로 믿음과 신용을 중시하고 포용력이 강하나 주변의 사주 구성에 따라 속마음을 감추는 성향을 드러내기도 하고 깨끗하지 못하면 공갈치는 직업을 가지게 된다.

무토는 태산처럼 중후하고 책임감이 있는 것이며 신용, 아량, 포용력, 고집불통, 아집으로 나타나고 매사 주관이 뚜렷하다. 어떤 경우에도 자기주장을 내세우는 꼿꼿한 성질 혹은 뚝심이라고 표현한다. 밀어붙이는 힘이 강하고 적당히 고집이 세다.

매사 분쟁을 해결하고 어느 경우에도 끼어들어 중재하는 일을 잘하지만 중화를 잃으면 욕심이 많고 남과 잘 어울리지 못하므로 외롭고 쓸쓸하며 자신을 너무 내세우면 필경 외톨이다.

뇌 구조가 견고하며 자기 생각이 매우 강해 때로 사교적이지 못하고 생각이 경직되어 외톨이가 될 가능성도 무시하지 못한다. 융통성이 없고 자기주장이 강하므로 사람이 좋다는 것은 알지만 금방 친해지기 어렵다.

무토뿐 아니라 토가 강해지면 이중적이고 속을 알 수 없으며, 지나치게 토가 많아지면 위장이 나빠지고 사람을 잡아 누르려는 속성이 드러난다. 토는 덮는 것이므로 자기 마음속을 잘 드러내지 않으며 큰 재물을 노리는 성정이다.

기토(己土)

십간(十干) 중 토(土)는 양(陽)을 표방하는 무토(戊土)와 음(陰)을 표방하는 기토(己土)가 있다. 무토는 자연의 땅에 비유되고 기토는 인간이 개척한 땅에 비유된다.

기토는 넓은 벌판, 짐승이 뛰어다니는 벌판, 곡식을 심는 논과 밭, 작은 산, 축축한 땅, 젖은 땅을 의미한다. 씨를 뿌려 곡식과 초목을 기르는 기름진 토양이니 실용적 사고를 하며 희생정신이 드러난다.

무토와 달리 기토는 식물을 심고 농산물을 자라게 하는 땅이며 무엇이나 다양하고 무한하게 받아들이는 땅이다. 따라서 기토일(己土日)에 태어났다는 것은 자신이 개척해야 할 땅을 갖고 태어났다고 생각할 수 있다. 지나치게 고집이 세기도 하지만 자신의 노력으로 인생을 개척해야 할 운명이다. 그 땅이 적당한 습토(濕土)가 되면 학습하고 만물을 키우는 땅이 되고, 건조한 토가 되면 산업현장이 된다.

토의 오행이라는 의미에서 무토와 기토는 같고도 다르다. 무토와 다르지 않게 중간자 역할을 수행하고 중개, 중간, 소통, 중화의 의미를 가진다. 땅이란 모든 오행의 근원지이고 내포하는 것이다. 따라서 만물의 바탕으로 존재하고 창조의 본체이며 전체의 배경이라는 특징을 지니게 된다.

무토가 활동무대라고 한다면 기토는 활동하기 이전에 보육(保育)하며 보관하고 기르는 곳이다. 따라서 어느 정도 자람이 있은 후 내보내는 것이니 기토는 교육과 관련이 있고 생장, 생성, 양육(養育)과도 관련이 있다. 따라서 여자 일주에서 기 일간은 모성애가 가장 뛰어난 일간이라고 분석하기도 한다.

기토는 보육의 땅이다. 무토가 자신을 드러내는 것에 신경 쓴다면 기토는 무엇을 키우고 무엇을 보관하는지에 신경 쓴다. 무토와 마찬가지로 키우거나 보관하거나 적재할 대상물이 없으면 게을러진다. 기토는 극단적으로 부지런하거나 게으른데 무엇을 할 것이냐에 따라 그 양상이 극단적으로 나타난다.

기토는 근본적으로 식물을 재배하기 위해 가공된 땅이며 인간이 개척한 땅이기에 생명체가 자리 잡기 쉽다. 전답, 집을 짓기 위해 닦아놓은 땅이 그 대표적 물상으로 무토가 억제하는 기운이라면 기토는 활용하기 위한 과정이다.

기토는 무토와 달리 수가 절실하지는 않은데 그 이치는 이미 기토가 습한 땅이기 때문이다. 기토에 목(木)은 무조건 좋은데, 기토 또한 나무를 키우는 것이 가치가 있다. 무토가 묵직한 맛이 있다면 기토는 말을 더 잘한다. 기토는 입을 의미하기도 하니, 강연같이 설득력 있는 말을 잘하고 가르치는 일에 소질이 있어 교육자와 같은 직업에 적당하다. 분별력이 있지만 성정이 까다롭고 융통성이 없는 것은 단점이다.

기토는 성정이 기르는 것이라 까닭 없이 보상 없는 봉사를 하고 돈을 잘 빌려주나 잘 떼이므로 보관에 신경 쓰고 돈 관리에 신경 써야 한다. 무토보다 더 보수적이므로 완고함도 드러난다.

기토는 전통문화를 공경하고 겉으로 드러나지 않지만 효자가 많다. 근본은 넓은 벌판이고 식물을 기르는 논밭이니 전형적인 촌놈처럼 순박하고 근본이 어질다. 무성하게 자라고 성숙한 상태다.

팽창한 기운이 안으로 수축하고 포용력이 많아 가능하면 적을 만들지 않는다. 기토는 음토이고 축축한 땅이며 수축하고 받아들이는 성정이라 남의 심정을 잘 헤아리고 좀처럼 자기주장을 펼치지 않는다. 매사 언행이 일치하고 신용 있고 성실하다. 여자로서는 자식을 키우고 양육하는 데 최적의 일간이며 부부관계가 원만한 편인데 갑목 남자와 기토 여자의 결합은 최상의 어머니 상이다.

성품이 나서지 않으며 남 이야기에 귀를 기울여주니 카운슬러에 어울린다. 그러나 내성적인 성향이라 타인과 어울릴 때 나서거나 익숙하지 못하고, 토가 많거나 기토가 중중(重重)하면 의심이 많다.

근본적으로 말을 잘하지만 때로 조건이 맞지 않거나 주위가 어수선하면 어눌할 때도 있다. 기토일간에 또다시 토가 왕(旺)하면 우둔하고 고집스럽고 사리판단에 문제가 있다. 토가 약하면 인색하거나 다투기 좋아하고 화합하기 힘든 성격이 된다.

단, 지나치게 추운 계절에 태어나면 논밭으로서 근본적 역할을 할 수 없는 경우가 있다. 논밭이 아무리 좋아도 기후(氣候)와 조후(調候)의 도움이 바탕이 되어야 한다. 따라서 이러한 경우에는 온기가 필요한데 사주 구성에서 온기가 있는 화(火)의 오행이 보충되어도 좋고 주변에 따스한 불의 기운을 지닌 사람이 있으면 좋다.

기토일주의 명(命)을 가진 사람으로서 사주가 지나치게 차가우면 화(火)의 기운을 지닌 배우자가 적격이다. 반대로 너무 더운 계절에 태어난 기토일간이라면 물이 말라버려 논밭이 쩍쩍 갈라지는 형상이라 논밭 기능을 하기 어려우니 사주에 습토(濕土)나 수(水) 역할을 하는 오행의 배치가 필요하고 그렇지 못하다면 적절한 습기를 공급할 수 있는 사주를 지닌 사람을 주변에 배치하거나 그런 사람과 교류하면 좋다.

4) 금(金)의 글자인 경(庚)과 신(辛)

천간에서 금의 오행도 음양으로 분리된다. 금의 본질에는 양금(陽金)인 경(庚)의 본질이 있고 음금(陰金)인 신(辛)의 본질이 있다. 오행에서 금은 거두어들이고 마무리하는 역할이다. 천간의 10개 글자는 음양을 나타내기도 하지만 방향을 나타내기도 한다. 중앙을 나타내는 토의 도움으로 양에서 음으로 화하는 기운이 바로 금의 기운이다.

금의 기운은 방향으로 서쪽을 의미하는데 이는 기우는 기운이고 저무는 기운이며 마무리를 향해 다가가는 기운이다. 따라서 계절은 가을이고 시간은 저녁이며, 방향은 서쪽이고 색은 백색이며, 맛은 매운맛이다.

금의 성정은 의리가 있고 칼로 끊는 것과 같은 절제력이 있으며 가을의 열매와 같이 결과물을 만들어내기도 하지만 쓸모없는 것을 냉혹하게 잘라내는 성질이 있어 차갑고 냉혹하며 단단하다. 금은 어떤 경우라도 마무리를 확실하게 하는 습관이 있고 겉치레는 과감하게 정리하는 냉정함도 있다.

금(金)의 천간(天干)			
금(金)	경(庚)	양금(陽金)	철광석
	신(辛)	음금(陰金)	보석
강할 때	- 분명한 기준대로 행동하므로 과감한 면이 있다. - 냉정해 보이지만 믿음을 끝까지 지키는 의리가 있다. - 자제력이 강하며 항상 뒷일을 생각하며 행동한다.		
약하거나 없을 때	- 뭔가 결정할 때 많이 망설이게 된다. - 시작은 잘하는데 뚜렷한 결과가 없는 경우가 많다.		

경금(庚金)

경금을 일러 큰 바위, 강철, 철광석이라고 하는 것은 경금이 지닌 특성을 말하는 것이다. 천간의 오행 중 금을 나타내는 경(庚)과 신(辛) 중에서 경금은 쇠나 철, 바위 등에 비유되고는 한다. 그 이유는 경금이 자기 주관이 뚜렷하고 자기 생각이 잘 바뀌지 않으며 일관성이 강하기 때문이다. 이것을 쇠의 특성에 비유하는 것이다.

일간이 경금인 사람은 의지가 굳고 적극적이며 비판적 경향이 강하다. 경금일간인 사람 중에는 의리파가 많으며 쉽게 변하지 않는 성정을 보이는데 이는 바위와 돌 혹은 철이라는 금속이 지닌 특성과 같다.

바위처럼 흔들림 없고 근면성실하며 타인에게 도움이 된다. 권모술수에는 능하지 않아 조직생활에서는 손해를 보는 경우가 많지만 장기적으로는 그 가치가 드러난다.

경금은 의리에 죽고 의리에 사는데 성격과 성정이 표면적으로는 매우 강하게 드러나는 것도 금의 강한 특징이다. 따라서 갑목일간을 지닌 사람은 경금일간과 잘 어울리지 못하거나 경금일간을 두려워하고 때로 멀리하려는 경향도 드러난다. 그러한 이치는 오행의 상극관계에서 드러나지만 경금은 갑목을 지닌 사람이 자신을 드러내고 잘난 체하거나 조금만 나서려고 하면 제어하려고 나서기 때문이다.

경금일주는 주변 사람을 의식하지 않고 할 말을 하는 성격으로 그야말로 똑 부러지는 성격의 소유자다. 그래서 겉으로는 대단히 단단하고 강해 보인다.

사실 경금일주 소유자들은 겉으로 드러나는 강한 면모보다는 연약한 경우가 많다. 표리부동(表裏不同)이라는 말이 있지만 이 경우는 겉과 속이 다르다고 표현하기보다는 금의 속성으로 표면이 강하게 보이는 것이라고 표현할 수 있다.

표면적으로는 터프가이이지만 사실 내면을 들여다보면 진실로 부드럽고 유약한 로맨스가이의 성정을 보이기도 한다. 이러한 성정이 있어 강자에게 대들어 강한 면모를 보이지만 약하고 힘이 없는 상대를 보면 도와주고 싶은 욕구로 나타난다. 이러한 현상은 대의명분으로 나타나는데 경금은 대의명분을 중요하게 여기고 주변 사람들에게서 인정받고 싶어 하는 욕구가 강하다.

경금일주에 주변으로 금의 기운이 많다면 사람은 착하지만 간혹 폭발성을 드러내 화를 내기도 하고 차갑게 구는 경우도 있는데 홧김에 일을 망치거나 공든 탑을 무너뜨리지 않도록 노력하고 화를 참아야 한다.

경금을 타고나는 남자들은 강한 성정이 표면으로 드러나 다른 오행을 지닌 남자들이 접근하기가 쉽지 않다. 그렇게 드러나는 강함이 사회생활에 제약이 되기도 하는데 경금일주 남자들은 그런 이유로 적이 많은 편이다. 그러한 모습을 바라보는 여자들 눈에는 경금 남자들의 강한 모습이 멋지게 다가오기도 한다. 그러나 겉으로 보이는 것이 전부는 아니어서 경금일주의 강한 남자들 중 일부는 그 특성이 지나치게 드러나고 통제되지 못해 여자에게 폭력을 행사하거나 폭언하는 경우도 많다.

경금은 남이 뭐라고 하든 자기 생각이 잘 안 바뀌는 경우가 많다. 어떻게 보면 유연성이 부족하다고 할 수 있다. 따라서 경금일간인 사람들은 이런 부분이 지나친 고집으로 비추어지지 않도록 때로 남의 의견을 받아들이는 유연성을 키울 필요가 있다.

경금은 비판적이고 불의에 맞서 싸우는 경향도 있으며 강자에게 강하고 약자에게 약한 면도 있다. 이와 같은 성격으로 입바른 소리를 하다가 미움을 사기도 한다. 따라서 때와 장소를 가릴 필요가 있다. 경금은 겉은 차가워 보이지만 속정이 많고 의리가 있으며 믿음이 있는 편이므로 사귀거나 어울리는 재미는 덜해도 오래가는 진실한 친구가 될 수 있다.

금 일간에 토(土) 기운이 많으면 매금(埋金)이라고 하는데 이는 금이 묻힌다는 의미다. 즉 금은 토에서 나왔지만 토가 지나치게 왕하면 금이 지나친 토의 세력에 묻히고 마는 격이다. 이를 매금이라 하며 토다금매(土多金埋)라고 한다.

매금이 되면 생각이 많아지고 때로는 의심도 생기며 판단력이 흐려진다. 따라서 남의 말도 귀담아듣고 넓은 시야로 생각할 필요가 있다. 매금이 되면 소토(疏土)의 기운이나 소토할 기회가 필요하게 된다. 그래야 땅이 숨을 쉬고 살아난다. 이를 해소하기 위해 목의 기운으로 토의 기운을 눌러줄 필요가 있다.

신금(辛金)

신금은 경금을 용광로에 넣어 녹아내린 쇳물을 이용하여 만든 기물(器物)이니 반지이고 귀고리이며 예물이다. 따라서 보석이라고 표현하고 진주라고 표현한다. 신금은 바늘, 시계, 보석 등을 의미한다.

신금은 지나칠 정도로 섬세하고 돈의 흐름을 알며 자기주장이 강하고 꾸미기를 좋아하는 성정을 드러낸다. 신금일주라면 섬세한 자기감정에 기초하여 멋을 안다고 할 수 있는데 지나쳐서 폼생폼사 기질을 드러낸다. 자기멋에 도취되어 자기 치장에 몰입하지만 타인에 대한 배려는 지나치게 부족하여 자기만 좋으면 그만이라는 사고를 하기 쉬우며 뒤끝을 드러내 자신을 폄하하거나 자신과 맞서면 어떻게든 해를 끼치려 하고 뒤돌아서 음해하며 자기만 편하면 그만이라는 사고를 한다.

　신금의 가장 큰 단점은 자기중심적 사고다. 타인이야 어찌되어도 좋지만 자신만 행복하고 편하면 좋다는 생각은 적을 만들고 자기중심적 사고를 만든다. 경금이 주로 사회현상에 대한 비판이나 부조리에 대한 비판정신이 강하다면 신금은 오로지 자신을 중심으로 비판의 칼을 드리우니 자기 이익을 우선하고, 자기 멋을 강조하고, 자신만 편하다면 그만이라는 생각이 강하다. 따라서 신금은 혼자 편하고 혼자 살기에 좋지만 여러 명이 어울리거나 사람들이 모이는 큰 조직에는 어울리는 대상이 아니며 부부간에도 자존심과 자기 이익을 내세운다.

　신금은 뒤끝이 무섭다. 자신에게 항거하거나 대드는 자를 용서하지 않으며 자신이 약하면 오랜 세월이 지나 힘이 생겼을 때 보복한다. 자신을 비판하는 사람은 용서하지 않는데 자존심이 강한 탓이며 강한 자에게는 약하고 약한 자에게는 강한 면모를 지녀 시간이 지나면 속성이 발각되어 비판 대상이 되게 마련이다. 그럼에도 수많은 경우 신금이 좋은 일주라고 하는 것은 자신 혼자만의 이익에 자신을 위한 삶이 편하기 때문이다.

　신금일간은 남의 비판을 수용하기 힘든데 자신이 보석 같은 존재이고 무결점의 존재라고 생각하기 때문이며 자존심이 지나치게 강하기 때문이다. 그들은 스스로 리더라고 생각하지만 리더로서 자질은 부족하며 거짓도 많아 겉으로 드러나는 모습과 속이 매우 상반되어 표리부동(表裏不同)한 모습이 보인다.

　물론 신금에 단점만 있는 것은 아니다. 우선 돈을 알며 벌 줄도 안다. 따라서 신금은 대부분 어느 정도 경제력이 있어 스스로 쓰기에 부족하지 않을 만큼 돈을 가지고 살아가고 자신의 이기주의에 맞는 행동으로 빈축을 사더라도 자신은 행복하다.

근본적으로 냉철하고 똑 부러지는 성질이라 자신이 손해 보는 행동은 하지 않으며 강한 자에게는 대들지도 않아 신변의 안녕을 구한다. 신금은 주변을 의식하는 경향이 강하며 이런 성격이 유행을 선도하는 원동력이 된다. 그런데 지나치게 돈을 추구하다보니 돈의 노예가 되고 돈 문제를 일으킨다.

더욱 돋보이고 싶은데 신금은 최상의 명조가 아니기에 불충분하다. 그러나 자기 이익에 약하고 경우에 따라 자신이 가지지 못한 것에 끌리는 일이 발생하니 정이라 하고, 무엇인가 집착하면 쉽게 끊지 못하는 것도 신금의 약점이다.

신금은 음의 금이니 음금에 속하며 보석, 주옥, 예리한 칼 등에 비유된다. 전반적으로 보면 신금일간은 겉보기에 세련되고 멋 내기를 좋아하며 예리하고 날카로운 특성을 가지고 있다. 냉철하고 날카롭고 차가운 사람들이 많으며 유행이나 멋 내기에 관심이 많은 경우도 있다. 자기감정을 잘 드러내지 않으며 흑백논리로 재단하는 성향이 있는데 그러다보니 남이 보기에 정이 없다, 가혹하다, 쌀쌀맞다는 소리를 듣기도 한다. 자기 취향에 대해 잘 타협하지 않으려 하고 때로는 이런 면이 지나치면 타인에게 자기 취향을 강요하는 성향으로 나타날 수 있다.

신금은 과시욕을 지니는 성향도 매우 강하여 적절한 칭찬이나 아부를 좋아한다. 남의 시선, 칭찬에 민감하며 살기(殺氣)와 집착도 있어서 사람에게 앙심을 품으면 집요하게 싸움을 걸거나 끝에 이르기까지 오래도록 괴롭힌다. 따라서 신금일간의 부정적 특성이 나타나는 사람들은 자제력과 인내심을 키우고 타인에 대한 배려와 존중을 키울 필요가 있다. 타인을 지나치게 몰아붙이면 나중에 원망과 원한을 사게 될 수 있으니 주의해야 한다.

신금은 천간에 화기(火氣)가 강하면 좋지 않다. 신금은 연금(軟禁)이라 지나친 화기를 두려워하기 때문이다. 이미 보석으로 제련되어 있는데 불길이 닿으면 그 형상이 망가지는 격이다. 따라서 정화를 두려워하는데 정화가 신금을 상하게 할 수 있기 때문이다. 그러나 겨울에 태어나 사주가 한랭하여 이른바 금다수침(金多水沈)이 된 경우에는 정화가 조후의 측면에서 추위를 해소해 도움이 되기도 한다. 이때는 병화(丙火)와 정화(丁火)가 도움이 될 수 있는데 일간과는 적당한 거리를 두고 떨어져 있어야 신금에 해를 끼치지 않는다.

신금은 수(水)의 기운으로 씻어 도세(陶洗)해주는 것을 좋아하는데 보통 임수(壬水)를 좋아한다. 신금이 토가 많아 매금(埋金)되면 의심이 많아지고 사람들과 갈등을 많이 일으키며 변덕이 심해지고 육친, 가족의 덕이 떨어진다. 이때는 목(木)으로 토(土)를 소토(疏土)하든가 수(水)로 금생수(金生水)하여 신금을 설기해 소통시켜 오행주류(五行週流)하면 좋다.

5) 수(水)의 글자인 임(壬)과 계(癸)

수(水)는 다른 오행과 마찬가지로 음양 구분이 있다. 양수(陽水)인 임수(壬水)는 수의 표면적 작용이라고 할 수 있으며 큰물을 의미한다고 볼 수 있다. 음수(陰水)는 계수(癸水)가 있으니 수의 내면적 작용이며 작은 물이라고 해석한다. 또한 양수(陽水)는 수의 기(氣)로, 음수(陰水)는 수의 질(質)로 대입한다.

수(水)의 천간(天干)			
수(水)	임(壬)	양수(陽水)	바다
	계(癸)	음수(陰水)	빗물
강할 때	- 책임감이 강하고 변화에 적응을 잘한다. - 일을 기획하고 실천해나가는 안목이 좋다. - 철학에 관심이 많고 패기 있는 행동보다는 안정을 더 추구한다.		
약하거나 없을 때	- 임기응변이 약하여 위기 대처능력이 부족한 편이다. - 정서가 메마르고 마음의 여유가 부족하다.		

임수(壬水)

임수(壬水)는 양수이고 큰물, 대해(大海)에 비유된다. 흔히 대양(大洋)을 말하니 형상적으로는 바다를 의미한다. 달리 큰물이니 댐에 고인 물과 같은 규모를 생각하면 된다. 형상적으로 큰물은 물의 양을 의미하지만 깊고 속을 알 수 없다는 뜻도 있다. 따라서 긍정적인 표현으로 이야기하면 꾀가 많다, 적응력이 좋다, 계략이 많다는 의미다. 나쁘게 말하면 음험하다, 욕심이 많다, 어디로 흐를지 모른다와 같은 의미로 해석되기도 한다.

임수는 양수이므로 많은 양을 나타내 바다이며 댐의 물이지만 큰물은 역시 흘러야 한다. 고인 물은 썩는 법이고 흐르지 못하면 생동감을 가지지 못한다. 임수 기능을 가진 사주의 주인공은 한 가지 고정된 일을 할 때보다 물이 흐르듯 다양한 업무에 놓이면 행복감을 느끼고 움직이는 일에 적당하다.

임수는 큰물이라고 하지만 표면적으로 보이는 모습과 내면은 다른 모습으로 판단해야 한다. 망망대해와 같고 끝이 보이지 않으며 평소 변화 없이 그득한 물처럼 행동하지만 대해는 언제든 마음 놓고 마실 수 없는 물이라 진득한 살기를 가지고 있다. 그 성정이 독하다는 뜻이다. 아울러 임수는 살기를 다스리지 못하면 해가 될 수 있는데 살기는 적과 아군이 없으니 남에게도 피해를 주지만 자기 자신에게도 피해를 준다.

임수는 양수로 수량이 많다. 물의 양이 넘실거리도록 많기 때문에 어디로 흐를지 모르는 면이 있어 적응력이 있다는 의미가 되지만 거칠다, 변덕이 있다는 의미도 된다. 바다 표면이 거울처럼 잠잠하지만 물속은 수류에 해초가 흔들리고 수많은 어류가 헤엄치는 것처럼 임수는 겉으로는 평온하지만 내면적으로는 늘 생각이 많고 안정감을 가지기 어려우며 스스로 자신을 들볶는 성정도 있다.

임수는 자신을 통제하는 것이 필요한데 적당한 통제는 약으로 작용해 거대한 둑이 쌓여 물을 관리하는 것처럼 자연스러운 현상이지만 간섭이 심해지면 참지 않는 성정이며 적당히 음험하고 음흉하며 엉큼하기도 하다.

임수는 대양으로 표현하듯 큰물이라 큰 인물로 행동하는 경우가 많다. 그러나 임수는 물이라 흐르는 성분이니 큰 머리를 잔머리로 쓸 때가 있다. 물은 토가 가두어 그 흐름을 다스리는 것이 중요한 부분이기에 토의 역할이 중요해진다.

사주일간이 임수일 때는 투간된 토의 역할이 중요해진다. 그런데 기토(己土)는 습기를 머금고 있으며 질척거리는 논과 같은 습토라 임수를 다스리기 어렵고 만나거나 섞이면 진흙탕이 되니 일이 어그러지고 몸이 아프다.

임수에는 무토(戊土)와 같은 조토(燥土)가 있어야 임수를 컨트롤하거나 다스릴 수 있다. 천간에 조토(燥土)가 투간되지 못한다면 지지(地支)에라도 미토(未土)와 술토(戌土)가 있어야 그나마 수기의 제어가 가능해진다.

임수일간에 기토는 가장 나쁜 배합이다. 기토탁임(己土濁壬)이라는 말이 있는데 기토가 임을 만나면 탁해진다는 것이니, 기토가 토의 성분이라고는 하지만 습기가 많아 임수를 다스리기 어려움을 나타낸 말이다.

임수나 계수가 많거나 강하여 수기가 강한 사주에 토를 나타내는 오행이 없거나 그 숫자나 위력이 약하면 흐르는 물을 막아주는 제방 역할을 하지 못하니 제어하기가 어렵고 약하면 일이나 직업적 변화가 심하고 전변이 많거나 사회생활에서 사람들과 갈등이 많다는 것을 의미한다.

임수는 흐르는 큰물과 같으니 역마, 유랑의 의미도 있어 직업이나 회사, 심지어 배우자와 관계에서도 정착하기가 어려우니 머리가 좋은 편이라 지혜, 계략은 있으나 향상성 등을 갖추지 못하면 갈등이 생길 수 있다. 임수로 태어난 사람은 사주원국에 수의 기운이 너무 강하거나 많으면 인물이 뛰어나고 머리가 좋아도 결혼이 늦어지거나 결혼이 가능해도 배우자와 사이가 원만하지 못할 수 있다. 큰 물줄기의 성분이라 타협하지 않으며 자기주장이 강한데 자신의 길을 가는 성분이기 때문이다.

임수는 양수로 바다처럼 큰물을 의미하고 유동적이며 차고 아래로 흐르는 성질이 있다. 임수는 표면적으로 수의 성분으로 생명을 키우는 역할을 한다. 임수는 물의 특성인 흐르는 성질이라 유동적 성향이 있으므로 때때로 형태를 바꾼다고 해석되니 상황에 대한 적응력과 순발력 등이 뛰어나다. 그 모습은 상황에 따라 모습을 바꾸는 것으로 보이지만 때로는 자신의 이익에 지나치게 매달리고 치우침을 나타낸다고 할 수 있으며, 속은 매우 차가운 성정을 가지고 있는 경우가 많다.

사회생활을 할 때는 학습의 영향으로 자기 마음을 드러내지 않는 방법으로 본심을 관리하지만 온전한 모습을 보여주는 과정에서는 갈등과 반복이 심하다. 사회생활에서 관리가 되는 모습은 적응력, 순발력, 모습을 바꾸는 능력, 사람 마음속으로의 침투력으로 나타나지만 이러한 성향을 부정적으로 보면 어둠, 비밀, 음모 등의 성정과 관련이 있다. 그래서 앞에서는 잘하지만 돌아서면 언제 그랬냐는 듯 남을 비판하거나 헐뜯는 성정이 있으며 자신을 내세우기 위해 타인을 비하하고 깔아뭉개는 성정도 나타난다. 또 가정생활에 이르면 자신을 통제하는 방법에 한계가 드러나고 온전히 드러내는 경우가 있으므로 결혼생활은 대체로 편하거나 화목하기 어렵다.

임수일간이나 사주원국에 임수가 많아 임수의 특성이 드러나도록 강한 사람은 적응력, 순발력, 기지가 뛰어나 자신을 포장하고 잘난 점을 드러내지만 사귀면 사귈수록 비밀이 많고 속을 알기가 어려우며 때로는 계략을 잘 쓴다. 바다가 깊은 것처럼 속이 깊어 알 수 없는 사람이라는 인상이 있어 한 길 물속은 알아도 사람 속은 모른다는 말에 어울린다.

임수의 지능적이고 전략적인 특성이 좋게 발현되면 좋은 두뇌를 효율적으로 사용할 수 있고 융통성이 좋으며 순발력이 드러나고 포용력이 발휘된다. 물이 지형에 따라 적응하듯 때에 따라, 환경에 따라 모습을 바꾸는 능력이 있으므로 여러 환경에 효율적으로 적응하며 사교성도 뛰어나다.

임수의 부정적인 면이 발현되면 생각과 속을 알기 어렵고 일관성이 결핍되어 성격이나 기질이 드러나며 통제와 감정조절이 안 되어 파도가 치듯 광풍노도의 거칠고 흉폭한 모습을 드러낸다.

임수의 행위를 조절하는 것은 토의 역할이다. 임수로 표현되는 큰물이 조절되느냐 되지 않느냐는 무토(戊土)에 달렸다고 할 수 있다. 따라서 천간에 무토의 존재야말로 임수를 빛내는 요소다. 지나치게 수(水)의 기운이나 임수가 왕(旺)해지면 무토로 제방을 만들어 제어하는 것이 좋다. 무토가 없으면 거칠게 흘러가거나 떠내려가는 형국이니 사람이 거칠고 막가파식 행동을 하게 된다.

물의 본분은 생명을 키우는 것이다. 임수와 계수는 모두 목을 키우는 생명줄이다. 단지 계수는 물이 지나치게 차가운 문제는 있다. 임수는 어떤 경우에도 나무를 키우는 물이다. 따라서 임수일간이라면 목(木)이 있어야 성장 기운이 강하다. 목을 의미하는 갑을(甲乙) 중에서 갑목(甲木)이 있어야 좋다. 목을 키우면 좋고 병화가 비추어 햇빛을 제공해주면 금상첨화라고 할 정도로 더 좋다.

천간에서 화를 의미하는 글자로는 병화(丙火)와 정화(丁火)가 있다. 두 가지 화(火)의 오행을 나타내는 글자가 모두 좋은 역할을 할 것으로 보이지만 임수(壬水)는 정화를 극하기 때문에 이 경우에는 정화를 쓰기가 어려운 측면이 있다. 또 합의 기능이 있어 정임합(丁壬合)이 이루어지는데, 정임합은 음란지합(淫亂之合)이 되어 임수의 안정성을 해치므로 좋은 형태는 아니다.

임수는 자신을 포장하여 드러내지 않는 속성이라 일반적으로 속을 알기가 어려운 경우가 많으므로 타 일간으로서는 답답할 수 있다. 임수 자체가 한곳에 고여 있는 것이 아니라 물의 특성상 흐르기 때문에 더더욱 어려울 수 있다. 임수가 일간이 강하여 특성이 강한 사람이라 자신도 남이 자기 생각을 알기를 원치 않을 것이다. 임수가 생명을 기르는 긍정적인 물이 되는지, 지나쳐서 넘쳐흐르는 물이 되는지는 투간된 다른 오행의 영향 때문이 아닌 근본적으로 자신의 노력에 달려 있다.

계수(癸水)

계수는 음수(陰水)로, 양수로 대비되는 임과 달리 작은 물, 안개, 습기 등에 비유할 수 있다. 임수를 대양수(大洋水)라 하여 큰물로 표현한다면 계수는 우로수(雨露水)라 하여 작은 물을 의미하니 빗물, 안개, 이슬, 우박, 서리와 같은 물상을 나타낸다. 아울러 임수가 큰 머리를 나타내면 계수는 작은 머리, 잔머리라 일컫는다.

계수(癸水)라는 글자를 살펴보면 화살을 의미하는 글자인 시(矢)가 들어 있는데, 천간과 지지를 나타내는 글자는 모두 그 글자의 형상이 지닌 의미가 있다. 화살은 곧바로 날아가야 하므로 길이를 재는 자[尺]와 같이 곧다는 의미를 가지기 때문에 곡직(曲直)을 재는 데 쓰이는 용도를 나타낸다.

꼿꼿하고 구부러진 형상을 재는 데 필요하니 그 직선적 성향을 나타낸다. 이는 분별하다, 나누다, 측정하다, 날카롭다는 의미로 해석이 가능한데 화살 촉은 날카롭고 뾰족하여 사람을 해치는 성정이라 계수일간은 날카로움도 가지고 있다고 할 수 있다.

계수는 머리가 좋고 센스가 있으며 눈치가 빠르다. 계수는 이슬, 빗물, 시냇물로 표현되며 지혜의 상징이자 순수의 결정체로 인식되기도 한다. 좋은 머리로 성공하거나 돈을 버는 잠재력이 놀랍다. 자기 감정을 억누르거나 눈치를 보는 데 유리하고 행동에도 기민함이 드러난다.

흐르는 물처럼 모습을 바꾸니 변덕이 심하고 감정적 기복이 있는 경우가 많다. 여자는 섬세함 등의 특징이 나타나기도 하지만 이익을 위해 몸을 사리거나 힘 있는 자에게 빌붙는 모습이 보이며 때로는 질투를 드러내거나 다혈질 등으로 나타나기도 한다.

수(水)의 일간은 남녀 공히 섬세한 마음의 소유자인 경우가 많다. 따라서 어려운 상대이거나 버겁다고 느껴도 단둘이 있을 때 정서적으로 접근하고 그에게 공감을 해주면 의외로 친하게 다가갈 수 있다. 그럼에도 아는 척하거나 충고한다면 곧 관계가 깨지기도 하는데 스스로 머리가 좋다는 자부심이 있기 때문이다.

계수는 어떤 경우에도 토(土)의 오행을 사용하기가 쉽지 않은데, 사주에 토를 많이 보면 부담스럽다. 계수일주에 토는 관성이고 토가 많으면 살이 되니 부담이다. 이러한 경우에 목이 없거나 지극히 약하면 살에 눌려 구설, 갈등, 환경이나 사람들에게 치이니 마음을 다치고 세상을 원망한다.

계수가 왕(旺)하다고 해도 토의 오행으로 직접 극을 지르기보다는 목(木)과 화(火)를 사용하는 것이 좀더 자연스럽다. 임계는 수를 표방하지만 임수가 투간된 토(土)를 사용하는 것과 계수가 투간된 토(土)를 사용하는 것은 차이가 있다.

임수는 차가운 살기를 내포하기 때문에 투간된 여타 화(火)의 오행이나 병화(丙火)를 보지 못하면 살기나 투쟁성이 지나치게 드러나 문제가 되며 구설, 갈등이 있거나 세상을 보는 눈을 갖기 어렵고 세상을 살아가는 데 필요한 지식 등을 만들거나 받아들이는 데 어려움이 있다.

계수는 여타 화(火)나 병화가 없고 천간이나 지지에 금수(金水)가 중중(重重)하고 축토(丑土)와 진토(辰土) 같은 습토가 지나치면 매사에 갈등, 날카로움, 예민함, 우울감 등이 드러난다. 계수는 작은 물의 특징이 드러나 평소 다정다감하고 말이 부드럽고 애교가 있으며 귀여운 측면도 있으나 이익을 위해서는 냉정한 모습이 드러난다.

계수는 변덕성이 드러나는 측면이 있으며 필요하면 봉사정신을 발휘하기도 한다. 계수에 천간의 병화(丙火)가 투간되고 지지(地支)의 사화(巳火)가 나타나면 평소 인정을 베풀고 인간적으로 좋은 역할을 한다고 볼 수 있고, 식록(食祿) 역할을 하거나 수완이 좋은 역할을 한다. 계수가 주변에 수의 기운이 강하거나 금의 기운이 강하고 때로 습도가 높아 습한 사주의 경우 병화나 사화의 존재는 대단히 소중하다.

계수는 십천간(十天干) 중에서도 마지막에 자리한다. 따라서 계수는 마지막이라는 뜻과 마무리라는 뜻을 모두 가지고 있다. 계수는 지난 것을 마무리하고 새로 오는 것을 준비한다는 의미로 인식된다.

계수는 작은 물이며 안개를 의미하기도 한다. 따라서 눈물을 의미하기도 하는데 사주에 계수가 많은 사람은 눈물이 많다고 표현한다. 아울러 날카롭다, 예민하다, 감정 기복이 심하다는 의미를 가지는데 여자들에게 그러한 경우가 많이 나타난다. 계수 두 개가 나란히 서는 계계(癸癸) 병립이 이루어지면 그 현상이 더욱 강하게 일어난다. 이처럼 수의 기운이 강해지면 화의 오행이 필요하다.

계수는 임수의 기운을 압축하는 것으로 종자를 의미한다. 이는 계수를 씨의 기운으로 만든 후 이를 흐르게 하는 역할이다. 계수는 가을을 거쳐 열매를 익혀 씨를 만드는 금의 기운에서 수로 넘어온 기운을 압축한 후 봄으로 넘겨주는 역할을 한다. 그러한 이유로 따라서 계수를 전달자 혹은 생명을 압축하는 기능, 기운의 전달자 역할로 본다.

계수에는 북방(北方), 북쪽의 의미가 있으며 겨울, 열째 천간(天干)의 의미가 부여된다. 경도(經度), 월경(月經), 무기(武器), 헤아린다는 의미가 있다. 직감, 감각 등이 대단히 뛰어나고 타인을 의식하는 속성이 있다. 타인을 의식하는 면이 지나칠 때는 너무 예민해지거나 날카로운 면모를 보인다. 또한 겨울철이 나타내는 수의 기운이 압축되어 다시 흐르는 과정을 거치기 때문에 근원적인 것을 상징하거나 의미하기도 한다.

계수가 음의 수이기에 소극적이고 움츠리는 속성이 있지만 계수가 여럿 투간되어 중중하거나 왕해진 경우 혹은 전체적으로 수가 많아 물의 크기가 커지면 양의 수인 임수의 속성을 드러내게 되는데 이는 표면적 현상이다.

2. 땅의 기운으로 행동력을 나타내는 지지(地支)

십이지지는 사주를 이루는 매우 중요한 한 축이다. 우리에게는 12개 띠를 나타내는 글자로 인식되어 있는데 자축인묘진사오미신유술해(子丑寅卯辰巳午未申酉戌亥)가 그것이다. 십이지지는 모두 열두 가지 짐승을 의미하는 글자로 이루어져 있으며 이 짐승의 성격으로 지지 성격을 대변하기도 한다.

이것을 하늘을 나타내는 십간과 서로 순서를 이루어 짝 맞춘 것을 간지(干支)라고 한다. 이에 위에 자리한 것은 천간이며 아래에 자리한 것은 지지라고 한다. 또한 10개 천간과 12개 지지를 계속 맞추어 마지막 글자를 짝 맞추면 총 60개가 이루어지는데 이를 60갑자라고 한다. 천간과 지지는 각각 만나 짝을 이루는데 어떤 경우에도 양은 양을 만나고 음은 음을 만난다.

대체로 지지는 정신을 의미하는 천간과 대비되어 질적(質的)인 의미를 가지며 천간의 기적(氣的)인 것과 대조적인 성질을 지닌다. 지지는 방위적으로도 나뉘는데 인묘(寅卯), 사오(巳午), 신유(申酉), 해자(亥子)와 진술축미(辰戌丑未)로 나눈다. 이 조합은 각각 동서남북과 중앙을 관장하고 계절적으로는 춘하추동을 나타내며 각각 음양오행에 소속되어 있다.

인묘(寅卯)는 목(木)을 의미하고 동쪽이며 봄을 나타낸다. 사오(巳午)는 화(火)를 의미하고 남쪽이며 여름이다. 신유(申酉)는 금(金)을 의미하고 서쪽이며 가을을 나타낸다. 해자(亥子)는 수(水)를 의미하고 북쪽이며 겨울을 나타낸다. 진술축미(辰戌丑未)는 토(土)를 의미하고 환절기(換節期)를 나타낸다.

1) 사주의 지지

사주는 만세력을 이용해 찾는다. 만세력을 이용하여 양력과 음력을 선택적으로 살펴 사주를 본다. 만세력은 태음태양력이므로 양력이나 음력을 모두 사용한다. 즉 음력으로 대입해도 가능하고 양력으로 대입해도 상관없다.

만세력에 생년월일시를 대입해 추출하면 년을 나타내는 년주(年柱), 월을 나타내는 월주(月柱), 일을 나타내는 일주(日柱), 시를 나타내는 시주(時柱)가 선택된다. 이를 사주라고 한다. 사주에서 년지, 월지, 일지, 시지의 4지지를 종합하여 지지라 한다.

지지가 의미하는 것은 지(地), 질(質), 음(陰), 암(暗), 처(妻), 모(母), 녀(女), 내(內), 중(重) 등이다. 명리학에서 사주는 생년, 생월, 생일, 생시의 4개 간지로 성립되어 있으므로 사주라고 하였다. 여기서 지지는 천간이나 다름없이 대단히 중요하다. 특히 지지는 행동이며 변화를 나타낸다. 지지는 단순하게 지지라는 역할만 이루는 것이 아니고 지지 속에 숨은 기능이 여럿 있다. 특히 지지 속에 숨은 천간의 기능인 장간(藏干)의 풀이도 중요하지만 천간의 역량 향배에도 중요한 역할을 수행하는데 근(根)이 있다, 근이 없다는 말을 한다. 이는 표면적으로 천간에 투간되어 있는 각각의 오행에 대하여 지지에 뿌리가 있는 것을 말한다. 즉 천간에 투간된 것과 같은 오행이 지지에 자리하는가 하는 것이다. 숨어 있는 지장간까지 살펴야 함은 물론이다. 이는 또한 지지에 맞추어 본 기세의 후박(厚薄)을 살피는 것이다. 무릇 천간은 가볍고 지지는 무거우며, 천간은 배반하기 쉽고 지지는 배반하기 어렵다고도 본다.

지지오행											
지지	자(子)	축(丑)	인(寅)	묘(卯)	진(辰)	사(巳)	오(午)	미(未)	신(申)	유(酉)	술(戌)	해(亥)
음양	양	음	양	음	양	음	양	음	양	음	양	음
오행	수(水)	토(土)	목(木)	목(木)	토(土)	화(火)	화(火)	토(土)	금(金)	금(金)	토(土)	수(水)

지지의 속성			
지지(地支)	방위(方位)	계절(季節)	월(月)
자(子)	북	동(冬)	11월
축(丑)	북동	만동(晩冬)	12월
인(寅)	동북	초춘(初春)	1월
묘(卯)	동	춘(春)	2월
진(辰)	동남	만춘(晩春)	3월
사(巳)	남동	초하(初夏)	4월
오(午)	남	하(夏)	5월
미(未)	남서	만하(晩夏)	6월
신(申)	서남	초추(初秋)	7월
유(酉)	서	추(秋)	8월
술(戌)	서북	만추(晩秋)	9월
해(亥)	북서	초동(初冬)	10월

　지지의 구성은 동물의 성향으로 표현한다. 그래서 지지를 나타내는 글자는 모두 십이지지라고 하여 열두 가지 띠 동물을 나타내는 글자로 이루어져 있다. 간혹 태어난 년의 띠를 가지고 명리 이야기를 하는 사람이 있는데 이는 오래전에 사라지고 버려진 당사주(唐四柱)라는 학문이다. 당사주는 시대에 뒤떨어진 것으로 이제는 버려진 학문이다. 지금은 일주를 중심으로 푸는 자평명리가 일반적이다.

십이지지의 글자가 나타내는 띠의 특성	
자(子)	쥐로 부지런하고 야행성이며 번식력이 최고이고 밤 23시 30분~01시 30분을 나타낸다.
축(丑)	소를 나타내며 온순하고 정직하며, 우직하고 고집이 있다. 인내심이 강하고 새벽 01시 30분~03시 30분을 나타낸다.
인(寅)	호랑이를 나타내며 솔직담백하고 인자한 성품이다. 사실 호랑이를 나타내는 글자인 인(寅)은 겁쟁이로 본다. 시간은 03시 30분~05시 30분이다.
묘(卯)	토끼를 나타낸다. 겁이 많고 잘 놀라며 민감하다. 시간은 새벽 05시 30분~07시 30분이다.
진(辰)	용을 나타내며 상상의 동물로 변화가 심하다. 영험하고 상서로운 기운이 느껴지지만 어딘지 모르게 혼란스럽기도 하다. 시간은 07시 30분~09시 30분이다.
사(巳)	뱀으로 자존심이 강하고 정직하며 사색적이지만 겉은 차갑고 속은 뜨겁다. 시간은 09시 30분~11시 30분이다.
오(午)	말이다. 외모가 당당하고 성격이 활달하다. 시간은 11시 30분~13시 30분이다.
미(未)	양을 나타낸다. 순하고 얌전하지만 인내심과 고집이 있고 성격적으로 자신을 통제한다. 시간은 13시 30분~15시 30분이다.
신(申)	원숭이를 나타낸다. 창의성이 출중하고 임기응변에 능하며 잔재주가 많다고 한다. 시간은 15시 30분~17시 30분이다.
유(酉)	닭이다. 새벽을 알리는 가축이며 땅을 헤집는 것처럼 숨겨져 있는 것을 찾아내는 능력이 있다. 시간은 17시 30분~19시 30분이다.
술(戌)	개다. 책임감이 강하고 경계심도 강하다. 시간은 19시 30분~21시 30분이다.
해(亥)	돼지를 나타낸다. 식복은 타고났으며 선량하다고 한다. 시간은 21시 30분~23시 30분이다.

사주를 분석할 때는 태어난 날을 중심으로 하는데 보통 무슨 짐승인지 살펴야 한다. 간혹 자기 띠로 이야기하는 경우가 있는데 이는 적중률이 떨어지고 적은 기운을 파악할 뿐이다. 사주팔자(四柱八字)는 그 사람이 태어난 년월일시에 따라 하늘의 기운인 천간을 나타내는 기호와 땅의 기운을 나타내는 기호인 지지를 합한 네 기둥을 나타내는 것이며, 이 네 기둥은 각각 천

간을 의미하는 글자와 지지를 의미하는 글자를 배치하여 나타낸다.

각각의 기둥은 천간과 지지 두 자로 이루어지니, 사주팔자는 4개의 기둥을 이루는 여덟 글자로 구성된 것으로 사람마다 각각 다를 수밖에 없다. 그런데 그것을 분석하거나 파악하지 못하고 일률적으로 삼재풀이를 해야 한다는 둥, 팔자가 세다는 둥 하며 호도하고 마구잡이식으로 접근하거나 부적을 쓰라는 둥, 굿을 하라는 둥 대책 없이 신살론(神殺論)만 들이대는 것처럼 뿌리 없는 이야기를 하면 학문적으로 성숙하지 못하다.

십이지지는 각각 쥐를 의미하는 글자 자(子), 소를 의미하는 글자 축(丑), 호랑이를 의미하는 글자 인(寅), 토끼를 의미하는 글자 묘(卯), 용을 의미하는 글자 진(辰), 뱀을 의미하는 글자 사(巳), 말을 의미하는 글자 오(午), 양을 의미하는 글자 미(未), 원숭이를 의미하는 글자 신(申), 닭을 의미하는 글자 유(酉), 개를 의미하는 글자 술(戌), 돼지를 의미하는 글자 해(亥) 열두 글자로 이루어져 있다. 각각의 글자는 띠를 나타내는 특징을 가지고 있다.

2) 지지의 성격

드러나는 것과 드러나지 않는 것이 있다. 천간의 의미는 드러나지 않고 지지는 행위로 드러난다. 무형의 10천간은 드러나지 않으나 기를 나타내니 만물이 생하고 십이지지는 천간을 따라 자신의 형체를 성한다. 이것을 합쳐 생성(生成)이라고 한다. 천간의 변화가 의미적으로 선행하고 지지의 변화가 행동으로 후행한다. 일지의 지지를 파악하여 그 사주가 가지고 있는 특징을 파악할 수 있다.

지지의 발달은 성격으로 나타난다. 특히 일지에 해당하는 오행은 타간의 오행에 영향을 받는데 천간도 마찬가지다. 지지 중 일지에 해당하는 오행과 동일한 오행이 있으면 일지의 성향을 강하게 할 수 있다. 이 경우에도 발달과 과다가 있을 수 있다.

발달은 일지의 오행이 지닌 성향을 부드럽게 강화하는 것으로 나타나지만 과다하면 딱딱하고 지나친 경향으로 나타난다. 특히 월지는 두 개 개념으로 이해하는 것이라 월지를 자세하게 살펴야 한다.

지지의 기본성격			
지지	기본성격	장점	단점
자(子)	도화	감각적이다	실천력이 약하다
축(丑)	명예	꾸준하다	쓸데없이 고집이 있다
인(寅)	역마	여유롭다	몰아치기를 한다
묘(卯)	도화	꾸준하다	욕심이 많다
진(辰)	명예	적극적이다	신경이 예민하다
사(巳)	역마	활동성이 크다	안정감이 떨어진다
오(午)	도화	활동영역이 넓다	성격이 급하다
미(未)	명예	집중력이 있다	지배받기 싫어한다
신(申)	역마	지혜롭다	잔재주가 많다
유(酉)	도화	재주가 많다	잔소리가 심하다
술(戌)	명예	추진력이 있다	고집이 매우 세다
해(亥)	역마	활동성이 크다	생각이 너무 많다

숫자 \ 지지	寅 卯(木)	巳 午(火)	辰戌丑未(土)	申 酉(金)	亥 子(水)
발달 2(3)~3(4)	어질다 대인관계 수긍 명예적 호응 어울림	예의 자기 노출 적극적 활동적 대인관계 호응	믿음직 기대감 의지력 노력 열성	의리 솔직함 통제능력 적정 계획성	지혜 사고적 아이디어 끈기 계획성
과다 (4개 이상)의 단점	욕망 지나친 욕심 서두름 약한 끈기	불안감 다혈질 싫증 서두름	고집 숨김 자기본위 가슴 응어리	자기본위 예리함 보복심 잔소리	끈기 부족 표현 부족 많은 생각 숨김
과다의 장점	자신감 끈기 진취적 기상 어려움 극복 자유로움	적극적 성공 의지 자신감 드러냄 감정표현	의리 학습 끈기 다양함 열정	계획성 예리함 의사표현 과단성 예술적 기질	계획적 끈기 매사 신중 아이디어 지혜
적성 (진학학과)	1순위 농림학과 정치학 행정학 법학 어문학과 축산학과 신문방송학과 청소년학과 심리학과 농학과 경영학과 2순위 미술학과 의예과	1순위 무용학과 스포츠학과 디자인학과 연극영화과 피부미용과 바리스타과 2순위 사회과학계열 어문계열 호텔조리학과	1순위 건축학과 토목학과 부동산학과 임학과 2순위 외교학과 어문학과 관광학과 법학과 항공학과	1순위 기계공학과 금속공학과 섬유공학과 산업공학과 항공공학과 재료공학과 2순위 자동차공학과 체육학과 의예과 경찰학과 육사 해사 공사 경찰대학	1순위 경제학과 경영학과 회계학과 통계학과 물리학과 수학과 생물학과 전자계산학과 정보처리학과 2순위 연극영화과 신문방송학과 공연예술학과

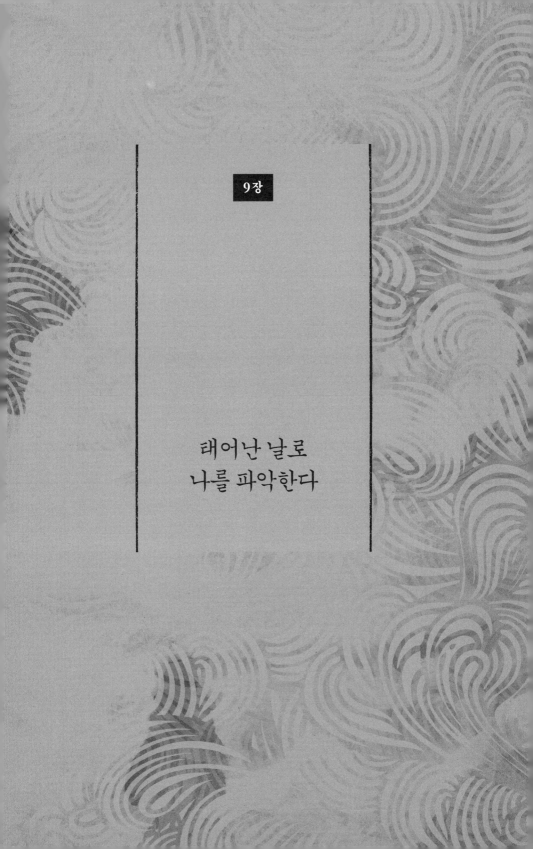

9장

태어난 날로
나를 파악한다

일주(日柱)는 태어난 날을 천간지지로 바꾼 것이다. 사주는 년월일시 4개 기둥으로 이루어지는데 일주는 태어난 날의 기둥이다. 일주는 달리 체신(體神)이라고도 하여 자신을 대표하는 중요한 곳이다. 즉 모든 사주를 파악하는 기둥이고 구심이다. 나를 의미하는 글자이고 이를 통해 다른 기둥을 파악한다. 일간은 신왕(身旺), 신약(身弱)을 간명하는 데 중요하다.

일주에서 일간(日干)은 나를 나타내므로 아신(我身, 我神)이라 하고 일지(日地)는 배우자의 궁이라고 하여 나를 보조하는 남편이나 아내 자리다. 사주에서 모든 자리 여덟 개 글자는 각각 육친(六親)의 자리를 나타내는데 일지는 배우자 자리이므로 이 자리의 작용에 따라 부처(夫妻)의 행복과 불행, 길흉을 보게 된다.

일지를 살펴 사주에서 반드시 필요한 용신(用神)에 대하여 길한 작용을 하는 경우에는 배우자가 나에 대해 유용하고 도움을 주는 작용을 하게 되는 것으로 판단하지만 반대로 흉한 작용을 할 경우에는 부부가 서로 화합하지 못하여 다투고 대립해 가정불화가 생기므로 배우자운이 좋지 못하다고 해석한다. 용신에 대해서는 차차 공간을 할애하여 파악해나간다.

사주의 원국에서는 일간과 격국(格局)이 중화되어 균형이 잡혀 있는 것을 가장 길한 사주로 분석한다. 격국도 매우 중요하지만 서서히 습득해야 한다.

사주를 해석하는 방법에는 원국의 조화를 보는 간명(看命)과 운의 흐름을 보는 운로(運路)와 그 변화를 살피는 통변(通辯)이 있다. 일주를 파악하는 방법은 간명에 속하는데, 이 방법으로 사주의 속성을 알아볼 수 있다.

사주 간명의 방법은 수를 셀 수 없으리만치 많으며 다양한 방법 중 일주만 이용하여 간명이 가능하기도 하다. 수없이 많은 간명 방법 가운데 일주론(日柱論), 격국론(格局論), 용신론(用神論), 육친론(六親論), 십신론(十神論), 궁성론(宮星論), 왕상휴수사론(旺傷休囚死論), 십이운성론(十二韻星論), 십이신살론(十二神殺論), 신살론(神殺論), 공망론(空忘論), 생극제화론(生剋制化論), 합형충파해론(合刑沖破害論) 등이 가장 많이 사용되고 결과도 좋다. 따라서 명리를 배울 때 이와 같은 여러 가지 이론을 이해하는 것이 중요하다. 물론 이외에도 간명법은 수도 없이 많으므로 단정하지 말고 깊은 공부가 필요하다.

일반적인 개념에서 가장 먼저 사용하는 것이 일주론이다. 사주 간명에서 이론을 적용하여 통변하고자 하면 다양한 이론을 적용해야 한다. 하나의 이론에 매이면 오류를 범할 수 있으며 일주론에도 그런 함정이 있다. 일주론 하나만 가지고 사주팔자를 간명한다면 큰 오류를 범할 수 있다. 그럼에도 가장 중심이 되는 일주를 파악해야 하므로 일주론을 가장 먼저 사용한다.

일주론은 사주팔자라는 큰물의 세계로 들어가는 입구에서 만나는 징검다리와 같은 아주 작은 시작일 뿐이다. 일주론을 통해 명리학 속으로 들어가면 비로소 사주 구성을 파악하고 음양오행을 분석하며 다양한 글자의 배합에 따른 흐름을 파악할 수 있다.

상기한 수많은 이론 가운데 일주론은 사주팔자를 간명하는 기초 중의 기초다. 하지만 그 기초를 알려면 일간을 알아야 하고 지지를 알아야 한다. 그리고 천간과 천간, 지지와 지지 나아가 천간과 지지의 관계를 알아야 한다. 또한 지장간(地藏干)을 알아야 하며, 그것들이 만들어내는 일부의 신살(神殺)도 알아야 한다. 생극제화와 합형충파해도 알아야 한다. 그러므로 일주론은 간단하지만 조금 더 깊숙이 알고자 한다면 수많은 이론을 접해야 한다.

여기서 분명하게 강조하지만, 일주론이 사주 간명의 전부가 아니다. 일주론은 사주 간명의 시작일 뿐이다. 사주를 볼 때 일주만 보고 이 일주론을 그대로 적용하면 절대로 안 된다. 일주론은 일주론일 뿐이므로 통변할 때는 일주를 징검다리 삼아 반드시 사주 전체 속에서 사주의 구조와 음양오행의 배합을 살피면서 간명해야 한다.

사주 간명을 할 때는 가장 먼저 일주를 파악하고 태어난 월주를 세밀하게 살펴보아야 한다. 일주가 우선이고 다음으로 월령(月靈)을 살핀다. 그리고 격국을 살피면 사주의 윤곽을 알 수 있다. 그러나 윤곽이 전부는 아니다. 윤곽은 윤곽일 뿐이다. 윤곽을 안다고 하여 그 속의 내용을 모두 알 수 있는 것은 아니며 적용이 올바른 것도 아니다. 윤곽이라는 것은 표현 그대로 사주 전체의 테두리를 아는 정도이지 모든 것을 아는 것은 아니다.

윤곽을 이해하면 사주 내에서 용신(用神)과 희신(喜神)을 찾고 기신(忌神)과 구신(仇神)을 찾아야 한다. 흔히 사주를 이야기할 때 용신놀음이라는 말을 할 정도로 용신은 매우 중요하다. 용신은 사주에서 가장 필요한 오행이다. 용신의 적용으로 운의 흐름을 알 수 있다. 용신은 차차 배울 기회가 있다.

사주를 살피려면 용신뿐 아니라 사주의 강약과 일간의 강약도 살펴야 한다. 일간의 강약에 따라서 통변이 달라지고 용신의 강약에 따라서 통변이 달라지는 것은 사용하는 오행의 차이 때문이다. 이 모든 것을 이해하는 과정에서 가장 먼저 살펴야 하는 것이 일주다. 물론 일주가 모든 것을 말해주지는 않지만 하나의 기본이 되는 것은 사실이고 일주에 치우치지 말라고 하지만 사주 풀이의 기본으로 삼지 않을 수 없다.

1. 일간으로 나의 특성을 본다

일간은 태어난 날을 이루는 일주(日柱)의 천간이니, 사주의 생일 천간을 두고 하는 말이다. 이를 아(我), 아신(我身)이라 하며 체용(體用)의 이치에 대한 체(體), 체신(體神)이라고도 부른다.

　태어난 날의 천간을 이르는 일간은 본인이고 사주를 대표하는 상징이며 인격을 의미하는 것이다. 따라서 과거 당사주(唐四柱)에서 보이듯 년간(年干)으로 푸는 방식은 이미 폐기된 학문 접근법이다.

　사주의 풀이나 배치에서 모든 것은 일간을 중심으로 하며, 이것을 가장 중요하게 여겨 존중해야 한다. 특히 일간은 사주에서 모든 길흉 판단의 중심이 된다. 사주 풀이를 할 때는 항상 일간을 중심으로 하여 나머지 3간(干) 4지(支)가 어떻게 배치되어 있으며 어떠한 작용을 하는지 살핀다. 사주의 일간은 그 후박이나 강약은 선천적으로 정해져 있다. 이 일간을 잘 살펴야 간명(看命)과 통변(通辯)이 가능하다. 일간을 파악하고 주변의 천간지지를 파악하여 간명하고 후천운(後天運)을 따지며 분석하여 흐름을 파악한다.

　사람의 운명을 감정하는 데 반드시 착안해야 할 것은 일간의 강약 여부다. 예부터 사주를 풀어갈 때 근본적으로 남자는 밖으로 나가 활동하며 생활의 기본이 되는 것을 획득하고 재물을 취하여 처자(妻子)를 부양하는 것이니 일간은 중(中)보다 약간 상(上)인 것이 좋다.

예부터 여자는 가정을 유지하고 자녀를 교육하며 남편으로 하여금 가정에서 우환이 없게 함이 으뜸이니 일간의 힘이 중(中) 혹은 약간 약(弱)한 것을 길하다 하였으나 세상의 변화에 따라 이러한 강약의 의미는 변화하고 있으며 판단이 달라질 수 있는 것이 사실이다.

갑(甲)

- **자연 속성:** 대림목(大林木), 곧게 뻗은 나무
- **특징:** 목표지향적이라 높은 목표를 지향하고 작은 목표를 지향하더라도 자기 영역에서 최고가 되는 것을 목표로 삼는다. 상향성이라 밑을 살피지 못한다.
- **장점:** 매사에 강한 리더십을 드러낸다. 사람을 이끄는 능력이 탁월하며 타인을 설득하고 자기에게 이끌리게 한다. 목적의식이 지나쳐 큰 그림을 그리며 기획력이 돋보인다.
- **단점:** 앞서 나아가고 직진성이라 주위를 둘러볼 여유가 없고 고집이 세다.
- **고려할 점:** 큰 그림을 그리는 성격이라 세밀하고 자잘한 일에는 약하다. 세밀함이 부족하여 업무를 깔끔하게 처리하기에 부족함이 드러나므로 성격이 세밀한 사람의 도움을 받거나 주변에 업무 능력에서 깔끔한 사람을 두는 것이 좋다. 아부하지 못하고 강한 자존심으로 부딪치니 자신을 다스리는 연습과 지혜가 요구된다. 매사 자존심을 세움으로써 손해 보는 경우가 많다.

■ **드러나는 성향:** 움직이는 것을 싫어하고 융통성이 없으며 언변(言辯)이 없고 천진하다. 밀어붙이는 힘은 강하나 주변을 살피지 못하고 돌진형으로 앞을 보고 달리는 스타일이다. 목표지향적이라 주변 것에 주저하거나 신경 쓰지 않고 오직 1등을 위해 달린다. 앞만 보고 목표를 세우기에 주변을 살피는 데 약하다. 정직하고 내심을 드러내지 않는다. 지나치게 고독하고 자기 고집을 세우며, 타인에게 비교당하거나 지는 것을 매우 싫어한다. 겉으로는 드러내지 않지만 매우 인간적이다. 경쟁심이 감추어져 보이지 않지만 무엇을 하든 최고가 되어야 직성이 풀린다.

지나치게 딱딱하다. 몸도 딱딱하고 사고도 경직되어 있다. 자존심도 강하고 질 수 없다는 강박관념도 있다. 관절 등이 빨리 망가진다. 건장하고 장군감으로 어떤 일의 주체가 되며 대체로 상체는 크고 하체는 허약하다. 우두머리 기질이 있다. 과로는 큰 병의 시작이다.

을(乙)

■ **자연 속성:** 화초목(花草木), 넝쿨나무
■ **특징:** 부드럽고 화려한 꽃을 피우는 화초목의 유연함과 강인한 생명력을 지닌다. 인간적이라는 평가를 받는다. 분위기를 잘 조절하고 융화를 잘한다.
■ **장점:** 어떠한 환경에서도 적응력과 상황 인식이 뛰어나며 융화를 잘한다. 매사 끈질기고 뛰어난 생존력을 자랑한다. 어떤 일이든 붙잡으면 끈기를 가지고 매진한다. 쉽게 쓰러지지 않고 쓰러져도 빨리 일어난다.
■ **단점:** 지나친 친화력이 때로는 기회주의자의 속성으로 나타날 수 있다. 재빠른 상황 대처가 때로는 부정적인 모습으로 비춰질 수 있다.
■ **고려할 점:** 환경을 잘 이용한다. 따라서 다른 나무를 감고 오르는 넝쿨식물

처럼 자신을 도와주거나 이끌어주는 사람을 만나야 대성의 길로 나아갈 수 있다. 끈질긴 생명력이 때로는 지나친 자기 이기주의로 비칠 수 있다. 친화력으로 인간미가 있다는 평판을 들을 수 있으나 기회주의자적 성격이 드러난다. 자기 이익에 부합하지 못하면 변덕을 부리며 주위 사람을 혼란스럽게 하므로 인내가 필요하다.

- **드러나는 성향:** 자존심이 강하다. 의타심이 있지만 드러내지 않으려고 한다. 타인을 이용하여 성공하는 경우도 있다. 친화력을 바탕으로 지극히 현실적인 사고를 한다. 융통성과 유연함이 때로는 기회주의자로 보이게 한다. 아무리 성질이 나도 차근차근 일처리를 한다. 주도면밀, 치밀성, 유연한 처세술, 언변술(言辯術), 임기응변, 실리(實利)를 중요시하며 체면과 명예를 더 중요시한다.

대단히 현실적이다. 이치적이나 현상적인 것보다는 자신에게 이익이 되고 도움이 되는 실질적인 것을 선호한다. 이익에 부합하면 움직이지 않으려는 속성이 강하다. 상황을 자신에게 유리하게 전환하는 재능이 있다. 때로 자기 목적과 이익을 위해 남을 이용하기도 한다. 남을 누르거나 타고 오르려는 습성이 있다. 지나치게 자기만족을 찾아 논쟁하기도 한다. 힘이 없을 때는 수그리나 힘이 생기면 기고만장한다. 현실적 요소와 물질을 중요하게 여긴다. 허리에 두르는 띠를 상징하기도 하며 집착성, 애착, 유순함이 있고 자유로운 성격이다.

병(丙)

- **자연 속성:** 태양(太陽)
- **특징:** 태양의 성정이다. 만물에 에너지를 공급하고 널리 퍼져 빛을 뿌리는

태양처럼 주위 사람들을 돕고, 남 이야기를 들어주며 가능한 한 해결을 하려고 한다. 친화적이고 인간적인 면이 있으나 말이 앞선다.

■ **장점:** 높이 뜬 태양처럼 꿈과 이상이 높다. 큰 그림을 볼 줄 안다. 사소한 일에 대하여 시비하거나 이해타산을 따지지 않는다. 말을 앞세우는 경향이 있다. 큰 이익을 고려하고 그림을 그린다.

■ **단점:** 자신이 매우 넓은 영역을 지닌 것으로 안다. 늘 자신감이 강하고 큰 사람인 줄 착각한다. 허풍이 세고 돈을 가지지 못하면 실천력이 떨어진다. 때로 무엇이든 할 것 같은 신뢰를 주어 망신을 당한다. 무엇이든 될 것 같다는 생각이 강하다.

■ **고려할 점:** 주장을 삼가야 한다. 세상은 모두 나와 같지 않다. 변칙이 난무하는 세상이나 조직에서는 매우 힘들어한다. 장담하는 성격으로 돈이 없으면 때때로 사기꾼으로 오해받는다. 약속이 지나쳐 신용을 잃을 수 있으며 당당하고 환한 모습과 달리 내면적으로는 비교적 섬세하다. 말이 지나치다는 평가를 받을 수 있으므로 말을 앞세우지 않는다.

■ **드러나는 성향:** 태양과 같다. 지나치게 나서고 끼기를 좋아한다. 남의 일에 간섭이 지나치다. 정열적이며 화려한 것을 선호한다. 좀처럼 화를 내지 않지만 참지 못하면 폭발한다. 평소에는 태양(太陽)이지만 화를 내면 불이 사방으로 튀고 번지는 용광로(鎔鑛爐)가 된다. 하는 일 없이 바쁘거나 나서서 여기저기 일을 만든다. 여기저기 기웃거리고 쓸데없이 남의 일에 참견했다가 빈축을 산다.

은근히 화를 잘 내고 성급한 편이지만 의협심이 있다. 따스한 성격으로 화려하다. 한결 같은 모습, 변하지 않는 마음으로 무드에 약하며 남에게 퍼주는 것을 좋아하는 스타일이다. 일을 벌여놓고 보자는 성격에 의협심이 지나쳐 손해 보는 일이 잦다.

정(丁)

- **자연 속성:** 촛불, 달
- **특징:** 흔히 문화의 불이라고 불린다. 사람 손에서 피어난 모닥불, 촛불, 전등불과 같은 불이다. 실용성이 강하고 인간적이다. 봉사정신이 있고 칭찬에 약하다. 자연으로는 별, 달에 해당한다. 대단히 문화적인 사고를 한다.
- **장점:** 예술적 기능이 강하다. 현실감각이 매우 뛰어나므로 돈의 흐름을 잘 느낀다. 봉사정신이 강하다. 탁월한 업무능력을 발휘하여 조직에 도움을 주고 인간미가 돋보인다. 감정이 섬세하다.
- **단점:** 감정에 치우치기 쉽다. 때로 폭발하면 활활 타오르며 거침이 없다. 화가 나면 조절하기 어렵고 사람을 힘들게 만든다. 감정 기복이 심하다. 칭찬에 지나치게 약하고 때로 이성에 약한 면모를 드러내 문제를 일으킨다.
- **고려할 점:** 폭발적인 성향을 조절하는 노력이 필요하다. 때로 분노조절 장애로 나타나기도 한다. 에너지가 넘치기 때문에 에너지를 조절하는 능력이 필요하다. 감정이 상하면 일시에 폭발하는데, 조절이 필요하다. 강한 폭발력이 때로 자신을 불행으로 몰고 간다. 인간적인 성향이라 이용하려는 사람이 많다는 것을 감안하여 생각하고 행동해야 한다. 감정에 치우치거나 충실하여 애정에 문제가 생기니 심사숙고해야 한다.
- **드러나는 성향:** 문화적이고 인간적이다. 촛불처럼 자신을 태워 빛을 낸다. 자기 몸을 희생하여 봉사하는 마음이 드러난다. 표면적으로 조건 없는 봉사정신을 드러내지만 은근한 대가를 생각하고 칭찬을 고대한다. 열심

히 하지만 누군가 자신을 봐주지 않으면 신경질을 내거나 짜증을 낸다. 자기가 한 일을 자랑해야 하는 성격이므로 입으로 공치사한다. 누가 보고 있어야 신이 난다. 여우 기질이 있어 여리고 사랑스럽게 행동한다. 연약한 듯하지만 목적을 이루기 위해 힘쓰며 할 말이 있으면 안 그런 척하며 다 한다.

남의 어려운 것을 보면 그냥 지나치지 못하니 인간적이다. 무언가 하면 자신에게 무엇이 올 것이라 기대한다. 좋은 일을 하고도 오는 것이 없으면 화를 낸다. 봉사정신이 있지만 대가를 바란다. 큰 것을 바라지는 않으며 칭찬에 약하다. 어지간한 일은 마음에 접지만 한번 폭발하면 집요하고 거침이 없으며 쉽게 꺼지지 않는다. 화가 나서 입을 열면 거침이 없어 남의 가슴에 못 박는 소리도 잘하고 물불을 가리지 않아 상대에게 상처를 준다. 섭섭하면 쉽게 잊지 못하고 은근히 자존심을 세운다.

무(戊)

- **자연 속성:** 광야, 크고 높은 산
- **특징:** 모든 생물이 뛰노는 높은 산과 같은 마음을 지닌다. 타인에게 성장 기회를 제공하는 힘이 있다. 타인을 키우는 것으로 자신도 성장한다. 큰 산처럼 듬직하게 행동하고 함부로 행동하지 않는다.
- **장점:** 넓은 이해심과 포용력을 가지고 있다. 행동이 신중하다. 이상이 높고 사람을 이해하는 마음이 강하다. 중심을 잘 잡아 분쟁을 조절한다. 포부가 크고 사사로운 일에 치우치지 않는다.
- **단점:** 지나치게 자신을 믿으며 자존심에 매인다. 과신이 지나치고 자신이 큰 사람이라고 생각하여 거만한 경우가 많다.

- **고려할 점:** 거국적 혹은 거족적이다. 성격이 세밀하지 못하므로 업무 진행에서 디테일한 업무에는 조력자가 필요하다. 때로 지나치게 고차원적이고 남을 무시하기도 한다. 때때로 자존심을 지나치게 내세우는데, 이상이 높기 때문이다. 자신이 이상이 매우 높은 사람이라고 생각한다. 이상과 현실의 차이를 무시하거나 인식하지 못하면 외로워지거나 외톨이가 된다.

- **드러나는 성향:** 행동이나 생각이 거대한 산과 같다. 에베레스트다. 천간의 글자 중 중심에 있는 것처럼 자신이 중심이라 생각한다. 스스로 자신이 큰 인물이라 생각하고 행동한다. 항상 너그러운 마음을 드러낸다. 여유 있게 행동한다. 서두르지 않고 느긋하게 행동하고 말한다. 잘 꾸미지 않는 자연 그대로 모습으로 누구에게나 호감을 준다. 대단히 종교적이다. 포용력이 크고 듬직하다. 주변의 바람을 많이 타서 어이없이 곤란을 당하고 때때로 시달려 피곤해한다. 대체로 몸이 크다. 유행을 중요시하며 멋을 추구한다. 신용을 중시하고 변화를 추구하나 빠르게 움직이지는 않는다. 행동할 때 항상 경계선이 있고 나름의 원칙을 중요시한다.

글자 모양에서 보이듯 방패와 창이 있으니 도전적이다. 산을 의미하니 포용력도 있다. 결국 이중적(포용과 도전)이다. 외로움에 익숙하다. 화를 내면 그 여파가 크다. 산을 나타내는 글자인데, 산속 사람처럼 남에게 속기도 잘하는 순진파다. 겉으로 똑똑한 척하지만 결국 남에게 해를 주지 못하는 성격이다. 사람을 사귀는 데 익숙하지 못하고 자기 일을 혼자 해결하려고 애쓰니 고독하다.

기(己)

- **자연 속성:** 드넓은 논밭

- **특징:** 수용에 일가견이 있다. 무엇이든 받아들이는 속성이다. 어머니 같은 속성을 지녔다. 사람을 키우는 힘이 강하므로 어머니에 어울린다. 사람을 잘 길러낸다. 잘 가르치니 선생의 속성이다. 상황을 인식하고 받아들이는 속성이 강하다. 헌신하며 실리적이다. 타인에게 베풀기를 잘한다. 이익에 약하다. 가족을 위해 헌신하는 마음이 강하다.

- **장점:** 현실적인 임무에 충실하다. 많은 것을 수용하며 잘 배우고 잘 가르친다. 주변 상황에 대한 이해가 빠르다. 따라서 참모 기질도 있다. 모든 것을 수용하는 기질이라 시간이 지날수록 풍족해지고 지식도 깊어진다. 사람 마음을 수용하고 도와주려는 마음이 강하고 중용을 지킨다.

- **단점:** 자기중심적이며 변덕이 있다. 드러내지 않으려 하지만 고집이 강하다. 한번 결정하면 손해가 나도 잘 바꾸지 않는다.

- **고려할 점:** 고집이 지나치게 세다. 작은 것에 치우치고 자신을 파고드는 성격이다. 한번 물면 놓지 않는다. 소탐대실이 되지 않도록 큰 그림을 볼 줄 알아야 한다. 중화 기운이라고 하지만 자기중심을 잃지 않아야 한다. 중심이 흔들리면 치우치고 타인에게 휘둘리게 된다.

- **드러나는 성향:** 많은 것을 받아들이니 복잡한 사람이다. 두꺼운 흙이 쌓인 것처럼 자신을 감추고 생각이 많다. 아주 부지런하거나 아주 게으르다. 심중을 살필 수 없으니 오리무중(五里霧中)이 어울린다. 정신구조가 복잡한 것은 아니지만 다양한 기질을 다 가지고 있다. 이해의 폭이 넓으며 환경에 따라 성격이 달라지고 모습도 변한다. 상황에 따라 카멜레온처럼 색을 바꾼다. 대체로 입이 무겁고 생각이 있어도 겉으로 쉽게 내비추지

않는다.

타인과의 관계에서 틀려서 수긍하지 않아도 부딪치지 않으려 한다. 자기 주장을 대부분 내세우지 않지만 외유내강이다. 그러나 자기주장을 내세우면 결코 지지 않으려 한다. 보통의 경우에는 남과 다투기를 싫어해서 상대방이 속이려 들면 알면서도 속아준다.

약속, 신의를 잘 지키려고 하나 때때로 주변 환경 때문에 결과는 다르게 나타난다. 타인을 배려하며 약자를 도우려고 한다. 화가 나도 부딪치기보다 웬만하면 참으려고 한다. 한번 틀어지면 영원히 틀어진다. 보수적인 기질이 강하고 자기중심적 사고가 강하다. 의외로 쫀쫀한 사람이 있다. 참을성은 많으나 그 탓에 신경과 소화 계통이 약하다. 표면적으로는 다른 사람 의견에 동참하므로 우유부단하다는 말을 들을 수 있다.

경(庚)

- **자연 속성**: 자연 원석, 철광석
- **특징**: 늘 시끄럽고 요란하다. 아직 제련되기 전의 광물이라 거칠고 안정감이 떨어진다. 입을 열면 시끄럽다. 사회적으로 미완의 그릇이다. 앞으로 큰 그릇이 될 가능성이 있다. 좋은 인연을 만나거나 노력하면 좋은 그릇이 될 소질이 있다.
- **장점**: 순박하고 솔직하며 의리파다. 좋은 것과 싫은 것이 명확하게 드러난다. 맺고 끊는 맛이 있다. 절약정신이 투철하여 자린고비 기질이 있으나 쓸 데는 쓴다. 평소 말이 적으나 입을 열면 요란하고 불의에 항거한다. 마음속에서 허락하지 않으면 반골 기질을 드러낸다.
- **단점**: 자기 판단이 중요하다고 생각한다. 반골 기질이라는 말로 대변되

듯 상황을 뒤집는 행위를 한다. 타인의 의견을 무시하는 행위를 한다. 마음에 들지 않으면 목소리가 커진다. 적이라고 생각하면 눈에 보이는 적대행위를 한다. 친한 사람끼리 모이면 주변을 살피지 않으며 지나치게 시끄럽다.

- **고려할 점:** 자숙하는 노력이 필요하다. 자기 기준에 충실하여 지위고하를 막론하고 틀리다고 생각하면 반발한다. 참다 터뜨리는데 시기를 어기는 경우가 많다. 사회생활을 하면 분위기 파악이 필요하다. 화가 나면 물불을 가리지 않는데, 조절이 필요하다. 의사결정에서 감정 조절과 말에 대한 심사숙고가 필요하다. 사람을 잘 믿으니 사기에 흔들리지 않도록 자신을 돌아보아야 한다. 많은 사람이 결정한 일이라면 반골 기질을 감추고 자기 마음에 들지 않아도 수긍하는 자세가 필요하다.

- **드러나는 성향:** 평소에는 말이 없어 묵직함이 둔탁한 쇳덩이 같다. 입을 열지 않으면 초지일관(初志一貫)의 자세를 보인다. 쉽게 변하지 않는 사고를 지니고 있다. 중도에 어떤 충격을 받아도 변동하지 않는다. 자신이 옳다고 생각하면 요지부동이라 손해를 보기도 한다. 일밖에 모르는 우직한 사람으로 의리를 중요시한다. 약한 사람에게 인정을 베푸는 정신을 드러내고 강한 사람에게 순종한다. 직장에선 인정받지만 아내에겐 바가지를 긁힌다. 화가 나면 내지르는 방식으로 풀어버리므로 오랫동안의 차분함을 잃어버리는 실수를 한다. 잘 참다가도 한번에 내지르므로 좋은 인상을 깨버린다.

어린이 같은 순진함이 있다. 대인관계가 그다지 활발하지 않다. 목적의식이 생기면 저돌적이고 전통문화를 중요시한다. 뒤집는 성정이 강하므로 현실과 타협할 줄 알아야 한다. 금전 유혹에 약하고 의리에도 무작정이라 손해를 본다.

신(辛)

- **자연 속성:** 보석, 제련된 금속
- **특징:** 보석과 같다. 거친 쇠를 두들겨 제련된 것이니 인간의 목적에 쓰임
  이 있다. 인간적인 성향이 지나치게 드러난다. 쇠붙이를 잘 다듬어 간 것
  이니 날카로운 칼과 같은 성정이다. 보석처럼 빛나기도 한다. 약자에게
  강하고 강자에게 약하다. 남에게 잘 보이기를 원하니 그에 어울리는 일
  을 해야 만족한다.
- **장점:** 깔끔하고 폼생폼사가 본연의 모습이다. 주위와 잘 어울리는 척하며
  이익을 이끌어낸다. 목적을 위한 사교성이 좋다. 환경변화를 올바로 인지
  하며 좋은 평판을 받는다. 사람을 이용하는 능력이 탁월하다.
- **단점:** 가장 이기적인 성향이다. 자기만 위하는 사고를 한다. 지나치게 차
  가운 심성을 지닌다. 비인간적인 판단은 이기주의의 극한이다. 리더십을
  드러내나 위장된 리더십이고 자신의 이익에 지나치게 집중한다. 차갑기
  가 한이 없으며 꼭 뒤끝이 있다. 자신만이 우선이라는 사고가 가족을 비
  롯하여 주변 사람을 힘들게 한다.
- **고려할 점:** 자신을 너무 내세우지 말아야 한다. 자신만의 이익을 위한 사고
  에서 벗어나야 한다. 오로지 자신만의 목적을 내세움으로써 시간이 지날
  수록 사람이 떠난다. 예부터 가장 좋은 일간이라 하지만 이는 자신만의
  행복이다. 이기심과 자기 자만이 지나치다. 자신의 목적과 자기현시욕이
  타인에게 어떤 평판을 받는지 파악하고 행동해야 한다.
- **드러나는 성향:** 폼생폼사다. 공주병, 왕자병이 있다. 자신만 잘 꾸미려는 성

향이다. 상처를 잘 받고 타인에게도 상처를 잘 준다. 예술적(藝術的)이지만 돈에 대한 감각도 있다. 예술적 감각이 있으므로 눈썰미가 돋보인다. 거짓으로 자신을 드러낸다. 진실성이 매우 부족하다. 은연중 눈에 뜨이기를 바라며 행동한다. 자기 위주로 사고하다보니 칭찬에 약해 늘 손해를 본다. 예리하고 예민하다. 남의 시선을 늘 의식하므로 폼에 살고 폼에 죽는다. 유혹에 약하고 상처받으면 오래 기억한다. 순진한 척하지만 성정이 잔인하기도 하다. 뒤끝이 있으므로 반드시 보복하려는 예리함이 있다. 차가운 인간형의 대표적이다. 예부터 좋은 일간이라고 한 것은 혼자 자기 이익을 추구할 때가 있어 그렇다.

자기에게 잘하는 사람만 가까이 둔다. 허세가 심하다. 자기를 지나치게 내세운다. 자기와 맞지 않으면 삐친다. 진정으로 인간적인 친구가 별로 없다. 이익관계가 끝나면 헤어지는 친구다. 인격적으로 모독하면 잘 삐친다. 자기중심적이고 자기밖에 모른다. 가족도 자신이 부리는 사람이라고 생각한다. 생각이 단순하고 깊지 않다. 지나치게 소심한 성격의 소유자면서 겉으로는 공명정대한 척한다.

임(壬)

- **자연 속성:** 바닷물
- **특징:** 큰물처럼 행동한다. 유유히 흐르는 장대한 강과 바닷물처럼 자신이 큰 사람이라고 생각한다. 마음이 한곳에 고이지 않고 자유로우며 마음 가는 대로 살아가는 것을 지향한다. 행동에 따라 뒷말이 남는다.
- **장점:** 스스로 큰 인물이라고 생각한다. 물은 그릇에 담기면 그 그릇 모양대로 나타난다. 변화에 적응하는 힘이 크며 목표를 정하고 묵묵히 전

진하는 타입이다. 큰 그림을 볼 줄 안다. 비교적 머리가 좋다.

- **단점:** 묵직한 겉모습과 달리 속은 늘 불안한 심정으로 나타난다. 앞과 뒤가 달라 뒤로 딴생각을 하며 뒷말을 한다. 겉으로는 안정적이나 속은 늘 불안을 느낀다. 듬직한 모습과 달리 생각이 많다.

- **고려할 점:** 겉으로 드러나는 듬직함과 달리 마음속에는 생각이 많고 스스로 만든 스트레스에 약하다. 자신을 자제할 줄 알아야 한다. 권위적인 조직에서는 어울리기 어렵고 뒷말을 함으로써 언젠가는 위기에 몰린다. 하고 싶은 말을 가리는 절제가 필요하다. 가정을 꾸릴 때는 양보심을 가져야 해로가 가능하지만 자존심을 내세우면 앞날이 불안하다. 내가 강이면 배우자는 제방이므로 내가 원하는 것을 얻기보다는 배우자가 원하는 것을 주는 것이 중요하다.

- **드러나는 성향:** 박학다식(博學多識)한 성격이며 생각이 기발하다. 상황인식이 뛰어나고 포용력이 있다. 지혜로운 두뇌의 소유자로 변함없이 움직이는 구조다. 다양한 일을 동시에 해내며 생동감을 잃지 않는다. 겉으로 드러나는 큰 모습과 달리 자신을 통제하는 데 약하다. 겉으로는 명랑해도 속은 고민에 빠져 있다. 이리저리 흘러 다니기를 좋아하고 이동하며 한 곳에 뿌리내리지 못한다. 선비 기질이 있고 주색에 빠질 수도 있다. 돌발적인 행동도 하며 규율을 잘 지키는 사람에 속한다. 느긋하지 못해 손해를 본다. 가장 큰 문제는 뒷말을 하여 평판이 나빠질 수 있다는 것이다.

계(癸)

- **자연 속성:** 우로수(雨露水)
- **특징:** 머리가 뛰어나고 지식 습득에 유리하다. 목적을 위해 수시로 잔머리

를 쓴다. 두뇌회전이 비상하다. 섬세하고 예민한 성격으로 감각적이고 상황에 민감하다. 지혜는 있으나 대국적이지 못하다.

- **장점:** 근본적으로 머리가 좋고 아이디어가 심플하다. 대국적으로 살피는 큰 머리라기보다는 잔머리의 소유자다. 나름 지혜롭게 행동한다. 뛰어난 기획력을 보여주며 돈줄을 파악하는 능력을 지녔다. 조직에 속하면 시장을 보는 눈이 있다. 개인 사업을 하면 틈새를 잘 본다. 투기성에도 능하다.

- **단점:** 착하지만 욕심이 과하다. 기회를 보는 능력이 있지만 쓰임의 시기를 잘 택해야 한다. 잔머리로 욕을 먹지 않게 조심해야 한다. 기회주의적 속성이 드러난다. 잔머리가 들키기 쉽다.

- **고려할 점:** 큰 그림을 그리는 습관을 길러야 한다. 스트레스에 민감하고 자신을 믿지 못하는 경우가 많다. 반짝거리는 순간적인 힌트와 잔머리로 승부하는 경향이 있다. 숫자개념이 좋으므로 분석력을 잘 이용하는 것이 좋다. 순간적인 기지와 판단을 이용하므로 리스크가 큰 사업에서는 깨질 가능성이 높다.

- **드러나는 성향:** 남 앞에 잘 나서지 않는 성품이다. 일을 다하면서도 드러내지 않는다. 움직여도 주변에는 그다지 티가 안 나는 사람이다. 존재가 약할 수 있으며 있는 듯 없는 듯 자기 책임을 다한다. 끈기 있고 뒷마무리가 확실하다. 자존심이 강하며 내면을 드러내지 않는다. 쉽게 나서지 않지만 상황을 인식하는 능력이 뛰어나다. 가장 약한 사람이라는 느낌을 주나 끝까지 일을 해낸다. 은밀하고 계산적이며 어느 경우에도 목적성을 가지고 일한다. 주변 환경에 적응력이 뛰어나다. 이성에 약하며 이성에 의해 깨지고 흐름이 나빠질 수 있다. 상황에 따라 변화가 잦으므로 침착해야 한다.

2. 일주(日柱)의 강약을 통해 나를 본다

사주를 세우다보면 생년(生年), 생월(生月), 생일(生日), 생시(生時)를 각각 하나의 기둥으로 세워 4개 기둥을 이룬다. 이를 사주팔자라고 한다. 이 중 생일의 기둥을 일주(日柱)라고 한다. 달리 체신(體神)이라고도 하는 일주는 본원(本元)이라고 하여 사주를 푸는 데 가장 중요하다.

일주는 자신을 대표하는 것으로 매우 중요하다. 모든 상황은 일주를 중심으로 풀며 모든 글자를 일간(日干)에 대입한다. 특히 일주를 이루는 천간인 일간은 신왕, 신약을 간명하는 데 중요하고 사주 주인의 기본성격을 나타낸다.

사주팔자에서 일간(日干)이 본인이라면 일지(日支)는 배우자를 나타낸다. 남자 사주에서 일지는 여자, 부인을 나타내고 여자 사주에서 일지는 남편을 나타낸다. 이는 자리를 따진다는 측면에서 별자리와 같다. 따라서 사주를 살필 때는 일간과 비교해 일지 상황을 살펴 부부궁을 알 수 있다.

일지의 작용으로 부처(夫妻)의 길흉을 살피게 된다. 일지를 살펴 일간과 대입하고 용신과 대입해 부부운(夫婦運)을 살핀다. 아울러 일주는 일간과 일지가 합해진 것으로 사주의 주인이 어떤 성향, 어떤 성격, 어떤 사람인지 파악하는 잣대가 된다. 일주는 육십갑자로 이루어진 것으로 총 60개다.

갑자(甲子)

덕성이 있으며 인정이 많다. 단 자(子)는 도화(桃花)이니 외도 기운이 있다. 직업이 일정치 못하고 늘 꿈에 부풀어 있다. 자기를 과신하며 마음과 행동도 크고 꿈도 웅대하여 작은 것은 눈에 들지 않는다. 작은 것은 거들떠보지 않고 자신을 과신하며 거드름을 피운다.

앞으로 나아가고자 하는 정열이 넘쳐 자만심으로 나타나며 기회가 오면 잡는 능력도 있다. 리더십도 있으나 지나침이 보인다. 지나치게 웅대하여 실직(失職)이 곤궁함을 부르고 경솔한 면이 있다. 직언과 독설을 서슴지 않으며 직업과 주거 변동이 심하다. 보스 기질이 있고 실익을 중요하게 생각한다.

양력 2011년 9월 6일 16시				
	時	日	月	年
陰陽五行	陽/水	陽/木	陽/火	陰/金
天干	壬	甲	丙	辛
地支	申	子	申	卯
陰陽五行	陽/金	陽/水	陽/金	陰/木

양력 2011년 9월 6일 16시는 절입일인 한로(寒露)를 지나지 않았으므로 월주(月柱)를 병신(丙申)으로 쓴다. 지지에 목(木)의 오행인 묘(卯)가 있으므로 안정감이 있지만 그다지 강해진 모습으로는 드러나지 않는다.

을축(乙丑)

지극히 소심한 성격이다. 의심이 많으며 불만도 많다. 매사에 조심하는 성격으로 자신조차 믿지 못한다. 효도(孝道)에 몰두하고 중요하게 생각하는 등 보수적이며 수시로 약을 복용하고 두려움을 이기기 어려워한다. 매사에 불평불만이 있을 수 있고 개척과 새로운 학습보다는 기존 것을 지키는 기질이 강하다.

가정에서는 좋은 가장이고 사회에서는 대부격(大父格)이다. 을축은 돈을 버는 능력이 탁월하다. 재벌이 많은데 이는 돈을 버는 일가견이 있음을 보여준다. 타인의 시선은 별로 의식하지 않으며 조용히 자기 일을 한다.

양력 1954년 11월 5일 20시				
	時	日	月	年
陰陽五行	陽/火	陰/木	陽/木	陽/木
天干	丙	乙	甲	甲
地支	戌	丑	戌	午
陰陽五行	陽/土	陰/土	陽/土	陽/火

양력 1954년 11월 5일 20시는 절입일인 입동(立冬)을 지나지 않았으므로 월주를 갑술(甲戌)로 쓴다. 년간(年干)과 월간(月干)에 목(木)의 오행을 나타내는 갑목(甲木)이 투간되어 있으므로 힘이 강해졌다. 일주와 같은 오행인 갑목이 두 개나 드러나 있으므로 성격이 더욱 강하게 나타난다.

병인(丙寅)

힘이 넘치는 일주다. 포부가 크고 성격이 급하지만 지도력이 있고 웅변에도 능숙하다. 정치나 선동적인 기질도 있다. 웅변가, 달변가다. 내일을 고민하지 않으며 명랑한 성격이다. 화려함을 추구하고 아름다운 것을 선호하니 배우자도 역시 아름다움을 그 기준으로 한다.

지지가 역마(驛馬)의 성격이라 항상 바쁘게 움직이고 간혹 사람들과 마찰이 있으나 그다지 신경 쓰지 않으며 크게 아파하지 않는다. 성품이 밝아 모

음력 1965년 4월 12일 11시 12분				
	時	日	月	年
陰陽五行	陰/水	陽/火	陰/金	陰/木
天干	癸	丙	辛	乙
地支	巳	寅	巳	巳
陰陽五行	陰/火	陽/木	陰/火	陰/火

음력 1965년 4월 12일 11시 12분은 일주(日柱)인 병화(丙火)와 같은 화(火)의 오행으로 지지(地支)에 사화(巳火)가 3개나 배치되어 있고 월지(月支)를 장악해 강한 병화의 성격을 드러낸다.

나지 않고 대인관계는 원만하나 여자는 자식과 부딪치고 우울증이 생길 수 있다. 튀는 행동으로 때때로 구설수에 오를 수 있다.

정묘(丁卯)

이상주의자적인 성격으로 신비한 것과 공상을 좋아한다. 탤런트 기질이 있다. 남들이 자신을 보아주지 않으면 은근히 짜증을 낸다. 타인을 믿지 못하고 매사에 시기질투(猜忌嫉妬)가 심하다.

비교적 깜찍한 외모를 자랑하며 귀여움을 독차지하지만 예의는 부족하다. 남 앞에서 뽐내려 하나 늘 창피만 당한다. 계산이 서투르고 아둔한 편이라 모든 상황에 치밀하지 못하고 건성건성한다.

늘 속상하다. 인덕이 없어 베풀어도 좋은 말보다 구설이 뜬다. 종교계나 교육계로 진출하면 역량을 발휘한다. 부부관계에서는 신경과민과 날카로운 대응으로 불화가 있고 자기 마음이 다른 사람의 마음인 듯 판단하여 오해를 받는다.

음력 1986년 8월 17일 12시				
	時	日	月	年
陰陽五行	陽/火	陰/火	陰/火	陽/火
天干	丙	丁	丁	丙
地支	午	卯	酉	寅
陰陽五行	陽/火	陰/木	陰/金	陽/木

음력 1986년 8월 17일 12시는 천간(天干)에 일간(日干)과 같은 오행이 4개나 있어 강하고 지지(地支)에도 화(火)의 오행이 있으며 화를 생하는 목(木)의 오행이 2개나 있어 전체적으로 힘이 화에 집중되어 있다. 지나치게 강한 화의 성향이 드러난다.

무진(戊辰)

스스로 거대한 산이라고 생각한다. 마음은 넓으나 애를 써보아도 돌아오는 복은 없으니 늘 쓸쓸하다. 느리게 행동하며 대단히 무모하고 남의 일 때문에라도 늘 바쁘다. 모든 일을 시원하게 해나가며 도움을 바라는 사람이 많아도 부탁을 저버리지 않고 해치운다. 여러 가지에 팔방미인으로 일하는 과정에서 칭찬과 구설이 반반이며 자기 과신이 있다. 그래서 겁이 없는 사람으로 보인다.

신체가 손상됨을 조심해야 하는데 차라리 작은 상처를 가지고 있는 것이 좋다. 흔히 백호살(白虎殺)이라는 것으로 교통사고가 위험하며 대체로 큰 수술을 할 가능성이 높다. 부부간 불화는 양보하지 않는 것이 원인이다. 자기 능력을 과신하면 남의 일에 힘들어한다.

음력 1953년 12월 8일 5시 45분				
	時	日	月	年
陰陽五行	陰/木	陽/土	陰/木	陰/水
天干	乙	戊	乙	癸
地支	卯	辰	丑	巳
陰陽五行	陰/木	陽/土	陰/土	陰/火

음력 1953년 12월 8일 5시 45분 출생은 양력으로는 해가 바뀌었으나 아직 입춘(立春)이 지나지 않았으므로 갑오년(甲午年)이 아니라 계사년(癸巳年)으로 년주(年柱)를 잡는다. 달과 날은 관계가 없이 그냥 사용하며 무토(戊土)가 지지(地支)에 진토(辰土)를 깔고 월지(月支)에도 토(土)가 있어 강한 무토의 성격이 드러난다. 그러나 천간(天干)에 토(土)가 투간된 것보다는 약하다. 즉 천간에 토의 투간이 있어야 성격이 강하게 드러난다. 그러나 실제 성품에서는 월지를 2개의 개념으로 잡기 때문에 강하게 드러난다고 판단한다.

기사(己巳)

가정은 비교적 안정되어 있고 나름 꾸미기를 선호한다. 그러나 부모형제와 마찰이 심하고 부부간에 문제가 발생하기 쉽다. 그럼에도 식견과 인격으로 문제없이 해소한다. 결단성이 부족하여 일을 해결하고 가정을 이끌어가는 데 용기가 필요하다.

대기만성형이니 서두르거나 옹졸하게 생각하지 않는 게 좋다. 내성적 성격으로 혼자 있기 좋아하며 사람을 가린다. 따라서 대중적이지 못하고 외톨이 같은 성향이 드러난다. 동정심이 많지만 주위와 마찰이 있으니 주의하고 양보심이 필요하다.

양력 1960년 8월 9일 10시 50분				
	時	日	月	年
陰陽五行	陰/土	陰/土	陽/木	陽/金
天干	己	己	甲	庚
地支	巳	巳	申	子
陰陽五行	陰/火	陰/火	陽/金	陽/水

양력 1960년 8월 9일 10시 50분은 절입일인 입추(立秋)를 지났으므로 월주(月柱)를 갑신(甲申)으로 쓴다. 천간(天干)에 같은 오행인 기토(己土)가 투간되었으므로 기토의 성격이 강하게 표출된다.

경오(庚午)

평소 이성과 구설 시비가 따른다. 따라서 이성을 상대할 때는 신중함과 면밀함이 필요하다. 문제의 본질은 이성을 좋아하기 때문이기도 하다. 변태적 성격을 보이며 어떤 일이든 빨리 싫증을 느낀다. 새로운 것을 추구하고 변덕이 심하기에 인내력이 요구된다.

남녀 모두 나가 놀기에 힘쓰니 스트레스는 없지만 타인에게서 경계의 대상이 된다. 자기 혼자 놀면 괜찮으나 늘 타인을 끌어들이기에 원망도 듣는다. 재산운(財産運)은 길하나 이성문제는 인생의 고난점이다. 단순하지만 고상한 취미가 있으며 기분 변화가 심하니 안정이 필요하다.

음력 1963년 10월 8일 17시 47분				
	時	日	月	年
陰陽五行	陰/木	陽/金	陰/水	陰/水
天干	乙	庚	癸	癸
地支	酉	午	亥	卯
陰陽五行	陰/金	陽/火	陰/水	陰/木

음력 1963년 10월 8일 17시 47분은 경금일간(庚金日干)이다. 지지(地支)에 같은 오행인 유(酉)가 있다. 지지에 금(金)의 오행인 유(酉)가 있으므로 안정감이 있지만 그다지 강해진 모습으로는 드러나지 않는다.

신미(辛未)

양력 1976년 9월 16일 22시				
	時	日	月	年
陰陽五行	陰/土	陰/金	陰/火	陽/火
天干	己	辛	丁	丙
地支	亥	未	酉	辰
陰陽五行	陰/水	陰/土	陰/金	陽/土

양력 1976년 9월 16일 22시는 신금일간(辛金日干)이다. 천간(天干)에는 홀로 투간되었다. 월지에 금(金)의 오행인 유(酉)가 있으므로 안정감이 있지만 그다지 강해진 모습으로는 드러나지 않는다.

타인을 이해하려고 하지 않으니 늘 답답하고 짜증이 나며 화가 난다. 누군가를 이해하기 어려우니 마음이 편협하다. 타인을 칭찬하지 않으며 믿음성이라고는 없다. 허풍이 심하고 어떤 일에 잘 참견하여 빠져들고 잘 빠져나와 기회주의자적인 성격이다.

후천적 노력으로 자수성가(自手成家)해야 하며 남의 도움으로 성공하려 한다면 마음에 짐으로 남고 힘든 인생역정이 된다. 스스로 바라보고 자립해야 하며 일을 풀어나가는 능력이 탁월하니 노력해야 하고 자기주장이 강해 일을 그르치지 않게 해야 한다. 결혼운은 시간이 흐르면 해결되는 운이다.

임신(壬申)

지혜가 출중한 것으로 그치지 않고 외모 또한 준수하다. 솔선수범하며 모범생인데 리더십도 강하니 남 앞에 서는 사람이다. 일을 두려워하지 않고 물불을 가리지 않으니 어떤 일이라도 해낼 자신이 있다.

지나치게 설친다는 비판을 들을 수 있으며 단점으로 작용한다. 경영자로서 성공 가능성이 있는데 강력한 힘을 가지고 밀어붙이는 직종이 적당하다. 자기주장이 강한 반면에 분위기에는 매우 약하다.

양력 1933년 11월 2일 14시				
	時	日	月	年
陰陽五行	陰/火	陽/水	陽/水	陰/水
天干	丁	壬	壬	癸
地支	未	申	戌	酉
陰陽五行	陰/土	陽/金	陽/土	陰/金

양력 1933년 11월 2일 14시는 임수일간(壬水日干)이다. 천간(天干)에 임수(壬水)가 나란히 투간되어 임수의 강한 성질이 드러난다. 그러나 임수 두 개가 나란히 투간되니 병립(竝立)이라. 늘 경쟁에 시달리고 갑갑하다.

계유(癸酉)

지나치게 아는 체하고 자기주장만 한다. 겉으로는 점잖은 것 같지만 본심과 언변이 자주 바뀌는 사람이다. 한번 미워하면 증오로 변하고 정신질환이 의심된다. 고민이 많고 성격이 다변하니 우울증이나 공황장애를 조심해야 한다.

예능에 소질 있어 연예계나 예술계 진출에 기대감이 있으나 잔재주를 부리면 나무에서 떨어지는 원숭이 격이다. 남자는 편하게 살려 하고 여자는 만족이 없어 늘 무언가 배우려고 한다. 고집이 있고 총명하여 어려움을 해결하는 능력이 있으나 고집이 자신을 피곤하게 한다.

양력 1945년 3월 5일 18시 12분				
	時	日	月	年
陰陽五行	陰/金	陰/水	陽/土	陰/木
天干	辛	癸	戊	乙
地支	酉	酉	寅	酉
陰陽五行	陰/金	陰/金	陽/木	陰/金

양력 1945년 3월 5일 18시 12분은 절입일인 경칩을 지나지 못했으므로 월주(月柱)를 기묘(己卯)로 쓰지 못하고 무인(戊寅)으로 쓴다. 계수(癸水)가 홀로 투간되어 특성이 강하게 드러나지 못한다. 그 대신 금(金)의 투간과 지지에 금의 과다로 강한 금의 성격이 나타난다.

갑술(甲戌)

독선적이고 직선적인 성격이며 외도할 가능성이 매우 높다. 앞을 보고 달리는 성격이라 주변을 살피지 않는다. 재물을 가벼이 여기며 풍류와 주색을 즐긴다. 사교술과 리더십이 있으며 권모술수 또한 뛰어나다. 탁월한 지혜와 언변술(言辯術)까지 있어 설득과 이해로 상대방을 감화시킨다. 적을 만들거나 타인에게 감정의 찌꺼기를 남기지 않게 하는 탁월한 역량이 있는데 해결사로서는 덕망과 같다.

자립하는 운명이며 위엄과 품위는 부족하다. 급한 성격이 흠이며 합리적이고 현실적인 원만한 처세는 이미 갖추어져 있으니 완급을 조절하는 능력이 요구된다.

음력 2003년 6월 1일 2시				
	時	日	月	年
陰陽五行	陰/木	陽/木	陽/土	陰/水
天干	乙	甲	戊	癸
地支	丑	戌	午	未
陰陽五行	陰/土	陽/土	陽/火	陰/土

음력 2003년 6월 1일 2시는 갑술일간(甲戌日干)이다. 갑목(甲木) 곁에 을목(乙木)이 투간되어 목의 오행이 강해졌으나 을목은 진정으로 갑목의 힘이 되기에는 약하므로 아주 강한 성격으로 나타나기에는 조금 약하다. 그러나 갑목의 성격에는 도움이 된다.

을해(乙亥)

양력 2010년 11월 21일 오시				
	時	日	月	年
陰陽五行	陽/水	陰/木	陰/火	陽/金
天干	壬	乙	丁	庚
地支	午	亥	亥	寅
陰陽五行	陽/火	陰/水	陰/水	陽/木

양력 2010년 11월 21일 오시는 을목일간(乙木日干)이다. 년지(年支)에 인목(寅木)이 있어 을목의 성격을 드러내는 데 도움이 되지만 아주 강한 성격으로 나타나지는 않는다.

고상하고 성실하지만 끈기가 부족하다. 안타깝게도 배짱이 없으며 남을 배려하지 못하고 자신만을 생각하므로 사회 적응에 문제가 있다. 남에게 의지하며 성장하지만 남들 앞에서는 아닌 듯 행동하고 정점에 올라서면 올챙이 적 생각을 하지 못한다.

유행에 뒤처지고 주위를 살피지 않아 센스가 떨어지며 눈과 귀가 어둡다. 자식 사랑이 남다르고 교육열이 강하다. 남자는 문학적 소질이 있고 의타심도 있다. 여자는 현모양처의 길로 들어서는 것이 인생을 편하고 우아하게 사는 법이다. 매사에 조용하고 심사숙고하지만 기회를 놓치는 수가 많다.

병자(丙子)

양력 2014년 7월 4일 1시 2분				
	時	日	月	年
陰陽五行	陽/土	陽/火	陽/金	陽/木
天干	戊	丙	庚	甲
地支	子	子	午	午
陰陽五行	陽/水	陽/水	陽/火	陽/火

양력 2014년 7월 4일 1시 2분은 병화일간(丙火日干)이다. 절입일인 소서(小暑)를 지나지 않았으므로 일주(日柱)를 병자(丙子)로 쓴다. 지지(地支)에 병화(丙火)와 같은 화(火)의 오행이 년지(年支)와 월지(月支)를 장악하므로 강한 병화의 성질이 드러난다.

심약하고 불안한 심기가 있다. 합리적 사고를 지니지만 다소 딱딱하며 고지식하다. 조심성이 많아 머뭇거린다. 새로운 것을 추구하는 기상을 지니고 독창성에 창의력을 겸비했다. 남에게 의지하지 않고 신세 지지도 않는다. 대접을 받으면 꼭 보답하고 흑백이 분명하다. 이러한 탓으로 출세는 느리나 기어코 성공하는 운명이다.

고관대작에 이 일주가 많다. 가정생활은 비교적 안정적이지만 부부 궁합에 오화(午火)를 만나면 다툼이 잦다. 따라서 결혼운을 살필 때는 여자의 사주명식을 살펴 오화일주를 피하는 것이 좋다. 인덕이 있으니 친구가 많고 어울리기 좋아하며 일에 도전하기를 즐긴다.

정축(丁丑)

심약하기 그지없다. 순진하고 다투기를 싫어한다. 대인관계의 폭이 지나치게 좁고 자신이 좋아하고 자신을 인정하는 사람과 사귄다. 아울러 자기만 보기를 원하는 심리가 강하다. 인간미가 있으며 온화하여 칭송받는다. 표현력이 풍부하여 사람들의 호감을 산다. 낭비하지 않으며 구두쇠 소리를 듣는다.

백호살(白虎殺)이 들어 몸에 수술 흔적을 남기겠다. 수술 흔적이 없으면 교통사고 등으로 크게 고생한다. 남자는 일의 결과가 신통치 않으며 여자는 순정파이지만 사랑에 목마르다.

음력 1997년 4월 29일 4시 12분				
	時	日	月	年
陰陽五行	陽/水	陰/火	陰/木	陰/火
天干	壬	丁	乙	丁
地支	寅	丑	巳	丑
陰陽五行	陽/木	陰/土	陰/火	陰/土

음력 1997년 4월 29일 4시 12분은 정화일간(丁火日干)이다. 절입일인 망종(芒種)을 지나지 않았으므로 월주(月柱)를 병오(丙午)가 아닌 을사(乙巳)로 쓴다. 천간(天干)에 정(丁)과 같은 오행으로 정(丁)이 하나 투간되고 지지(地支)에도 화(火)의 오행인 사화(巳火)가 월지(月支)를 장악하여 강한 화의 성격이 드러난다.

222

무인(戊寅)

큰 산에 자란 큰 나무와 같은 사람이다. 명예와 품위를 중시하고 영웅적인 풍모가 있다. 자존심이 강하며 잘못을 인정치 않아 사람과 사이에서 트러블이 있고 상대를 무시한다. 무모하게 고집이 강하여 자신이 이룩한 것을 한순간에 무너뜨리는 습성이 있다.

신왕하면 마음이 크고 대인이지만 신약하면 쓸데없이 고집만 부린다. 사주에 형충(刑沖)이 미치면 폭력적 성품이 드러난다. 그러나 대기만성형이며 판단력이 뛰어나 두각을 나타낸다.

양력 1985년 8월 7일 12시				
	時	日	月	年
陰陽五行	陽/土	陽/土	陰/水	陰/木
天干	戊	戊	癸	乙
地支	午	寅	未	丑
陰陽五行	陽/火	陽/木	陰/土	陰/土

양력 1985년 8월 7일 12시는 무토일간(戊土日干)이다. 절입일인 입추(立秋)에 걸려 있다. 이날의 입추는 23시 04분이다. 아직 이 시간을 지나지 않았으므로 월주(月柱)를 계미(癸未)로 쓴다. 천간(天干)에 무토(戊土)와 같은 오행인 무토가 투간되어 강한 토(土)의 성격이 드러나는데, 지지(地支)에도 토가 강하다. 따라서 강한 토의 성격이 드러난다.

기묘(己卯)

자존심이 강하며 끈기가 타의 추종을 불허한다. 처음은 좋으나 끝이 좋지 않은 성품으로 단점이 두드러진다. 매사가 용두사미이므로 끈기와 지구력을 길러야 한다. 깨끗한 것을 좋아하고 지기를 싫어한다. 재물과 부귀가 늘 뒤를 따르므로 행운의 일주이기는 하지만 남을 멸시하고 아집이 때로 사람을 피곤하게 하고 자신을 깎아내린다.

칭찬에 인색하고 호색이다. 여자라면 남편의 덕을 기대할 수 없으며 본인이 벌어야 먹고산다. 여명은 직업전선에서 승부를 내야 한다. 재주와 수완은 풍부하나 끝이 시원치 않으니 끈기를 보강하라.

양력 1969년 3월 5일 6시 47분				
	時	日	月	年
陰陽五行	陰/火	陰/土	陽/火	陰/土
天干	丁	己	丙	己
地支	卯	卯	寅	酉
陰陽五行	陰/木	陰/木	陽/木	陰/金

양력 1969년 3월 5일 6시 47분은 절입일인 경칩(驚蟄)을 지나지 않았으므로 월주(月柱)를 병인(丙寅)으로 쓴다. 년천간에 일간인 기토(己土)와 같은 오행이 투간되었으므로 기토의 성격이 강하게 나타나지만 지지의 도움이 없어 진정으로 강한 것은 아니다.

경진(庚辰)

음력 1971년 11월 4일 19시 56분				
	時	日	月	年
陰陽五行	陽/火	陽/金	陽/金	陰/金
天干	丙	庚	庚	辛
地支	戌	辰	子	亥
陰陽五行	陽/土	陽/土	陽/水	陰/水

음력 1971년 11월 4일 19시 56분은 일간 경금(庚金)과 같은 경금이 월간에 투간되어 경금의 강한 성격이 나타난다. 그러나 지지에 금의 오행이 없어 진정으로 강한 것은 아니다.

괴강일주(魁罡日柱)라 지나치게 강렬한데 불의를 보면 참지 못하고 매사에 부정적 시각이 강해 사람들과 불화가 잦다. 연해자평(淵海子平)의 논괴강(論魁罡)에 따르면 네 개가 있다. 임진(壬辰), 경술(庚戌), 무술(戊戌), 경진일(庚辰日)이 그것이다. 임기응변에 강하고 다방면의 재주도 좋으니 크게 얻고 크게 잃는다. 용기가 넘치니 명예와 재물을 탐하지만 충돌과 실패가 많으므로 매사에 신중이 요구된다.

남자는 매사에 적극적으로 대응력이 좋으나 여자는 강한 성격이 주변과 트러블로 이어져 우울증이나 신경질환을 몰고 올 가능성이 있다. 여자는 남편을 극한다. 현실적이지만 분위기를 만들어내는 데는 약하다.

신사(辛巳)

양력 2001년 7월 17일 17시				
	時	日	月	年
陰陽五行	陽/火	陰/金	陰/木	陰/金
天干	丙	辛	乙	辛
地支	申	巳	未	巳
陰陽五行	陽/金	陰/火	陰/土	陰/火

양력 2001년 7월 17일 17시는 신금(辛金)의 오행이 또다시 년간에 투간되고 시지에도 금(金)의 오행이 있으므로 강해졌으며 신금의 성격이 강하게 드러난다.

겉으로 공명정대해 보이나 뱀처럼 싸늘하며 음흉하다. 예술적 기질이 있으며 자기를 잘 꾸민다. 구설수가 많고 시비와 논쟁이 끊이지 않는다. 판단력이 빠르나 일에는 골몰하고 고민이 많다. 이익에 지나치지만 일에는 무리수를 두지 않는다. 착실하며 합리적인 성격도 있으나 고집이 세고 잘난 체를 한다.

일반적으로 좋은 일주로 평가하나 현실은 다르다. 자선사업이나 교육업이 좋은 운명이다. 남자는 의처증이 있다. 영감이 뛰어나며 일신상 변화가 심하다. 일류를 좋아하고 은연중 돋보이려는 언행과 복장을 좋아하며 리더인 체한다.

임오(壬午)

양력 1947년 1월 3일 3시 54분				
	時	日	月	年
陰陽五行	陽/水	陽/水	陽/金	陽/火
天干	壬	壬	庚	丙
地支	寅	午	子	戌
陰陽五行	陽/木	陽/火	陽/水	陽/土

양력 1947년 1월 3일 3시 54분은 양력으로 1947년이나 입춘(立春)을 지나지 못해 정해(丁亥)가 아니라 1946년의 년주인 병술(丙戌)을 사용한다. 절입일인 소한(小寒)을 지나지 않았으므로 월주를 신축(辛丑)이 아닌 경자월(庚子月)로 쓴다. 임수일간(壬水日干)이 같은 임수(壬水)가 투간되었으므로 강한 임수의 특징이 드러나며 자수(子水)가 월지를 장악하여 강한 수(水)의 기운이 드러난다. 8개 글자가 모두 양의 성질을 지니므로 편향된 사고로 나타난다.

성격이 급하고 주체성이 부족하여 의타심이 강하다. 순발력이 있으며 온순하지만 시기와 질투심이 심하다. 임기응변에 능하고 재치가 돋보인다. 비위가 좋다는 말을 듣는다. 남자는 권위주의적이지만 권위를 얻기 힘들고 보수적이다.

바람둥이 기질이 있어 늘 염문이 돌고 요조숙녀(窈窕淑女)인 아내를 원한다. 그러나 본인이 바람둥이이듯 아내도 바람기 있는 여자를 만날 가능성이 높다. 여자는 학자풍 남자에 빠지거나 음흉한 남자에 빠지면 영영 구렁텅이다. 박학다식한 형으로 영감이 뛰어나고 영민하며 고향을 떠나 살거나 타국에서 살아야 길하다.

계미(癸未)

타고난 언변가다. 말재주가 뛰어나 사람 상대에 능하지만 부하에게나 집에서는 잔소리가 심하다. 상대방을 믿지 못하고 의심이 많다. 욕심이 끝이 없지만 겉으로는 욕심이 없는 것처럼 행동한다. 복은 많은 편이며 인생행로는 대체로 순탄하다. 모나지 않은 성격에 대인관계는 좋은 편이며 귀인을 만나 편하게 일을 성취하는 편이다. 때로는 귀인을 찾아 방황하다 잘못된 이성관계에 빠지지만 사교술은 보배와 같다.

겉으로만 사람을 판단할 일이 아니다. 겉으로는 차분하고 유연하지만 마음속에는 폭발할 것 같은 정열을 품고 있다. 사람을 기르는 데는 약하다. 기획 분야에 어울리는 사고를 한다.

양력 1928년 10월 10일 10시				
	時	日	月	年
陰陽五行	陰/火	陰/水	陽/水	陽/土
天干	丁	癸	壬	戊
地支	巳	未	戌	辰
陰陽五行	陰/火	陰/土	陽/土	陽/土

양력 1928년 10월 10일 10시는 절입일인 한로를 지났으므로 월주를 임술(壬戌)로 쓴다. 계수(癸水)와 같은 오행인 임수(壬水)가 월간에 투간되어 강한 계수의 성격이 나타난다. 그러나 지지의 뿌리가 약해 진정으로 강한 것은 아니다.

갑신(甲申)

마음이 각박하고 부드러운 면이 없으며 무뚝뚝하여 융통성이 결핍되어 있다. 주위로부터 패기와 지도력을 갖춘 것으로 평가받지만 남을 낮춰보고 무시하며 자신을 과시하는 성격이 숨겨져 있다. 과신으로 무리하게 돌진하니 배신과 실패가 있다. 의지가 약한 경우에는 남에게 이용당하고 질질 끌려다니다가 자기주장도 해보지 못하고 헛된 삶을 산다.

사주에 충(沖)이 있으면 과격한 삶을 살며 양보하지 않기에 부부싸움이 잦다. 재주가 많고 취미도 다양하며 이상은 높다. 돈을 추구하는 마음도 쉽게 지지 않는다. 부지런하고 귀가 얇다.

음력 1964년 4월 24일 오시				
	時	日	月	年
陰陽五行	陽/金	陽/木	陰/土	陽/木
天干	庚	甲	己	甲
地支	午	申	巳	辰
陰陽五行	陽/火	陽/金	陰/火	陽/土

음력 1964년 4월 24일 오시는 절입일인 망종(芒種)을 지나지 않았으므로 월주를 기사(己巳)로 쓴다. 일간 갑목(甲木)과 같은 오행인 갑목이 년간에 투간되어 갑목의 성격이 강하게 나타나지만 지지의 뿌리가 약해 진정으로 강하지는 못하다.

을유(乙酉)

신경쇠약에 히스테리가 있다. 외로움에 눈물이 마르지 않으며 사소한 일에 화를 내고 강한 척하지만 잔소리가 많다. 확인에 또다시 확인하려 하기에 좋은 친구를 만나기 힘들다. 친구는 물론이고 사랑하는 사람도 마음을 파악하려고 집요함을 보이기에 때로 마음을 돌린다. 그러나 근본적으로 마음은 예쁘고 용모는 귀엽다. 예술계 투신은 대성 여지가 있어 도전을 권한다. 어려운 일에 대처능력이 있으며 재치가 있어 어떠한 일에도 무난하게 적응한다. 벌기도 잘하고 쓰기도 잘하니 인생의 멋을 안다.

남자는 꼬장꼬장하고 인색하며 여자는 암합하니 부정이 따르겠다. 서민적이며 생활력이 강하다. 행동적인 일에 강하다.

음력 1963년 3월 19일 진시				
	時	日	月	年
陰陽五行	陽/金	陰/木	陽/火	陰/水
天干	庚	乙	丙	癸
地支	辰	酉	辰	卯
陰陽五行	陽/土	陰/金	陽/土	陰/木

음력 1963년 3월 19일 진시는 을목(乙木)일간이고 년지의 묘목(卯木)이 뿌리가 되어 목의 발달을 보여준다.

병술(丙戌)

화끈한 성격이다. 논리적이라기보다 즉흥적이라 다소 큰일을 그르치니 신중히 행하라. 사주가 혼탁하면 침착하지 못하고 거친 성격이다. 사소한 일에 흥분하니 차분함이 필요하고 불과 같은 성격을 자제해야 명석한 두뇌가 빛을 발한다. 성격적인 불합리를 자제하지 못하면 고통과 시련을 불러올 것이며 순리를 따라야 한다. 발끈하기보다는 끈기를 가져야 하며 자신을 갈고닦아야 한다.

신체가 커지고 살이 붙으면 가산이 늘고 왜소하면 몸이 축소하는 것만큼 재산도 준다. 몸에 흉터가 있어야 길하니 작은 상처에는 신경 쓰지 않는 것이 좋다.

양력 1942년 8월 1일 14시 24분				
	時	日	月	年
陰陽五行	陰/木	陽/火	陰/火	陽/水
天干	乙	丙	丁	壬
地支	未	戌	未	午
陰陽五行	陰/土	陽/土	陰/土	陽/火

양력 1942년 8월 1일 14시 24분은 병화일간(丙火日干)이며 월간에 음화(陰火)가 투간되고 년지에 오화(午火) 뿌리를 두어 병화(丙火)의 성격이 강하게 나타나며 년지의 오화가 뿌리가 되어 화(火)의 발달을 보여준다.

정해(丁亥)

음력 1947년 9월 22일 13시 45분				
	時	日	月	年
陰陽五行	陰/火	陰/火	陽/金	陰/火
天干	丁	丁	庚	丁
地支	未	亥	戌	亥
陰陽五行	陰/土	陰/水	陽/土	陰/水

음력 1947년 9월 22일 13시 45분은 정화일간(丁火日干)과 오행이 같은 정화(丁火)가 년간과 시간에 투간되어 정화의 성격이 강하게 나타난다. 단 같은 오행의 천간이 나란히 투간되면 병립이라 하는데 쌍팔통이 되어 운이 잘 풀리지 않고 경쟁이 심화되며 매사에 답답하다.

희미한 촛불이 물을 만난 격이니 조심성이 있다. 남들이 보아주기를 기대하는 심리가 강하며 남에게 주는 것은 싫어하지만 받는 것은 좋아하니 어느 모로 보나 도둑놈 심보다. 남이 보아주지 않으면 짜증을 낸다. 주위에서는 온순하고 착하다고 하지만 심중(心中)에 숨어 있는 욕심과는 별개 문제고 욕심이 많고 욕망이 넘쳐 재물을 가득 채우고도 의식주는 신경 쓰지 않고 또 축재를 추구한다.

　남자는 간혹 의처증이 있고 여자는 천성이 요염하다. 여자는 아름다운 자태로 얌전을 부리고 자기를 칭찬해주는 사람에게 이끌리며 사람을 골라서 사귄다. 교양과 학식을 따지고 말할 때 문자를 쓰며 남자를 고를 때 신경 써서 좋은 남편을 택할 확률이 높다. 내심으로는 유아독존이고 특이한 인생을 사는 사람이 많다.

무자(戊子)

재물을 추구하고 재물에 대한 집념이 강하다. 겉으로는 돈 욕심이 없는 체하지만 내심으로는 공돈을 바라며 허덕거린다. 운이 좋으면 한때 큰소리도 치지만 타고난 운세는 약하여 평생 우여곡절을 피하기 어렵다. 따라서 사람에 대한 투자가 제일이다. 가정생활은 원만하지 못하고 비애가 따르니 매사에 신중함과 현명함이 필요하다.

　남자는 외도할 가능성이 매우 높고 여자는 재물 욕심에 지극히 인색하다. 감정이 급하고 격하니 자중하고 순리를 따르면 부와 명예를 얻을 수 있다.

음력 1958년 7월 25일 2시 47분				
	時	日	月	年
陰陽五行	陰/水	陽/土	陽/金	陽/土
天干	癸	戊	庚	戊
地支	丑	子	申	戌
陰陽五行	陰/土	陽/水	陽/金	陽/土

음력 1958년 7월 25일 2시 47분은 무토일간(戊土日干)과 오행이 같은 무토(戊土)가 년간에 투간되어 무토의 성격이 강하게 나타나며 각 기둥 지지의 토(土)의 오행이 강하여 토의 발달을 보여준다.

기축(己丑)

말주변이 약하고 수줍음을 타며 낯가림이 심하다. 천성이 순진하고 착하며 조용한 곳을 좋아하고 많은 사람이 모인 곳을 좋아하지 않는다. 마음은 순진하며 봉사정신도 있다. 변명을 잘 못하여 때로 변명하면 바로 탄로 난다.

단 고집은 황소고집이다. 자기주장을 굽힐 줄 모르고 설혹 틀린 주장이라 할지라도 끝까지 간다. 그러나 하고야 마는 고집은 장점으로 작용하기도 한다. 부부인연이 박하니 신경 써야 할 일이고 시간이 지날수록 저력이 생겨 실력을 발휘한다.

음력 1985년 11월 5일 진시				
	時	日	月	年
陰陽五行	陽/土	陰/土	陽/土	陰/木
天干	戊	己	戊	乙
地支	辰	丑	子	丑
陰陽五行	陽/土	陰/土	陽/水	陰/土

음력 1985년 11월 5일 진시는 기일간(己日干)과 오행이 같은 무토(戊土)가 월간과 시간에 투간되어 기토(己土)의 성격이 강하게 나타나며 지지에도 기토의 뿌리가 되는 토(土)가 많아 토의 발달을 보여준다.

경인(庚寅)

바른 마음과 바른 정신을 지녀 낙천적으로 생각하고 생활한다. 긍정적으로 생활하지만 한편으로는 성격이 급하여 타인과 다툼이 잦다. 돈에 대해서는 건전치 못하고 일확천금을 노리니 유산을 받는다면 보존에 힘써야 한다. 전업을 하면 매우 힘들어하고 일할 때마다 유난히 어려움을 느끼니 참고 견뎌야 한다. 남의 장점을 자기 것으로 흡수하는 재주가 있지만 끝까지 노력하여 결실을 보는 경우는 드물다.

남자는 정의로운 사람이나 양보심이 없어 부부불화가 있다. 남녀 사이와 부부 사이에도 정의가 있고 양보가 있음을 알아야 한다. 여자는 오기가 있어 다툼을 부르고 자기본위라 인간관계에서 틈이 생긴다.

음력 1999년 10월 27일 21시 12분				
	時	日	月	年
陰陽五行	陽/火	陽/金	陰/木	陰/土
天干	丙	庚	乙	己
地支	戌	寅	亥	卯
陰陽五行	陽/土	陽/木	陰/水	陰/木

음력 1999년 10월 27일 21시 12분은 경인일주(庚寅日柱)이다. 경금일간(庚金日干)으로 경금(庚金)의 특성이 나타나지만 천간에 같은 오행이 없고 지지에도 같은 오행이 없으므로 강한 성격이 드러나기에는 부족하다.

신묘(辛卯)

마음이 삭막하고 자존심이 강하니 남들과 화합하기 어렵다. 미적 감각과 예술감각이 뛰어나며 합이 많으면 시적 감각(詩的感覺)도 있다. 감수성이 예민하고 예술적이다. 전문 직종에 종사하기를 권한다. 재능에 따르는 직업을 가지지 못하면 주거와 직장의 변동이 심하며 편한 생활은 기대하기 어렵다. 한번 실직하면 다시 구직하기 어려우니 한 가지 일에 전력투구해야 한다.

사주에서 형충을 만나면 포악하고 합이 되면 정념(情念)에 약해진다. 애정이 풍부하여 헌신적이지만 때로 바람기로 나타날 수 있으며 일류에 빠지는 경향도 있다.

	時	日	月	年
陰陽五行	陰/火	陰/金	陽/木	陽/金
天干	丁	辛	甲	庚
地支	酉	卯	申	子
陰陽五行	陰/金	陰/木	陽/金	陽/水

음력 1960년 7월 10일 유시는 신금일간(辛金日干)이다. 년간에 경금(庚金)이 투간되어 있고 월지도 신금(申金)이 자리한다. 시지 또한 유금(酉金)으로 자리하여 금(金)의 기운이 중중하다. 이처럼 하나의 오행이 중중하여 4개가 되면 과다가 된다. 이름하여 금의 과다이다. 이 경우에는 신금의 성격이 강하게 드러나는 정도가 아니라 지나치게 나타난다. 금의 과다는 성격적으로 지나치게 강한 면이 드러나고 뒤집어엎는 반골 기질이 드러난다. 따라서 부정적 요인으로 작용한다. 모든 오행이 이와 같아 지나치면 적은 것만 못하다.

임진(壬辰)

	時	日	月	年
陰陽五行	陽/火	陽/水	陽/木	陰/木
天干	丙	壬	甲	乙
地支	午	辰	申	丑
陰陽五行	陽/火	陽/土	陽/金	陰/土

음력 1925년 7월 18일 오시는 임수일간(壬水日干)이다. 천간에 수(水)의 오행이 없고 지지에도 수의 오행이 없으니 임수(壬水)의 성격이 드러난다 해도 강하지는 못하다.

괴강일주라 고집이 강하고 급한 성격이지만 간혹 지나치게 느리다. 주색을 탐하니 때로 외도에 빠진다. 영특하고 임기응변에 강하며 말주변이 좋으니 나름 다재다능(多才多能)이라는 말이 실감난다. 영특함이 지나쳐 남들을 속이려 하니 간혹 자기 꾀에 빠진다.

남자는 생활력이 강하며, 여자는 팔자가 억세고 자신이 뛰어나고 강하다고 생각하기 때문인지 남자를 무시한다. 약간 지성적인 면도 있으며 숫자에 밝아 세파를 헤쳐 나가는 재주가 비상하다.

계사(癸巳)

원칙을 중요하게 여기고 나름의 정직을 추구하지만 자기 재능을 믿고 지나치게 타인을 멸시하고 낮추어 본다. 자신에 대한 우월감으로 남을 대함에 소홀함이 있고 안하무인(眼下無人)으로 행동하는 경우도 있다. 따라서 스스로 고립을 자초하고 이해타산을 너무 따져서 타인에게 원성을 듣는다.

특수한 기술이나 전문 직종에서 성공한다. 남자는 남의 일에 참견하기를 좋아하지만 순리대로 살고, 여자는 진정으로 사랑하지 않으며 엉거주춤 교제하지만 의부증이 있다. 아울러 다소 음란하다.

양력 2006년 3월 5일 16시 5분				
	時	日	月	年
陰陽五行	陽/金	陰/水	陽/金	陽/火
天干	庚	癸	庚	丙
地支	申	巳	寅	戌
陰陽五行	陽/金	陰/火	陽/木	陽/土

양력 2006년 3월 5일 16시 5분은 계수일간(癸水日干)으로 천간과 지지에 수(水)의 오행이 없으므로 수의 성격이 그다지 강하게 드러나지 않는다.

갑오(甲午)

수단이 좋은 팔방미인으로 명랑하고 언변이 뛰어날 뿐 아니라 행동도 쾌활하다. 멋을 내기 좋아하고 이리저리 떠돌아 정착하고는 거리가 멀다. 기능적인 것은 물론 예능에도 재질이 있고 멋을 내고 뽐내지만 싸움과 대립에는 사납기도 하다. 관공서에 직업을 얻으면 출세하나 적극성이 결여되어 기회를 놓치기도 한다.

이성문제가 생기면 빠져나오기 어려우니 신중해야 하고 예쁜 여자를 좋아하지만 시비가 있으니 조심해야 한다. 여자는 바람기가 강하다. 영감도 있고 심성도 순수하지만 적극성은 부족하다.

음력 2007년 11월 17일 16시 24분				
	時	日	月	年
陰陽五行	陽/水	陽/木	陽/水	陰/火
天干	壬	甲	壬	丁
地支	申	午	子	亥
陰陽五行	陽/金	陽/火	陽/水	陰/水

음력 2007년 11월 17일 16시 24분은 갑목일간(甲木日干)으로 천간에 투간된 목(木)의 오행이 없으며 지지에도 목의 오행이 없으므로 목의 특징이 강하게 드러나지 않는다. 그 대신 수(水)의 오행이 지나치게 강하므로 수의 특성이 드러날 가능성이 많다.

을미(乙未)

가진 것이 돈이다. 주머니가 비면 자연적으로 채워진다. 한평생 돈이 떨어지지 않는다. 다만 부모형제와는 사이가 좋지 않다. 나만을 생각하는 마음 때문이지만 착하고 악의는 없다. 부모형제와도 협력하고 처음에는 서로 의지하지만 힘이 생기면 자신이 최고인 줄 안다. 겉으로 보기에 원만한 성격이니 남과 다투거나 충돌을 싫어하는 듯하나 자기보호 의식이 강하기 때문에 트러블이 약간 있다.

언변이 뛰어나기 때문에 잔소리가 많아지고 말이 앞서는 경향이 있다. 때때로 형제와 부모에게도 잔소리를 한다. 솔직하고 노력하는 성격이지만 수기(水氣)가 약하면 우매하다.

음력 2008년 11월 24일 12시 23분				
	時	日	月	年
陰陽五行	陽/水	陰/木	陽/木	陽/土
天干	壬	乙	甲	戊
地支	午	未	子	子
陰陽五行	陽/火	陰/土	陽/水	陽/水

음력 2008년 11월 24일 12시 23분은 을목일간(乙木日干)으로 월간에 갑목(甲木)이 투간되어 목(木)의 오행이 지니는 성격이 강하게 드러난다. 그러나 지지에 목의 오행이 드러나지 않으므로 목의 기운이 진정으로 강하다고 볼 수 없다.

병신(丙申)

양력 2008년 2월 26일 17시 3분				
	時	日	月	年
陰陽五行	陽/火	陽/火	陽/木	陽/土
天干	丙	丙	甲	戊
地支	申	申	寅	子
陰陽五行	陽/金	陽/金	陽/木	陽/水

양력 2008년 2월 26일 17시 3분은 병화일간(丙火日干)으로 일간에 병(丙)이 투간되어 병화(丙火)의 성격이 드러난다. 그러나 두 개의 병화가 나란히 서니 이를 병립(竝立)이라 하거나 쌍팔통이라 하는데 답답하다, 경쟁이 치열하다와 같은 의미로 해석한다. 사주원국의 모든 글자가 양의 글자로 이루어지니 양성적인 면이 치우쳐 강하게 나타난다. 이를 양팔통이라고 한다.

모든 일을 척척 해내는 기질이 보인다. 솔선수범이 몸에 배어 함께 일하고 나서서 해결한다. 두뇌회전이 빠르고 명석하므로 항시 무엇인가 분주하고 들떠 있는데 침착함이 필요하다. 대체로 솔직하지만 때로 감정변화가 심하고 언변은 좋으나 구설수를 몰고 다닌다.

사고를 조심해야 한다. 사고가 나면 대형이니 교통사고 등에 유의해야 하며 사주 명식에 합이 많으면 다정다감하여 이성 간의 정에 깊이 빠진다. 새로운 일에 빠져들기를 좋아한다.

정유(丁酉)

음력 1925년 9월 23일 묘시				
	時	日	月	年
陰陽五行	陰/水	陰/火	陰/火	陰/木
天干	癸	丁	丁	乙
地支	卯	酉	亥	丑
陰陽五行	陰/木	陰/金	陰/水	陰/土

음력 1925년 9월 23일 묘시는 정화일간(丁火日干)으로 월간에 정화(丁火)의 투간으로 정화의 성격이 강하게 드러나지만 같은 오행의 쌍팔통으로 병립하여 답답하다. 일이 잘 안 풀린다. 경쟁이 심하다. 모든 천간지지가 음으로 이루어져 치우쳐서 음의 성향이 두드러진다. 이를 음팔통이라고 한다.

용모가 아름다운 경우가 많다. 비교적 길한 사주다. 합리적인 사고방식에 천성이 착하다. 용모가 수려하니 빼어난 미모를 자랑하고 배우, 가수 등 연예인이 많아 연예인 사주라 할 만하다. 미적 감각이 있어 화려함을 추구하고 중시한다. 사치와 허영을 조심해야 한다. 탤런트적 기질이 있어 봐주지 않으면 외로움을 탄다.

인내력이 부족하고 어려움에 허둥거리며 자기주장에 약하다. 결과가 빨리 나오기를 원하다보니 허둥거린다. 섬세한 성격이 돋보이고 때로 대담하나 성공과 패배의 등락이 아주 심하고 명백하다.

무술(戊戌)

괴강의 역할이 무섭다. 모 아니면 도라는 명식(命式)이다. 몸과 마음이 지나치게 바쁘다. 바쁜 대로 실속이 있고 능란한 수완이 있어 해결사 역할을 한다. 자기주장이 강하고 소유욕이 있으며 절약하여 저축도 한다. 지기 싫어하기 때문에 나날이 발전한다.

남자라면 기풍으로 보이지만 여자라면 괴강의 역할이 드러나 지나치게 똑 부러지고 남편을 극할 수 있다. 부부의 인연이 박하고 재물과 명예운은 부족하지 않다. 엄청난 낭비벽과 수전노의 아낌이 동시에 있다.

음력 2008년 9월 27일 12시 35분				
	時	日	月	年
陰陽五行	陽/土	陽/土	陽/水	陽/土
天干	戊	戊	壬	戊
地支	午	戌	戌	子
陰陽五行	陽/火	陽/土	陽/土	陽/水

음력 2008년 9월 27일 12시 35분은 무토일간(戊土日干)으로 년간과 일간, 시간에 무토(戊土)가 투간되고 무토가 나란히 서니 병립이다. 월지와 일지에 무토가 뿌리가 되어 토(土)의 오행이 극강하여 토의 성격이 강하게 드러난다. 아울러 토의 발달이 지나치다. 모든 글자가 양의 글자라 양팔통이다.

기해(己亥)

겉으로는 평온하나 마음속은 바쁘고 생각이 많다. 주색잡기(酒色雜技)에 빠지면 반드시 이성문제가 발생해 곤욕을 치른다. 이는 스스로 원한 것이니 누구를 탓할 수 없지만 자신을 다스림에는 힘이 든다. 기발한 아이디어가 있어 매달리면 대성하지만 생활에 변화가 많은 것이 조심스럽다. 일을 시작하지만 마무리가 약하고 주위 형편에 휘둘리는 경향이 짙다.

차분한 수학이 성공의 지름길이다. 재운과 관운 모두 따르니 뜻을 펼치는 것도 기대할 수 있다. 남녀 모두 이성과 교제하는 특징이 있고 부부간에 의심이 많다.

양력 1928년 6월 28일 묘시				
	時	日	月	年
陰陽五行	陰/火	陰/土	陽/土	陽/土
天干	丁	己	戊	戊
地支	卯	亥	午	辰
陰陽五行	陰/木	陰/水	陽/火	陽/土

양력 1928년 6월 28일 묘시는 기토일간(己土日干)으로 년간과 월간에 무토(戊土)의 투간으로 토(土)의 성격이 강화되었고 년지에 진토(辰土)가 뿌리가 되어 기토(己土)의 성격이 강하게 드러나지만 토의 오행이 4개를 차지하여 지나치게 강해 경직되고 부정적 요인으로 나타날 가능성이 크다.

경자(庚子)

재주가 뛰어나고 수수하니 맑다. 미남미녀가 많고 인기도 있으며 무모하지 않은 용기가 있다. 특출한 두뇌와 우수한 재능이 있지만 빛을 보기 어려우며 아집을 잠재워야 명성을 올릴 수 있다.

대기만성형으로 매사 겸양으로 때를 기다려야 하며 남자는 의리파에 모범적인 사람이나 여자는 미인이지만 고독하다. 머리가 좋지만 신경도 예민하여 간혹 중도에 머무니 끝까지 밀고나가야 대성할 수 있다.

양력 1945년 1월 31일 13시 56분				
	時	日	月	年
陰陽五行	陰/水	陽/金	陰/火	陽/木
天干	癸	庚	丁	甲
地支	未	子	丑	申
陰陽五行	陰/土	陽/水	陰/土	陽/金

양력 1945년 1월 31일 13시 56분은 경금일간(庚金日干)으로 금(金)의 성격이 드러난다. 양력 1945년 1월 31일 13시 56분은 달력으로 을유년(乙酉年)이지만 입춘(立春)이 지나지 않았으므로 년주를 갑신년(甲申年)으로 쓴다. 비록 년지가 금(金)의 오행이라고는 하나 경금(庚金)의 성격이 강하게 드러나기에는 모자란다. 지지에 금의 오행인 신(申)이 있으므로 안정감이 있지만 그다지 강해진 모습으로는 드러나지 않는다.

신축(辛丑)

음력 1947년 6월 4일 18시 11분				
	時	日	月	年
陰陽五行	陰/火	陰/金	陰/火	陰/火
天干	丁	辛	丁	丁
地支	酉	丑	未	亥
陰陽五行	陰/金	陰/土	陰/土	陰/水

음력 1947년 6월 4일 18시 11분은 신금일간(辛金日干)으로 금(金)의 성격이 드러난다. 시지에 유금(酉金)이 있으나 그리 강하게 드러나는 것은 아니다. 표면적으로 드러난 정화(丁火)가 강해 정화의 성격이 강하게 드러난다. 음력 1947년 6월 4일 18시 11분은 사주를 구성하는 모든 글자가 음의 성분이라 여성적이고 음적이다. 이를 음팔통이라 한다.

신중하고 밖으로 드러내지 않는 성격이다. 겉으로는 착하지만 이중적인 성격이고 지적으로 보이도록 위장하지만 지극히 게으르다. 인색하지만 타고난 저축성은 장점이다. 지혜와 지모가 뛰어나 권모술수가 있다. 때로 그것이 드러나는 오해일 수 있다.

자기 노력이 성공의 원천이라는 것을 알고 최선을 다해야 권세와 재물을 얻는다. 겉으로는 부지런하고 안전해 호감형이다. 인내하며 강력하게 밀어붙이는 뚝심도 있다.

임인(壬寅)

성급하다. 화끈한 기질이 있지만 그것이 낙천적인 성격으로 드러날 때가 있고 풍류를 즐기며 친화력을 바탕으로 대인관계를 유지한다. 내일을 걱정하지 않는 낙천가(樂天家)이기에 오해하고 매수하려는 사람들이 몰려드는 경우도 있다. 구설과 시비가 있고 급한 성격과 경솔은 화를 자초하니 차라리 느긋하게 행동하는 것이 도움이 된다.

남자는 인정이 많으니 이용당하기 쉽고 여자는 조급함이 약점이다. 예술에 남다른 감각이 있고 직감력이 있으니 실질적인 것을 좋아한다.

음력 1981년 8월 24일 3시 6분				
	時	日	月	年
陰陽五行	陰/金	陽/水	陰/火	陰/金
天干	辛	壬	丁	辛
地支	丑	寅	酉	酉
陰陽五行	陰/土	陽/木	陰/金	陰/金

음력 1981년 8월 24일 3시 6분은 임수일간(壬水日干)으로 수(水)의 성격이 드러난다. 그러나 받쳐주는 수의 오행이 없어 그리 강하지 않다. 그 대신 금(金)의 오행이 강해 금의 성격이 나타날 가능성이 크다.

계묘(癸卯)

요령과 수단을 모두 지닌 팔방미인(八方美人)으로 인정과 봉사심을 지니고 있다. 마음이 순수하지만 풍류가 있다. 모든 일에 실력을 드러내며 어떤 경우라도 자기 능력을 드러냄에 주저함이 없다. 세상을 힘 안 들이고 살아가는 사람이고 얄밉게 보이지 않는 행운아다.

반드시 주색과 염문은 피해야 한다. 남자는 의지력이 약하고 여자는 유혹에 약하다. 여자는 음식 솜씨가 있으며 가정살림에 재주가 있다. 부지런하지만 실속은 적고 미를 추구한다.

음력 1981년 4월 22일 23시 2분				
	時	日	月	年
陰陽五行	陰/水	陰/水	陰/水	陰/金
天干	癸	癸	癸	辛
地支	亥	卯	巳	酉
陰陽五行	陰/水	陰/木	陰/火	陰/金

음력 1981년 4월 22일 23시 2분은 계수일간(癸水日干)이며 월간과 시간까지 계수(癸水)가 투간되었고 시지가 수(水)의 오행이라 수의 성격이 지나치게 강하게 드러난다. 하나의 오행이 지나치게 많으면(4개) 경직되어 부정적 영향이 드러난다.

갑진(甲辰)

남에게 지기 싫어하고 잘난 체한다. 인정은 많지만 진토(辰土)가 수(水)를 만나 흙탕물이 되면 우울증, 의처증, 의부증으로 가정불화를 부른다. 명식이 좋으면 품위가 있고 학문적 소질이 있다. 부모에게 유산을 받으면 땅에 묻어라. 남에게 이용당하고 재산이 흩어질 수 있으므로 재투자하려는 생각은 애초에 포기하는 것이 좋다.

큰 흉터가 있으면 위기를 모면할 수 있다. 신앙심이 있고 남에게 지기 싫어한다. 따라서 타인과 경쟁 심리로 물려받은 재산을 날릴 가능성이 있다. 보수적 성향이 강하다.

음력 1925년 10월 1일 17시 45분				
	時	日	月	年
陰陽五行	陰/水	陽/木	陰/火	陰/木
天干	癸	甲	丁	乙
地支	酉	辰	亥	丑
陰陽五行	陰/金	陽/土	陰/水	陰/土

음력 1925년 10월 1일 17시 45분은 갑목일간(甲木日干)이며 년간에 을목(乙木)이 투간되어 갑목(甲木)을 지원하니 갑목의 성격이 강하게 드러난다. 지지에서 지원하는 목(木)의 성분이 없어 아주 강하다고 볼 수는 없다.

을사(乙巳)

음력 1928년 7월 19일 14시 25분				
	時	日	月	年
陰陽五行	陰/水	陰/木	陽/金	陽/土
天干	癸	乙	庚	戊
地支	未	巳	申	辰
陰陽五行	陰/土	陰/火	陽/金	陽/土

음력 1928년 7월 19일 14시 25분은 을목일간(乙木日干)이나 지원하는 목(木)의 오행이 없으므로 목의 성격이 나타나도 극히 약하다.

성정이 고르지 못하고 적재적소 찾아갈 자리를 가르고 자기 자신을 피력할 줄도 아는 인생이다. 살아감에 주저하지 않고 겉으로 보이는 온순함과 달리 속으로는 충고 따위는 아예 거부하는 반항아다. 처세술이 있어 대인관계가 부드럽고 슬기롭다. 어려움이 있지만 자수성가하는 명식이며 부모와 인연이 박하다.

남자는 비교적 성실하지만 대우를 받지 못하며, 성격이 깔끔하고 속정이 있어 받아주기만 한다. 의처증이 있다. 여자는 남편을 무시하고 타인을 흉본다. 사치와 허영심이 있고 남편에게서 자유를 원해 외간남자를 둔다. 자기중심적이고 이성에게 인기가 있다.

병오(丙午)

양인일주로 기운이 왕성하다. 일주가 지나치게 조열(燥熱)하여 강성한 기질을 지니고 있으며 겉과 속이 다른 양면성이 있다. 겉으로는 수긍하나 속으로는 반대하고 비난하는 기질이 있다. 항상 남 위에 있기를 원하고 아랫사람을 엄중하게 다스리며 강압적이다. 독선적인 기질을 내포하며 이복형제(異腹兄弟)가 있는 경우가 많다.

여자는 지나치게 격동적이며 만족이 없다. 명랑한 듯해 보여도 고독하며 사치하는 중에 절약하고 열심히 일하며 보람을 찾는다.

양력 1965년 6월 21일 12시 00분				
	時	日	月	年
陰陽五行	陽/木	陽/火	陽/水	陰/木
天干	甲	丙	壬	乙
地支	午	午	午	巳
陰陽五行	陽/火	陽/火	陽/火	陰/火

양력 1965년 6월 21일 12시 00분은 병화일간(丙火日干)이고 지지가 모두 화(火)의 오행으로 이루어져 병화일간을 지원하여 병화의 강한 성격이 지나치게 드러난다.

정미(丁未)

말솜씨가 뛰어나지만 깡패 기질이 있다. 풍류 기질이 돋보이며 호색이다. 성격이 트이고 활달하며 대범하지만 남에게 신세지기를 싫어한다. 금전운과 관운(官運)이 좋아 쓰기를 좋아하고 대인관계를 넓힌다. 정력이 강하니 이성문제를 일으킨다.

　남자는 여자를 다스리려 하니 불만이 싹트고 여자는 남편 시중과는 인연이 없으니 서로 불만이다. 개방적인 성격으로 비밀이 없으니 남편이 싫어하고 비판을 잘한다.

양력 1959년 11월 21일 12시 00분				
	時	日	月	年
陰陽五行	陽/火	陰/火	陰/木	陰/土
天干	丙	丁	乙	己
地支	午	未	亥	亥
陰陽五行	陽/火	陰/土	陰/水	陰/水

양력 1959년 11월 21일 12시 00분은 정화일간(丁火日干)이고 시주가 모두 화(火)의 오행으로 투간되고 지원하니 정화의 강한 성격이 드러난다.

무신(戊申)

의식주가 늘 풍부하다. 세상의 모든 것을 가지고 싶어 하고 모든 것을 가질 수 있다. 왕성한 식욕이 가세가 살찌는 증거가 된다. 다소 딱딱하고 냉정한 심성을 지니고 있으며 이기심으로 타인을 불쾌하게 만든다.

　여자는 남편은 별로이나 자식은 끔찍이 위한다. 복잡한 것을 싫어하고 느긋하나 일처리에서 마무리가 뛰어나고 사람을 잘 관리한다.

양력 1959년 11월 22일 17시 56분				
	時	日	月	年
陰陽五行	陰/金	陽/土	陰/木	陰/土
天干	辛	戊	乙	己
地支	酉	申	亥	亥
陰陽五行	陰/金	陽/金	陰/水	陰/水

양력 1959년 11월 22일 17시 56분은 무토일간(戊土日干)이고 년간에 기토(己土)가 투간되니 무토
의 성격이 드러난다. 그러나 지지에 지원하는 토의 오행이 없어 아주 강하게 드러나지는 않는다.

기유(己酉)

온순한 성격이 돋보인다. 겉으로 보기에는 지배보다는 수긍을 잘한다. 신경
이 예민하여 일시에 정신질환이 올 수 있다. 자기고집이 강하니 양보함의
미덕이 조금 필요하고 협동의 자세가 필요하다.

　여자는 남편 덕을 기대하지 말아야 하며 남편에게 충격을 받으면 믿지 못
한다. 부지런하지만 주관이 강해 자기중심적으로 일처리를 하니 종종 마찰
이 일어난다.

양력 1967년 2월 14일 16시 12분				
	時	日	月	年
陰陽五行	陽/水	陰/土	陽/水	陰/火
天干	壬	己	壬	丁
地支	申	酉	寅	未
陰陽五行	陽/金	陰/金	陽/木	陰/土

양력 1967년 2월 14일 16시 12분은 기토일간(己土日干)이고 년지에 미토(未土)가 있으므로 기토의
성격이 드러나지만 그리 강하게 나타나지는 않는다.

경술(庚戌)

똑똑하다는 말을 듣는다고 좋아하지 마라. 그것이 문제가 되어 타인이 경계한다. 어떤 상황이든 이유를 파악하고 행동하며 용기가 있다. 그러나 폭력적 기질이 있고 무모하다.

남자는 귀한 사주이나 여자는 억세다. 때로 형충(刑冲)이 있으면 물불 가리지 않는다. 외유내강으로 온화해 보이지만 불의를 보면 참지 못하니 때로 피해를 보거나 상처를 입는다.

양력 1967년 2월 15일 21시 42분				
	時	日	月	年
陰陽五行	陰/火	陽/金	陽/水	陰/火
天干	丁	庚	壬	丁
地支	亥	戌	寅	未
陰陽五行	陰/水	陽/土	陰/木	陰/土

양력 1967년 2월 15일 21시 42분은 경금일간(庚金日干)이고 어디에도 지원하는 금(金)의 오행이 없으므로 경금의 성격이 나타나기는 하지만 강하지는 못하다.

신해(辛亥)

명예를 중히 여기며 주관이 뚜렷하여 한 가지 일에 매진한다. 예리한 성정은 피해가기 어렵고 눈썰미가 있다. 매정하고 스스로 고독을 즐기는 성정은 단점이라 할 수 있다. 고민이 많고 우유부단하지만 정확한 일처리는 장점이다. 타인에게 현혹되지 말고 직진하라. 만에 하나 빠져들면 헤어 나오기 어렵다.

학자 기풍이 있으니 세인에게 존경받는 교수와 같은 직종이 좋다. 중용을 지키며 노력하는 이성적인 성격으로 참모의 소질이 있다.

음력 1982년 8월 9일 3시 00분				
	時	日	月	年
陰陽五行	陰/土	陰/金	陰/土	陽/水
天干	己	辛	己	壬
地支	丑	亥	酉	戌
陰陽五行	陰/土	陰/水	陰/金	陽/土

음력 1982년 8월 9일 3시 00분은 신금일간(辛金日干)이고 월지에 지원하는 금(金)의 오행이 있다. 지지에 금의 오행인 유(酉)가 있으므로 안정감이 있지만 그다지 강해진 모습으로는 드러나지 않는다.

임자(壬子)

양력 2017년 7월 24일 5시 12분				
	時	日	月	年
陰陽五行	陽/水	陽/水	陰/火	陰/火
天干	壬	壬	丁	丁
地支	寅	子	未	酉
陰陽五行	陽/木	陽/水	陰/土	陰/金

양력 2017년 7월 24일 5시 12분은 임수일간(壬水日干)이고 시간에 임수투간이며, 일지에 자수(子水)가 받치니 임수의 성격이 강하게 나타난다. 특히 일주가 천간지지 모두 수(水)의 오행이라 간여지동이니 강함을 더하나 천간에 임수가 나란히 서니 답답하고 매사에 경쟁이 심하다.

큰 호수처럼 이해심이 있으며 속 깊음이 장점이나 한번 화가 나면 물불을 가리지 않는다. 능력을 지닌 재주꾼으로 기능인이나 전문 직종에서 빛을 발하고 보석이 땅에 묻힌 격이다. 대인관계에서 포용력이 떨어지는 흠이 있지만 설득력으로 커버한다.

색정과 음주가 문제가 되며 비뇨기계 건강이 의심스럽다. 남자는 강인하고 성공욕이 강하며 여자는 양인(羊刃)이라 고독하다. 박학다식에 여행을 좋아하며 타향이나 타국에서 성공한다.

계축(癸丑)

믿음이 강하고 조용하며 부지런하니 교육사업이나 새로운 직종을 창출하면 성공한다. 자발적인 사고가 장점이다. 합리적이고 공정하니 정력적이고 탁월한 의욕이 존경을 받는다. 사업은 좋은 선택이며 직장인이라면 상사에게서 신임을 얻는다. 사업과 직장이 모두 어울린다.

사주가 탁하면 술을 좋아하고 호색하며 인생이 위선이다. 충이 있으면 포악하고 장애인이 될까 두렵고 여자는 고집스러워 남편과 불화한다.

양력 1941년 3월 6일 3시 56분				
	時	日	月	年
陰陽五行	陽/木	陰/水	陽/金	陰/金
天干	甲	癸	庚	辛
地支	寅	丑	寅	巳
陰陽五行	陽/木	陰/土	陽/木	陰/火

양력 1941년 3월 6일 3시 56분은 계수일간(癸水日干)이다. 천간과 지지 어디에도 수(水)의 오행이 없으므로 수의 성격이 나타나도 매우 약하다. 양력 1941년 3월 6일은 경칩일(驚蟄日)이다. 이날의 경칩은 8시 10분이다. 절입일이므로 경칩일은 시간이 지나야 음력 2월에 해당한다. 그런데 이날의 경칩은 8시 10분인데 양력 1941년 3월 6일 3시 56분에 태어나 경칩에 이르지 못했으므로 월주는 신묘월(辛卯月)이 아니고 경인월(庚寅月)이다. 사주를 뽑을 때 절입일에 해당하는 날에는 반드시 절입일의 시간을 파악하고 월주를 정해야 한다. 절입일의 시간이 지나야 새로운 달에 해당한다.

갑인(甲寅)

간여지동(干與支同)으로 뿌리가 튼튼한 나무와 같다. 독립심이 있고 통솔력과 배짱이 두둑하나 융통성은 결여되어 있다. 매사에 자기 뜻대로 하려고 하여 파란만장한 생활이다. 스스로 자제력을 갖추고 행동하고 봉사하면 우두머리가 되어 추앙을 받는다. 지나치게 확고부동을 찾아 자기 자리를 후배에게 물려주려 하지 않는다.

한 가지 일에 전심전력하면 명랑하게 되고 친화력이 풍부하여 친구가 생긴다. 남자는 독선적인 성격이기에 부부불화가 있고 여자는 외로움을 느끼고 자만심으로 대인관계가 나쁘다.

음력 1967년 3월 11일 16시 11분				
	時	日	月	年
陰陽五行	陽/水	陽/木	陽/木	陰/火
天干	壬	甲	甲	丁
地支	申	寅	辰	未
陰陽五行	陽/金	陽/木	陽/土	陰/土

음력 1967년 3월 11일 16시 11분은 갑목일간(甲木日干)이다. 월천간에 갑목이 투간되고 일지에 인목(寅木)이 받치니 강력한 갑목의 성향이 드러난다. 특히 일주가 천간과 지지 목(木)의 오행으로 이루어지니 간여지동이라 한다. 고집이 세다는 것을 의미한다. 갑목은 리더십이 있는 것과 비교하여 자기 고집이 강하다. 더구나 간여지동이니 자기주장은 더할 나위 없겠다. 아울러 쌍팔통이며 갑목이 나란히 서서 늘 답답하고 경쟁이 치열한 삶이다.

을묘(乙卯)

내 일이건 남의 일이건 나서서 참견하는 사람이다. 남의 잔치에 배 놔라 감 놔라 하니 참견 때문에 타인에게 좋은 인상을 심어주지 못한다. 이는 판단력 문제다. 신념이 강하고 확고부동한 목표를 세워 매진하는 성격이다. 대쪽 같은 성격으로 기분에 살고 죽으니 화끈한 성격이다. 간혹 판단력이 결여되는 것이 단점이다. 얌전하여 대인관계가 비교적 원만하지만 자기주장이 지나치게 강하다.

남자는 너그럽지 않고 여자에게 강자인 척한다. 남자는 여자를 지배하려는 속성을 보인다. 그래서 여자가 남자를 존경하지 않으니 폭력을 행사하는 경우가 있다. 여자 또한 남자를 이기려고 기를 쓰니 불만이 많다.

양력 1967년 12월 17일 17시 17분				
	時	日	月	年
陰陽五行	陽/木	陰/木	陽/水	陰/火
天干	甲	乙	壬	丁
地支	申	卯	子	未
陰陽五行	陽/金	陰/木	陽/水	陰/土

양력 1967년 12월 17일 17시 17분은 을목일간(乙木日干)이다. 시간에 갑목(甲木) 투간에 일지에도 묘목(卯木)이 받치고 있어 을목의 성격이 강하게 나타난다. 을과 묘는 음목(陰木)으로 천간과 지지가 모두 음목으로 이루어지니 간여지동이다. 고집이 세다.

병진(丙辰)

친화력이 뛰어나고 침착하며 끈기가 있다. 큰 불길처럼 타인을 돌보는 것으로 보인다. 끝까지 물고 늘어지는 인내력이 탁월하지만 간혹 괴팍한 성격으로 비위를 맞추기가 힘들다. 육체적인 일을 싫어하고 편안한 직업을 선택한다. 중후한 인품과 인격이 있어 존경을 받는다.

다사다난(多事多難)한 가정사와 번거로운 일들로 외로움과 소외감을 느끼나 초년을 벗어나면 대길할 수 있다. 인간성은 나쁘지 않으나 고독함에 빠지기도 하고 부족한 사교성은 신의로 메운다.

음력 1937년 10월 23일 7시 11분				
	時	日	月	年
陰陽五行	陰/金	陽/火	陰/金	陰/火
天干	辛	丙	辛	丁
地支	卯	辰	亥	丑
陰陽五行	陰/木	陽/土	陰/水	陰/土

음력 1937년 10월 23일 7시 11분은 병화일간(丙火日干)이다. 년천간에 정화(丁火)가 투간되어 병화를 지원함으로써 병화일간의 성격이 강하게 나타난다.

정사(丁巳)

양력 1945년 8월 16일 11시 59분				
	時	日	月	年
陰陽五行	陽/火	陰/火	陽/木	陰/木
天干	丙	丁	甲	乙
地支	午	巳	申	酉
陰陽五行	陽/火	陰/火	陽/金	陰/金

양력 1945년 8월 16일 11시 59분은 정화일간(丁火日干)이다. 천간에는 화(火)의 오행이 투간되어 있고 간여지동으로 일지에 화의 오행이 받치고 있으므로 강한 정화의 성격이 나타난다.

성격이 고강하고 자존심이 강하지만 외로움을 잘 타고 고독도 즐긴다. 우아한 것을 선호하는 기질이며 파란만장하지만 용하게 자기 삶을 개척한다. 그러나 시련과 고통은 참기 어렵고 부부갈등은 극복하기 어려우니 시한폭탄이다. 악하지 않은데도 인생은 시련이 많고 40세가 넘어야 유복하다.

이성에 대해 어려움이 다가오지만 스치는 인연이다. 겉으로 보이는 부드럽고 다정다감한 모습은 속으로 지키는 건강한 자아와 예민한 성격과 대비

된다. 남자는 두려움이 없음에도 포기를 잘하고 뒤처리는 미숙하다. 의처증으로 마음고생을 한다. 여자는 고상하게 살기 바라니 남편이 뜻을 받아주어야 편하다.

무오(戊午)

자존심이 우선이다. 육친과 형제가 있어도 덕이 없고 형제·친구가 없는 것과 같으니 늘 쓸쓸하고 외롭다. 주위를 돌아보면 섬은 많으나 갈매기가 없는 것과 같다. 자신을 지나치게 과신하고 때때로 감정을 억제하지 못하니 주위에서 소외되고 급한 성미가 일을 그르치므로 자제가 필요하다. 재산 증식에 일가견이 있으므로 사주에 따라 사업하는 것이 좋다.

사주가 탁하면 정신질환이 의심된다. 흑과 백이 분명하니 오해가 있고 피곤하지만 선도자적 역할에는 적격이다.

양력 1950년 1월 23일 15시 11분				
	時	日	月	年
陰陽五行	陽/金	陽/土	陰/火	陰/土
天干	庚	戊	丁	己
地支	申	午	丑	丑
陰陽五行	陽/金	陽/火	陰/土	陰/土

양력 1950년 1월 23일 15시 11분은 무토일간(戊土日干)이다. 년천간에 기토(己土)가 투간되고 지지에 2개의 토(土)가 받치고 있어 무토(戊土)의 성격을 받침한다. 이 사주에서 년주가 경인(庚寅)이 아니고 기축(己丑)이 되는 이유는 입춘(立春)이 지나지 못했기 때문이고, 시주가 경신(庚申)이 된 이유는 이 시기는 시간의 구별로 신시(申時)를 15~17시로 나누기 때문이다.

기미(己未)

거짓과 가식이 없으니 진실하다. 합리적인 성격이며 꼼꼼하고 착실하다. 인내심과 봉사정신은 타의 모범이지만 운은 강하지 못하여 주장을 강하게 펼치기에는 부족하다. 간혹 생각지 않던 흉과 길이 번갈아 나타나 당황한다. 능히 대적할 수 있어 그나마 다행이다.

기능직이나 전문직이 좋고 잔걱정을 버려라. 배우고 가르치는 데 탁월하다. 인생행로에서 변화의 폭이 크고 사람들을 가르치고 인도하는 데 탁월하다.

음력 1969년 6월 30일 13시 22분				
	時	日	月	年
陰陽五行	陽/金	陰/土	陽/水	陰/土
天干	庚	己	壬	己
地支	午	未	申	酉
陰陽五行	陽/火	陰/土	陽/金	陰/金

음력 1969년 6월 30일 13시 22분은 기토일간(己土日干)이다. 년천간에 기토가 투간되어 쌍팔통을 이루며 일지에도 미토(未土)가 받치고 있어 강한 기토의 성격이 드러난다. 더불어 기미(己未)는 간여지동이므로 강한 고집이 드러나게 된다.

경신(庚申)

원칙을 고수한다. 완강한 성격이니 군이나 검찰, 경찰 등 쇠붙이를 사용하는 직종이 어울린다. 자기 말이 곧 법이고 어긋난 행동이나 틀린 말은 하지 않으려 한다. 때로 스포츠와 같은 직업에 투신해 성공한다. 예술에도 이름을 날릴 가능성이 있다. 민감한 성격 탓에 지기 싫어한다. 조용한 성품이나 갑자기 뜨거운 정열로 돌변하는 변화난측의 성분이 있다.

남자는 부인을 잘 살펴야 하지만 그럼에도 백년해로하기는 어렵다. 여자는 자기 성격이 모남을 깨닫고 추스르는 지혜가 요구된다. 남녀 모두 자신을 낮추고 인내해야 가정의 평화가 유지된다.

음력 1987년 2월 13일 16시 11분				
	時	日	月	年
陰陽五行	陽/木	陽/金	陰/水	陰/火
天干	甲	庚	癸	丁
地支	申	申	卯	卯
陰陽五行	陽/金	陽/金	陰/木	陰/木

음력 1987년 2월 13일 16시 11분은 경금일간(庚金日干)이다. 천간에는 금(金)의 오행이 투간되지 않았지만 일지에 신금(申金)이 받쳐 간여지동이고 시지에도 신금이 받치고 있어 강한 경금의 성격이 나타난다.

신유(辛酉)

음력 1989년 7월 28일 11시 37분				
	時	日	月	年
陰陽五行	陽/木	陰/金	陽/水	陰/土
天干	甲	辛	壬	己
地支	午	酉	申	巳
陰陽五行	陽/火	陰/金	陽/金	陰/火

음력 1989년 7월 28일 11시 37분은 신금일간(辛金日干)이다. 천간에는 금(金)의 오행이 투간되지 않았지만 일지에 유금(酉金)이 받치고 있어 간여지동이고 월지에도 신금이 받쳐 강한 신금의 성격이 드러난다.

냉정하고 쌀쌀함이 서릿발과 같다. 예술적인 기질도 있다. 강하고도 부드러운 성정으로 이중성을 모두 지니고 있다. 판단력이 탁월하고 정의감이 있지

만 가족 간 불화를 무시하기 힘들다. 마음도 크고 뜻도 크다. 그러나 양면성
이 대두되어 심적으로 결정하기 힘들고 무엇 하나 이루기에 힘이 부친다.
신중함이 필요하다.

형충이 많으면 포악하고 합이 많으면 다정다감하다. 남녀 공히 다치는 것
을 조심하라. 부지런한 만큼 강직하니 숫자에 밝고 예능에 재주가 있다.

임술(壬戌)

백호일주(白虎日柱)로 포악하지만 때로 순진하다. 괴강(魁罡)으로 고집이
있고 자존심도 무시하지 못한다. 주체성이 강하여 타인과 불화를 빚으며 부
정과 긍정 측면에서 좋은 사람은 끝까지 좋아하고 싫으면 끝까지 싫어한다.
가정과 사회생활에 염증을 쉬이 느껴 실의에 빠지며 몸에 수술과 교통사고
등이 늘 뒤따른다.

박학다식하니 어디에서도 두각을 나타낼 수 있으며 남의 일에 간섭하면
간혹 파란을 일으키니 피하는 것이 상책이다.

음력 1990년 7월 6일 19시 11분				
	時	日	月	年
陰陽五行	陰/土	陽/水	陽/木	陽/金
天干	己	壬	甲	庚
地支	酉	戌	申	午
陰陽五行	陰/金	陽/土	陽/金	陽/火

음력 1990년 7월 6일 19시 11분은 임수일간(壬水日干)이다. 천간과 지지 어디에도 투간되거나 지원
하는 수(水)의 오행이 없으므로 수의 성격이 나타나도 매우 약하다.

계해(癸亥)

음험함이 먼저 떠오르니 조심해야 할 사주다. 목적을 이루기 위해 수단과 방법을 가리지 않는다. 겉과 속이 다르고 이익에만 눈이 먼다. 일찍 고향을 떠나니 부모와 인연이 희박하고 초년은 불운하나 중년 이후는 좋다.

겉보기에는 연약해 보이지만 실제로는 활달하고 매사에 자신감을 가진다. 인내력이 장점이다. 부부는 화합하기 어렵고 서로 대립하니 이별수(離別數)가 따르고 부부관계에 신경을 써야 한다.

양력 2005년 2월 8일 22시 56분				
	時	日	月	年
陰陽五行	陰/水	陰/水	陽/土	陰/木
天干	癸	癸	戊	乙
地支	亥	亥	寅	酉
陰陽五行	陰/水	陰/水	陽/木	陰/金

양력 2005년 2월 8일 22시 56분은 계수일간(癸水日干)이다. 시간에 계수가 투간되고 일지와 시지에 해수(亥水)가 받침으로써 강한 계수의 성격이 나타난다. 더불어 일주가 간여지동이고 전체적으로 수(水)의 오행이 과다하여 고집이 세고 차가운 성정이 드러난다.

10장

속마음을 살피는
지장간

사주는 천간과 지지가 네 개의 기둥을 이룬다. 즉 년월일시(年月日時)의 기둥에 각각 천간과 지지가 있으니 모두 여덟 글자, 즉 팔자로 구성되어 있다. 따라서 사주팔자라고 한다. 지장간은 눈에 드러나지 않지만 분명하게 존재하는 기운이다. 12개 지지 중 감추어져 암장되어 있는 천간(天干)이다. 지장간은 무조건 비공식, 암암리, 은밀함 등으로 해석하면 된다.

지장간이란 사주팔자라는 여덟 가지 글자 속에서도 지지에 들어 있는 작은 기운을 말한다. 육십갑자라는 글자 속에 들어 있는 내면의 힘이라고 생각하면 이해하기 쉽다. 예를 들어 2018년에 태어난 사람의 사주에서 년주는 무술년이고 띠는 개띠다. 무(戊)라는 천간은 토를 나타내는 오행이고, 토는 황토색을 나타내므로 노란 개의 해 혹은 황금 개띠해라고 한다. 이 년주에서 개띠를 나타내는 글자는 술(戌)이다.

개를 가리키는 술(戌)은 토(土)의 오행을 표방하지만 그 속을 들여다보면 다른 기운이 숨어 있다. 눈에 보이지 않게 숨어 있는 기운을 지장간이라 하는데 술(戌)이라는 글자는 신(辛)이라는 기운과 정(丁)이라는 기운, 무(戊)라는 기운으로 이루어져 있다. 이처럼 지장간은 숨겨져 있는 오행이라고 생각하면 된다. 속으로 숨어 있어 땅속에 묻혀 보이지 않듯이 내면에 담고 있는 기운이다.

지장간(地藏干) 표													
계절		봄			여름			가을			겨울		
지지(地支)		인(寅)	묘(卯)	진(辰)	사(巳)	오(午)	미(未)	신(申)	유(酉)	술(戌)	해(亥)	자(子)	축(丑)
비율	여기	戊, 7	甲, 10	乙, 9	戊, 7	丙, 10	丁, 9	戊, 7	庚, 10	辛, 9	戊, 7	壬, 10	癸, 9
	중기	丙, 7		癸, 3	庚, 7	己, 9	乙, 3	壬, 7		丁, 3	甲, 7		辛, 3
	정기	甲, 16	乙, 20	戊, 18	丙, 16	丁, 11	己, 18	庚, 16	辛, 20	戊, 18	壬, 16	癸, 20	己, 18

사주팔자는 년월일시의 4개 기둥을 이루는 천간지지의 글자를 말한다. 2개 글자 중에서 위에 있는 글자를 천간, 아래에 있는 글자를 지지라고 한다. 지장간을 분석하거나 실제 사주풀이에 활용할 때는 두 가지 의미로 분류하여 사용한다. 하나는 1년의 흐름을 하나의 순환 고리로 생각해서 각 계절에 따른 오행을 배치하고, 월마다 1개월간의 기후 변화에 따른 천간의 배치를 나타낸 방식의 월률분야(月律分野) 또는 월령용사(月令用事)라고 불리는 방식의 지장간 활용법이다.

또 하나는 지장간이 월률분야처럼 월지(月支)에 따라 일정한 흐름이 있는 것이 아니고 월지와 상관없이 각 지지 속에 순수하게 소속되어 있는 천간을 의미하는 인원용사(人元用事)라는 것이다.

이 두 가지 활용법은 각기 특성이 있으나 아주 동떨어진 것은 아니다. 지장간의 인원용사도 월률분야에서 파생된 것으로 보기도 하는데 기본적으로 중요하게 많이 활용하는 것이 지장간의 월률분야인 것은 분명하다.

1. 지장간의 월률분야

지장간의 월률분야(月律分野)는 지지가 나타내는 1개월간의 계절 흐름에 따른 기후 변화에 상응하는 천간의 배치를 나타낸다. 즉 지지의 글자 속에 담긴 내용을 말한다. 각각의 지지에는 적게는 2개, 많게는 3개의 천간이 숨어 있다.

이 숨어 있는 천간을 분석해보면 흔히 절기(節氣)라고 불리는 절입일(節入日)부터 차례대로 여기(餘氣), 중기(中氣), 정기(正氣)로 구성되어 있다. 이중 자월(子月), 묘월(卯月), 유월(酉月)은 중기가 없다.

월률분야라는 개념에는 태어난 달이라는 개념이 들어 있다. 축월(丑月)을 예로 들어보자. 축월의 지장간에는 계수(癸水), 신금(辛金), 기토(己土)라는 천간이 숨어 있다. 이 3개의 천간은 절입일이 되는 소한(小寒)에서 시작하여 대략 9일간은 계수의 기운이 작용하는데 전 달로부터 밀려온 기운이라 하여 여기(餘氣)라 한다.

10일째부터 다시 3일간은 신금(辛金)의 기운이 활동하는데 중간에 끼인 기운이라 하여 중기(中氣)라 한다. 그다음부터 다음 달인 인월(寅月)의 절입일이 되는 입춘(立春)에 이르기까지는 기토(己土)의 기운이 왕성하게 주도권을 가지고 활동하는데, 이처럼 지지가 나타내는 한 달 동안 천간의 기운이 어떻게 작용하는지를 나타내는 것이 지장간의 월률분야다. 특히 절입일을 입절일(入節日)이라 부르기도 하므로 같은 의미로 받아들이면 된다.

지장간을 살필 때 보통 여기는 중간 정도 기간을 나타내며 중기는 매우 짧다. 그러나 정기(正氣)는 매우 긴 기간을 나타낸다. 이 정기야말로 가장 강한 기운을 나타낸다. 달리 본기(本氣)라고 쓰기도 하는데 그 한 달의 중심적이고 가장 강한 기운에 해당하는 오행을 의미한다.

월률분야를 자세하게 설명하면, 여기(餘氣)는 지난달의 기운이 새로운 달까지 밀려와 이월(移越)되어 남아 있다는 뜻이니, 앞 달을 의미하는 절기의 기운이 남아 영향을 받는 것을 의미한다. 예를 들어 축월(丑月)이라면 여기(餘氣)는 지난달에 해당하는 자월(子月)의 정기(正氣)와 동일한 오행으로서 정기(正氣)인 계수(癸水)가 축월(丑月)에 이르러서도 힘을 쓴다는 것을 나타낸다.

여기는 다른 용어로 초기(初氣)라고도 하는데, 지난달의 기운이라 힘이 강하지 못하다. 해석하기를 인생의 한 고비를 넘긴 노년기의 기운이나 실세에서 물러나 막후에서 영향력을 행사하는 것과 같다고 하는데, 지난달에서 밀려온 기운이기에 그런 해석이 가능하다. 여기는 지난달의 남은 기운이니 노인의 잔소리로 해석하거나 월권(越權)행위의 작용으로 해석한다.

중기(中氣)는 어느 지지든 가장 짧다는 것을 볼 수 있으며 때로는 중기가 없는 지지도 있다. 중기는 여기를 거쳐 그달의 정신을 나타내는 정기에 이르는 중간기에 해당한다. 중기는 지나치는 기운의 속성을 지니거나 이어지는 속성을 나타내기도 하는데 월률분야에서 가장 세력이 약하고 다른 지지와 삼합(三合)하여 변하는 특성이 있다. 그러므로 항상 변화를 추구하는 경향이 있으며, 생기발랄한 어린이와 같은 작용을 한다.

정기(正氣)는 지지에 숨어 있는 세 글자 중 가장 긴 시간을 차지하는 글자로 그달의 본래 기운이다. 따라서 달리 본기(本氣)라고도 하는데, 그달의 지지가 지닌 오행과 동일한 기능과 힘을 지닌 천간을 나타내고, 그달에 해당하는 지지의 주인 격으로 왕성한 기운이다.

정기는 월률분야 중에서 힘이 가장 강력하며 지지와 같은 오행을 가진 천간으로 대비된다. 정기는 지지의 대들보와 같은 중추적 작용을 한다.

사주는 사주팔자의 8개 글자로 푸는 것이 아니라 지지에 숨어 있는 최대 12자를 합하여 20개 글자로 푼다. 지장간을 이해하지 못하고 사주를 푸는 것은 겉만 보고 속은 보지 못해 숨어 있는 생각을 보지 못하는 것이다. 즉 누군가의 사주를 풀 때는 지지의 특성뿐 아니라 지장간의 배치와 특성도 알아야 올바로 풀 수 있다.

월률분야는 여기와 정기 2개 글자로 나뉘는 것이 있고 여기, 중기, 정기가 모두 있어 3개 글자로 나뉘는 것이 있는데, 월마다 월지에서 사령(司令)하는 기간이 다르다. 즉 월지사령(月支司令)이라고 하는데 줄여서 월령(月令)이라고 말한다.

월령(月令)이라는 말을 이해해야 한다. 월(月)은 태어난 달을 말하니 월지를 말하고 령(令)은 우두머리라는 말이니 사령관으로 명령자를 말한다. 월령은 결국 사주를 푸는 데 기운의 핵심부와 같다. 따라서 월률분야는 엄밀하게 말하면 지장간이 월지를 사령(司令)하는 기간을 말한다. 즉 태어난 달의 지지 중에서도 태어난 날에 따라 지지 속에 있는 글자에 해당하는 기간이 있다.

태어난 날이 어느 지장간의 글자에 해당하는지 따지는 월지사령을 논할 때는 또 다른 이름으로 당령(當令)이라고도 부르는데, 지지 속에 숨어 있는 2개 글자 또는 3개 글자에서 어느 글자에 해당하는 날에 태어났는지를 따진다. 이 태어난 날에 해당하는 글자가 운명을 지배하는 중요한 역할을 한다. 지장간의 심천(深淺)을 파악하는 것은 명리학에서는 빼놓을 수 없는 중요한 항목이다.

사령이란 한 달을 30일로 규정하고 각각 해당하는 글자의 기간을 나타낸다. 사령은 일정한 규칙을 보이는데 자오묘유(子午卯酉)월은 토(土)를 빼고 목화금수(木火金水)의 오행 중 가장 강한 기운을 나타내는 글자로 오월(午月)을 제외하고는 짧은 중기 없이 여기와 정기 두 기간으로 구성되어 있다. 이 글자들의 지장간은 약속이나 한 듯 여기가 10일간 사령하고 정기가 20일간 사령한다. 다만 오월(午月)은 여기, 중기, 정기가 모두 있을 뿐 아니라 10, 9, 11일로 사령한다.

인신사해(寅申巳亥)월은 각 오행을 나타내는 기운의 시작을 의미하는 달인데 각각 목의 기운이 시작되는 달, 화의 기운이 시작되는 달, 금의 기운이 시작되는 달, 수의 기운이 시작되는 달을 나타낸다. 이달을 나타내는 글자의 앞에는 하나같이 토를 의미하는 지지가 배치되므로 공통적으로 여기로서 무토(戊土)가 7일간 사령한다. 중기는 삼합(三合)하여 화기(化氣)하는 양간(陽干)의 오행이 7일간 사령하고, 정기는 그달의 중심적 오행을 나타내며 16일을 사령한다.

진술축미(辰戌丑未)월은 하나같이 토의 오행을 나타내는 달인데 각 절기의 마지막이므로 창고라고 본다. 하나같이 여기가 9일간 사령하고 중기는 삼합하여 변하는 음간(陰干)이 3일간 사령한다. 정기의 사령은 진술(辰戌)월은 양토이기 때문에 양토의 천간인 무토(戊土)가 18일간 사령하고 축미(丑未)월은 음토이기 때문에 음토의 천간인 기토(己土)가 달마다 18일을 사령한다.

2. 지장간의 인원용사

지장간의 인원용사(人元用事)는 월률분야와 다른 것으로 모든 지지의 지장간을 따지는 경향이다. 월률분야는 월지의 지장간을 중점적으로 파악하고 따지지만 인원용사는 각각의 지지 속에 순수하게 숨겨져 있는 지장간의 천간만 살핀다.

월률분야는 지장간이 월지 속에서 어떤 날에 사령하고 어떠한 흐름을 가지고 있는지 따지는 것이나 인원용사는 월지(月支)와 전혀 상관없이 지장간에 어떤 천간이 숨겨져 있는지를 따진다. 즉 인원용사는 월지 외에 다른 기둥을 이루는 지지의 지장간을 나타낸다. 인원용사와 월령용사는 비슷한 듯하지만 전혀 다르다.

지장간에 숨겨진 각각의 글자는 다양한 의미를 가지는데 해마다 오는 운과 10년 단위로 흐르는 운에 따라 변동과 변화를 맞이한다. 10년마다 오는 운을 대운(大運)이라 하고, 해마다 오는 운을 년운(年運, 해운)이라 하는데, 이 운의 역할과 여러 가지 작용으로 지지가 변동을 일으키면 지지 속의 지장간이 역할을 하게 된다. 이를 이용해 그해의 변화를 파악하고 지장간의 역할을 파악한다.

그것만이 아니다. 일지의 지장간은 그 일주의 속마음이라고 해석하며 각각의 지장간 중에서 어떤 천간이 타간의 어떤 지장간과 합하느냐에 따라 해석을 달리할 수 있다. 또한 지장간은 천간의 뿌리가 된다. 만약 일간이 지지나 지장간에 뿌리를 두지 못하면 힘이 없다고 해석하거나 날아가버린다고 해석하기도 하고, 탁하다고 해석하기도 한다.

3. 지장간의 계통과 체용(體用)법

지장간은 모든 지지에 속해 있지만 그 지장간의 정기를 나타내는 것이 지지라고 할 수 있다. 즉 지지는 지장간 중 가장 강한 정기의 오행을 나타낸다. 각기 다른 지장간을 숨기고 있는 지지들의 특성은 정기에 따라 나타나지만 사실 모든 지지의 특성은 하나같이 같을 수가 없다. 그러나 지지들을 살펴 공통점을 찾아 계통별로 분류하여 살펴보면 일정한 흐름이 있음을 알 수 있다.

자오묘유(子午卯酉)는 각각의 오행을 가장 잘 나타내준다고 할 수 있다. 이는 전문(專門)을 나타내는 지지로 볼 수 있어서 달리 사전(四專) 또는 사정(四正)이라고 부른다. 토(土)를 제외한 오행의 가장 순수한 기운을 의미하며, 계절을 나타내므로 춘하추동(春夏秋冬)의 한가운데에 해당하는 달이 된다. 따라서 계절의 강한 기운을 지니고 있다.

각각의 계절은 각각 오행을 나타내는데 봄은 목(木), 여름은 화(火), 가을은 금(金), 겨울은 수(水)이다. 자오묘유는 각각의 계절이 나타내는 오행의 가장 순수한 기운의 결정체이므로 개성과 주관이 뚜렷하여 어떤 변화가 오거나 합(合)하고자 해도 다른 오행의 기운으로 잘 변하지 않는 특성이 있다. 이러한 특징 때문에 각각 황제파, 정통파, 순종파, 왕자파, 양인살파, 도화살파와 같은 수식어로 불리기도 한다.

인신사해(寅申巳亥)는 각각의 오행을 의미하는 계절의 길목에 자리하고 있다. 즉 각각의 기운이 발생(發生)의 지지에 해당하므로 사생(四生) 또는 사맹(四孟)이라고 불린다. 이 지지의 지장간을 살펴보면 모두 양간(陽干)만 3개를 가지고 있다. 시작하고 생(生)하는 기운이므로 매사에 의욕이 강하고 발명이나 개발 등 창의력이 좋고 설계 등에 소질이 있는 특성을 가지고 있다. 시작하는 기운이고 일어서는 기운을 의미하는 달이니 매사에 진취적이고 활동적인 기운을 나타낸다. 창조파, 개척파, 시작파, 역마살파, 준비운동파 등으로도 부를 수 있다.

진술축미(辰戌丑未)는 모든 기운이 수렴되고 멈추는 기운이다. 따라서 잡기(雜氣)의 지지로 살피니 사묘(四墓) 또는 사고(四庫)라고 한다. 이 글자 중 진술(辰戌)은 양의 기운으로 이루어진 토(土)인데 음간(陰干) 2개와 양간(陽干) 1개로 되어 있다. 음의 기운으로 이루어진 축미(丑未)는 음간(陰干)만 3개 가지고 있다.

창고이고 시신이 묻혀 있는 묘(墓)와 같아 만물을 저장하고 보관함을 의미한다. 마지막이고 모으는 기운이라 종합이나 포용 등의 뜻을 내포한다. 모든 것을 감추고 있다는 뜻도 있어 자신을 감추는 능력이 뛰어나고 겉으로 드러나는 것과 달리 진술축미의 기운을 파악하기는 생각보다 쉽지 않다. 달리 상황파, 눈치파, 창고파, 무덤파, 잡기파, 화개살파, 고독파, 백호살파 등으로 인식된다.

11장

조후(調候)로
파악한다

예를 들어 한겨울에 해당하는 동지(冬至) 무렵 싹이 나온 화초가 있다고 가정하자. 지금이야 온실을 만들 수도 있고 방 안에 들여놓아 온기를 맞출 수도 있다. 이처럼 온기를 맞춰준다면 한겨울에도 아름다운 꽃을 볼 수 있다. 그러나 자연의 환경이라면 꽃은 고사하고 얼어 죽지 않으면 다행이다.

사주에서도 생존의 의미를 따지지 않을 수 있다. 발복하는 사주인가? 좋은 사주인가? 신강사주인가? 신약사주인가? 득령은 했는가? 기타 여러 가지 물음이 있을 수 있고 모든 물음은 사주를 푸는 근본적인 개념에서 접근할 수 있다.

사주를 푸는 중요한 여러 요인 중에서 가장 먼저 살피는 것이 일주라고 한다면 두 번째로 살피는 것은 아마도 조후(調候)일 가능성이 크다. 명리를 연구하고 학문으로 분석하는 사람들 중에는 때로 판단 기준이 다를 수 있지만 조후 분석에 대하여 부정적이거나 아니라고 말할 사람은 아무도 없다. 그 정도로 조후는 중요하고 필요하며 흐름을 파악하는 데 반드시 분석해야 한다.

1. 기후를 파악하라

조후라는 것은 기후적 요인이다. 더위와 추위, 물과 불, 뜨겁거나 춥거나 혹은 마르거나 젖거나 하는 기후적 요소를 파악하는 것이 조후라는 개념이다. 세상의 모든 사물에는 기후적 요소가 필요하다.

추운 계절에 싹이 난 식물에는 따뜻한 기운이 필요하고 더운 계절에 싹이 난 식물에는 더위를 식혀주고 마른 땅을 적셔주는 빗줄기가 필요하다. 인간의 사주도 그와 크게 다르지 않다.

사주학에서 조후란 오행의 온열 등의 상태를 알아보고 조정하는 것이다. 오행으로 이루어진 사주팔자에서 치우치거나 부족하면 병이 되고 없으면 반드시 필요하게 된다. 특히 사주팔자의 성명학에서 지나치게 차갑거나 뜨거우면 병이 있게 되고 약해지는 것이 있게 마련이니 수화(水火)의 조화가 유지되는 것이 필수조건이다.

사주학은 인간이라는 생명체를 다룬다. 천간지지로 표시된 여덟 개 글자는 인간이라는 생명체를 표현한다. 세상 사람들은 태어나는 순간 생명체로서 속성을 부여받는데 그것이 바로 사주다.

생명체는 너무 덥거나 추우면 생사존망이 시급해져 그밖의 행동에 극심한 제약을 받는다. 극한지대나 폭서로 고통받는 환경에서는 인간답게 살겠다는 주장을 하며 문화활동에 시간을 쓰고 몸을 바치는 건 사치다.

명리학에서는 특히 여름과 겨울 사주를 신경 써서 살펴야 한다. 이 극단적인 특징이 드러나는 계절에 태어난 사람의 사주에서는 특별히 조후를 우선적으로 고려하는데 재물이나 명예를 말하기에 앞서 일단 혹독한 한열환경에서 살고 봐야 하기 때문이다. 즉 조후는 생(生)과 사(死)의 문제이고 병

(病)의 유무에 관한 문제가 된다.

조후는 밥과 같다는 생각을 할 수 있다. 사람이란 몹시 배가 고프면 찬밥 더운밥 가릴 여유가 없다. 차가우면 따스한 기운으로 녹이고 뜨거우면 차가운 기운으로 식히는 것이 순리다.

때로 조후를 그다지 중요하게 생각하지 않는 경우가 있으나 이는 조후가 중화를 이루어 균형이 맞은 사람에게 해당한다. 조후가 틀어지거나 편중된 사주라면 조후에 대해 심사숙고해야 한다. 일주의 역량이 중요하지만 어느 정도 파악된 후에는 조후를 고려하는 것이 옳다.

금수(金水)가 많으면 차가운 성분이다. 여기에 습토(濕土)가 대세를 이뤘으면 조후를 고려해야 마땅하지만 이미 목화(木火)가 충분하고 조토(燥土)가 충분하다면 굳이 추위를 걱정할 필요가 없다.

반대의 경우도 생각할 수 있다. 목화(木火)가 지나치게 강하고 조토(燥土)가 강하면 반대로 금수(金水)를 찾고 습토(濕土)를 찾아 균형을 맞추어야 한다.

결국 조후(調候)는 계절 변화에 따른 온도와 습도의 차이로, 한난조습을 뜻하는 말이다. 겨울은 추우므로 한(寒)이고 여름은 더우므로 난(暖)이며, 가을은 마르게 되니 조(燥)이고 봄은 축축하게 젖으니 습(濕)이다. 천지(天地)의 조화는 봄, 여름, 가을, 겨울의 사계절이 순환함에 따라 춥고, 덥고, 메마르고, 습한 기운이 있다.

사주(四柱)의 간지도 마찬가지로 차고, 뜨겁고, 조열하고, 습한 것으로 구성되어 있다. 이 모든 기운을 두루 갖추어야 하나 그렇지 않은 경우에는 조화해나가야 하는데, 이것이 바로 조후용신이다. 따라서 조후(調候)에 의한 영향을 잘 살펴야 한다. 그런데 이 조후론에 대한 반대와 반발 의견도 적지 않은 것이 사실이다.

조후론이 틀렸다거나 허무맹랑하다고 주장하는 사람도 많다. 그들의 이론을 정리하면 그렇게 주장하는 이유를 알 수 있다. "여름에 태어난 사람에게는 물이 필요하고 겨울에 태어난 사람에게는 태양이나 불이 필요하다고만 생각한다면 사주가 얼마나 쉬우랴. 삼척동자도 다 알겠거니와 열대 사람들은 추운 나라에서 살지 못하고 추운 나라 사람들은 열대지역에서 살지 못한다는 것을 알지 못하는 것과 같다"라고 주장하는 사람도 있다.

옛글을 더듬어보면 조후는 단순한 이론이 아니다. 옛글에서도 한난조습(寒暖燥濕)을 논하여 사주에 적용한다고 하였다.

"천간에 춥고 더움이 있어 만물을 발육시키고 지지에서는 한난(寒暖)을 크게 두려워하지 않는다. 한(寒)이란 겨울생이 천간에 계수(癸水)가 많은 것이다. 난(暖)이란 여름생이 천간에 병화(丙火)가 강한 것이다. 조(燥)란 지지에 인사오미술(寅巳午未戌) 등과 같은 화(火)의 기운을 말한다. 습(濕)이란 지지에 자축진신해(子丑辰申亥) 등의 수기가 많은 것을 말한다. 천간에서는 한난을 말하는데 사주에서 겨울생이 계수가 너무 강하거나 여름생이 천간에 병화가 너무 강하면 좋은 사주가 되기 어렵다. 지지에서는 조습을 말하니, 여름생이 지지에 화가 많거나 겨울생이 지지에 수가 많으면 좋지 않다."

한난조습은 온도와 습기 여부다. 사주를 구성하는 10개 천간과 12개 지지는 각각 열기와 냉기 혹은 습기와 마른 기운을 나타낸다. 이러한 글자들이 조화를 이루어야 좋은 사주가 된다. 결국 어느 한 기운으로 치우치면 좋지 않다는 것이고 필요에 따라 이러한 경우 조후를 조절하거나 보충하는 것이 좋다는 의미다.

이러한 이론에 대해 명리를 북반구에 한정하여 대입하기 때문이라는 주장이 강하다. 때로는 남반구 출신에게는 사주가 맞지 않는다는 주장도 있는 것이 사실이다.

재미있게도, 남반구에 해당하는 지역 사람들의 생년월일을 지금의 사주 기법에 그대로 적용해도 잘 맞는다. 이를 들어 많은 사람이 조후가 틀렸다는 주장을 하거나 극단적으로 필요 없는 이론이라 치부하는 경우를 보았다.

2. 차고 더우며 마르고 습하다

필리핀에서 태어난 사람의 사주가 지극히 한랭(寒冷)하다고 가정하자. 지극히 한랭하다는 것은 사주를 구성하는 글자가 천간의 경우 경신기임계(庚辛己壬癸), 지지의 경우 자축진신유해(子丑辰申酉亥)로 이루어졌다는 것을 의미한다.

실제로 경험한 사람 이야기다. 이 사람은 모든 사주가 차고 습한 글자로 이루어져 있었다. 이 사람은 30세가 다 되도록 필리핀에서 살았고 문제도 없었다. 그러나 이 사람이 한국에서 산다면 정말 무리가 없을까? 그렇지 않다. 한국에서는 신장과 방광, 생식기의 병을 시작으로 다양한 병에 시달리고 삶의 곡선도 그다지 화려하지 못하다.

누군가는 물을 것이다. 필리핀에서는 왜 괜찮으냐고 말이다. 이 경우 풍수지리의 예를 들어야 한다. 풍수지리에서 가장 중요하게 생각하는 바탕은 일정 지역의 바람, 물, 온도, 강수량과 같은 제반 조건이다. 명리에서도 이러한 이론은 적용이 가능하다. 비록 사주가 한랭하다고 하지만 그동안 사는 곳이 따스한 지역이어서 나름 조화를 이루었다는 이론이다. 만약 이 사람이 알래스카에 가서 살았다면 그 불리한 특성이 극단적으로 나타났을 것이다.

옛글에도 기록이 있다. 한난과 조습은 성장과 발육에 매우 중요한 관계가 있다. 이 한난조습이 어그러지거나 불리한 사주는 귀한 사주가 되기 어렵다. 문제는 한난조습을 완벽하게 파악하기가 어렵다는 점이다.

어느 사주에 어느 글자가 있는지가 그래서 중요하다. 여름에 출생한 사람에게 사주에서 병화가 너무 강하거나 지지에 열기가 강한 글자가 주로 배치된다면 이 또한 병이 된다.

겨울에 태어난 사람의 사주가 차갑고 습한 글자가 주로 배치되어 있다 해도 좋은 사주라고 볼 수 없다. 모든 것은 조화로워야 한다. 사주에서 가장 중요하다고 말하고 평생 사용해야 하는 기운이라는 용신이 중화를 이루기 위해서 찾아가듯 조후도 중화를 기준으로 생각해야 하는 기운이다.

다시 생각해보자. 여름과 겨울에는 조후가 매우 중요하게 대두되지만 봄과 가을에 태어난 사람에게는 조후가 그다지 중요하지 않을 수도 있다. 그럼에도 조후를 따지는 것은 사람이 태어나 살고 죽는 데는 조후의 영향이 크기 때문이다.

고서에 이르기를 "금한수랭 이성고아(金寒水冷 異性孤兒), 화염토조 남환여과(火炎土燥 男鰥女寡)"라 하였다. 이는 금(金)의 오행과 수(水)의 오행으로 이루어져 차가우면 고아가 나는 것이나 다를 바 없고 지나치게 뜨거운 기운에 토(土)가 바싹 마르면 남자는 홀아비요 여자는 과부다. 즉 사주의 구성이 지나치게 차갑고 습한 기운으로 이루어지거나 반대로 지나치게 뜨겁거나 마른 땅으로 이루어지면 홀아비 사주이거나 과부 사주라는 말이 된다.

壬	丙	丙	丁
辰	午	午	丑

화를 거듭 보니 난(燠)이 극심하다. 이 사주에는 반드시 열기를 식힐 수의 기운이 필요하다. 다행히 진토와 축토가 화를 설기하고 임수가 천간에 투간되어 뜨거운 열기를 어느 정도 잡아주고 있다.

癸	己	丁	庚
酉	酉	亥	子

천간에 투간된 정화의 글자 하나를 빼고는 사주를 구성하는 모든 글자가 차갑고 냉랭한 글자로 이루어진 사주다. 이러한 사주 구성은 금한수랭하여 볼품이 없고 사람이 작다. 화의 기운이 필요하다. 궁합에서 이러한 차가운 사주는 그나마 따스한 기운이 강한 사람과 혼인 관계가 되면 좋다고 본다.

戊	戊	甲	己
午	午	戌	酉

희대의 살인마 강호순의 사주다. 일단 사주가 지나치게 메마르니 조(燥)에 해당한다. 메마른 상태에서 갑기합으로 역시 토로 변했다. 확인된 것만 10명 이상의 여자들을 성폭행하고 살인한 사람의 사주다. 폭군 단계를 넘어 정신병이라고 보일 정도다. 지나치게 조열하면 예측이 불가능하다. 다양한 사주풀이가 가능하지만 어떻게 보아도 지나치게 조열한 사주다.

己	辛	乙	癸
亥	亥	丑	亥

2007년 4월 16일 미국 버지니아주 블랙스버그에 위치한 버지니아공대에서 총기로 사람을 죽인 살인마 조승희의 사주다. 30명을 죽이고 29명에게 중경상을 입혔는데 사주가 음습하다 못해 한랭하기가 그지없다. 그는 사건 직후 자살했다. 해수대운에 일을 저질렀는데 가뜩이나 한랭한 사주에 한랭한 대운이 오는 시기에 대죄를 저질렀다.

사주에서는 용신(用神)이라는 말을 자주 한다. 사주에서 용신은 기적(氣的), 추상적, 무형적인 체신에 대해서 기색(氣色)을 선명히 하여 질적(質的), 구체적, 유형적인 특질을 대하고, 한 개 사주의 견인차적 성질을 표명한다. 다시 말해 용신이란 다양한 이념을 가지는데 일종의 필요한 기운이다. 주로 중화라는 말을 하는데 이 중화를 이루기 위해 사용하는 것이며 때로는 필요한 기운을 말하기도 한다.

癸	戊	戊	庚
亥	子	子	戌

여자 사주로서 무토와 술토가 있어 약간 온기가 있다고는 하지만 대부분 글자가 금과 수로 이루어
져 대단히 한습하다. 사주에 화기가 없으니 물은 꽁꽁 얼고 토가 차가워진다. 병이나 정대운에는 한
기가 풀려 한숨을 쉬고 여러 가지 조건이 좋아지겠지만 한습의 결과가 나타난다. 결국 계미운에 사
망하고 자식도 불미하다.

庚	甲	丁	癸
午	午	巳	未

천간에 차가운 기운을 지닌 경과 계가 있다고는 하지만 지지에 습한 기운을 지닌 글자가 단 한 자
도 없다. 지지가 사오미로 한결같이 난조한 글자로만 이루어져 있어 열기가 마치 활활 타오르는
불길을 보는 듯하다. 차가운 기운을 지닌 경도 뿌리가 없어 힘을 쓰지 못한다. 북방운에 좌절하고
임자운에 사망한 사람의 사주라 하니 화의 종아 격인 사주였던 것으로 보인다. 즉, 평생 목화의 기
운으로 살아야 했던 사람이라는 의미다.

　용신을 찾는 방법은 다양한데 조후로 찾는 방법도 있다. 사주에서 조후용
신이란 사주의 생일과 생월기후(生月氣候)의 오행관계를 온열과 수기(水氣)
로 조정하는 신이다.

　사주는 인간의 몸체를 분석하는 것과 같다. 사주는 그 사람의 정신을 분
석하는 것과 같다. 사주는 그 사람의 병을 분석하는 것과 같다. 사주는 그 사
람의 생각을 분석하는 것과 같다. 이와 같은 이치에 따라 살펴보면 인체는
막연하게 살과 뼈로만 이루어진 것이 아니다.

　사람의 몸에 따라 건강을 따지는데 온기와 수기(水氣)의 조화에 따라 건
강체가 될 수 있다. 사람의 몸에 병이 없고 체력이 유지된다면 누구나 비슷
하게 36도 5분 전후의 체온을 유지한다. 이는 곧 체질적으로 몸속의 화(火)

와 수(水)의 균형이 잘되어 있다는 것을 말해준다. 이 균형이 무너지면 몸은 병들게 된다. 사주도 이와 같아서 사주를 이루는 8개 글자가 균형을 잃어버리고 반드시 필요한 화수(火水)의 균형이 깨지거나 전혀 없을 경우에는 없는 것을 절실히 바라게 된다.

사람 목숨은 지극히 자연적인 영향을 받는다. 자연은 기온과 습도, 열기와 마름을 따지는데 사주도 이와 같아서 한난조습을 논한다. 달리 한서온랭(寒暑溫冷)이라고도 부르는 기운으로 아무리 길신에 해당하는 좋은 사주라고 해도 한난조습이 없거나 균형이 깨지고 지나친 것은 참으로 좋은 길격 혹은 좋은 사주라고 할 수 없다. 때로는 수기(水氣)나 화기(火氣)가 없어도 그에 상응하는 기운을 논한다. 즉 천간에는 2개의 토(土)가 있고 지지에는 4개의 토(土)가 있는데 이는 각각 한습과 난조의 성격을 지닌다. 이 토의 기능으로 조후를 조절할 수도 있다.

예를 들어 진토와 축토 속에는 수의 기운이 들어 있어 때로 수(水)를 의미하는 오행이 전혀 없어도 진축(辰丑)으로 수기(水氣)를 충당할 수 있고 미토(未土)와 술토(戌土)는 열기를 품고 있어 때로 사주원국에 화(火)의 오행이 없거나 부족해도 토(土)에 내재된 열기로 보충할 수 있다.

그러나 조금 더 넓은 의미로 살펴야 한다. 단편적인 판단은 때로 실수를 낳는다. 토생금(土生金)은 진리처럼 여겨지나 반드시 그런 것은 아니다. 토(土)가 능히 금(金)을 생하는 것이 일반론이나 하염조토(夏炎燥土)에서는 금(金)을 생하지 못한다. 금(金)은 수(水)를 생하는 것이 일반론이라고는 하나 추동한동(秋冬寒凍)의 금(金)은 수(水)를 생할 수 없다. 한겨울이라 하면 반드시 화(火)의 온기를 얻음으로써 금난수온(金暖水溫)이 이루어지게 되고 비로소 수(水)를 생하게 된다.

조후용신은 용신을 구하는 여러 가지 방법 중에서도 우선하는 것이며 여러 이론에서 반박한다 해도 반드시 살펴야 하는 용신이다. 조후용신은 수(水)와 화(火)의 존재를 파악하고 필요함을 채우는 것으로 절실하다.

만약 사주원국에 조후가 깨져 있거나 불균형하다면 필요한 조건이 된다. 사주원국에서 지극히 부족한 것은 비로소 후천운인 대운의 흐름 속에서 부족하거나 없는 기운을 맞이함으로써 부력(富力)을 발휘할 수 있게 된다. 이러한 점에서는 없는 오행을 다루는 허자론(虛字論)과도 어느 정도 일맥상통하는 이론적 바탕이 있다.

양력 1991년 8월 31일 18시 30분 출생			
辛	癸	丙	辛
酉	酉	申	未

양력 1991년 8월 31일 18시 30분 출생자는 계유일주다. 월간에 병화가 투간되어 있기는 하지만 미토를 제외한 나머지 모든 글자가 한습하다. 따라서 반드시 난조한 글자가 필요하다.

혹자는 조후야말로 쓸데없는 이론이라고 치부한다. 그들은 에스키모들처럼 추운 지방에서 사는 사람은 따스한 화기가 없다면 모두 죽는다는 말이냐는 방식의 극단적인 논리를 펴는 경우도 있다.

정리해보자. 사주에는 금한수랭(金寒水冷)이라는 말이 있다. 사주원국에서 금(金)의 오행을 나타내는 글자를 말하는 것으로, 유금(酉金)과 신금(辛金)으로 대별되는 금(金)의 오행은 가을을 관장하고 자수(子水)와 해수(亥水)로 대별되는 수(水)의 오행은 겨울을 관장하므로 금수(金水)를 나타내는 글자로 이루어진 사주는 차다고 하여 금한수랭이 된다.

사람의 성격이나 직업 혹은 사고에 관계가 있는 격국에서 특수하게 종격

(宗格)이나 왕격(旺格)으로 정리되는 특수격(特殊格)은 금한수랭에서 제외된다.

모든 글자가 수(水)의 오행으로 귀결되는 윤하격(潤下格), 대부분의 글자가 수(水)의 오행이고 수(水)의 오행이 아닌 글자는 합을 통해 수(水)의 성격으로 변하는 화수격(化水格) 혹은 금수(金水)를 용신으로 하는 종격 등은 특수하고 강력한 오행의 힘을 지니고 있으므로 예외로 하자.

보통 일반적으로 살피는 사주원국에서 사주가 지나치게 수(水)의 기운이 많거나 금(金)의 기운이 강하여 냉한 것은 수기(水氣)의 오행이 지나치게 편중되므로 병정(丙丁)과 같은 천간과 사오(巳午)와 같은 지지의 화(火)가 절실하다. 이러한 경우의 화(火)를 조후용신(調候用神)이라고 하는데 사주원국에 이러한 화(火)의 기운이 있으면 사주는 중화되어 비교적 양호한 사주가 된다. 그러나 사주원국에 화(火)의 기운을 지닌 오행이 없다면 운로가 나빠 매사 풀리지 않으며, 만약 대운에 천간이 병정(丙丁) 혹은 지지에서 사오미(巳午未)의 남방화운(南方火運)이 이르면 드디어 발복한다는 것이 기본 이론이다.

화(火)가 중중하다면 수(水)의 오행을 바라는 것이니 이와는 반대 개념이다. 이처럼 내 사주를 분별하여 차가운가와 따스한가를 따져 조후를 파악해 나를 알 수 있으며 내 사주가 지나치게 편중되어 있다면 나에게 어떤 시기가 와야 발복이 일어나게 될지 알 수 있다.

12장

육친(六親)으로
주변을 본다

명리학에서는 사주를 통
해 육친(六親)의 존재 여부와 그 영향을 파악할 수 있다. 육친은 가장 가까
운 여섯 친족(親族)을 말한다. 곧 부모(父母), 형제(兄弟), 처자(妻子)를 말하
니 내 혈육의 존재와 역할, 나와 상관관계를 분석한다. 이 경우에도 나를 나
타내는 글자는 일간이다.

　달리 십성(十星)이라는 용어를 사용하는데 이는 육친의 다른 말이며 사용
방법에서 열 개로 나누어 설명하기 때문이다. 육친이라는 용어는 열 개로
나뉜 일정한 규칙에 나를 에워싼 가장 가까운 혈육을 배정한다.

　육친은 달리 육친골육(六親骨肉)이라 표현하기도 한다. 육친골육이란 부
모와 형제, 배우자, 자녀를 말한다. 사주에서 육친골육을 나타내는 모든 글
자와 자신을 나타내는 일간의 관계는 대단히 밀접하다.

　8개 글자는 오행과 위치로 친밀성을 나타낸다. 육친과 관계가 친밀한 것
은 총체적으로 살펴 길명(吉命)이고 그렇지 않은 것은 길하지 못하다. 육친
에 의한 재관인식(財官印食)의 4길신이 육친골육에 해당하는 신이다. 재관
인식(財官印食)은 각각 정재(正財), 정관(正官), 정인(正印), 식신(食神)을 말
한다. 사주에서는 인(印)이 파하면 조상의 음덕이 없고, 관(官)이 파하면 좋
은 남편을 얻을 수 없고, 재(財)가 파하면 좋은 처를 얻을 수 없고, 식(食)이

파하면 현명한 자녀를 얻을 수 없는 사항으로 분석한다. 이 경우 인(印)은 부모이고 관(官)은 남편을 의미하며, 재(財)는 아내이고 식(食)은 자녀다. 또한 육친은 각각 직장이나 재산 혹은 사회성 등 다양한 의미를 내포한다. 이와 같이 육친골육과 사주의 흥망성쇠는 동일한 것으로, 이에 배반하여 아신(我身)이 편안할 수 없다.

1. 육친의 이름 붙이기

일간오행을 기준으로 오행을 살펴서 본다	육친 이름
일간과 같은 오행이면 비겁	일간과 음양이 동성이면 비견 일간과 음양이 이성이면 겁재
일간이 생(生)해주는 오행이면 식상	일간과 음양이 동성이면 식신 일간과 음양이 이성이면 상관
일간이 극(剋)하는 오행이면 재성	일간과 음양이 동성이면 편재 일간과 음양이 이성이면 정재
일간이 극을 당하는 오행이면 관성	일간과 음양이 동성이면 편관 일간과 음양이 이성이면 정관
일간을 생해주는 오행이면 인성	일간과 음양이 동성이면 편인 일간과 음양이 이성이면 정인

비견(比肩)	동성의 형제자매, 동복의 형제자매, 친구, 회사 동료
겁재(劫財)	이성의 형제자매, 이복형제, 친구, 회사 동료
식신(食神)	여자 사주에서 자녀, 대부분 여아(女兒), 내가 낳은 자녀
상관(傷官)	여자 사주에서 자녀, 대부분 남아(男兒), 배다른 자녀
편재(偏財)	남자 사주에서 외첩(애인), 남녀 모두 부친(父親)
정재(正財)	남자 사주에서 정처(正妻), 부(父)의 형제

육친(偏官)	달리 7살(七殺), 남자 사주는 남아, 여자 사주는 편부(偏夫), 애인
정관(正官)	남자 사주에서 여아, 여자 사주에서 정부(正夫)
편인(偏印)	남녀 모두 의부모(義父母), 편모, 모(母)의 형제
정인(正印)	달리 인수(印綬), 남녀 모두 존친(尊親), 정모(正母)

천간지지 육친조견표

육친 일간	偏財 편재	正財 정재	偏官 편관	正官 정관	食神 식신	傷官 상관	劫財 겁재	比肩 비견	偏印 편인	正印 정인
甲	戊辰戌	己丑未	庚申	辛酉	丙巳	丁午	乙卯	甲寅	壬亥	癸子
乙	己丑未	戊辰戌	辛酉	庚申	丁午	丙巳	甲寅	乙卯	癸子	壬亥
丙	庚申	辛酉	壬亥	癸子	戊辰戌	己丑未	丁午	丙巳	甲寅	乙卯
丁	辛酉	庚申	癸子	壬亥	己丑未	戊辰戌	丙巳	丁午	乙卯	甲寅
戊	壬亥	癸子	甲寅	乙卯	庚申	辛酉	己丑未	戊辰戌	丙巳	丁午
己	癸子	壬亥	乙卯	甲寅	辛酉	庚申	戊辰戌	己丑未	丁午	丙巳
庚	甲寅	乙卯	丙巳	丁午	壬亥	癸子	辛酉	庚申	戊辰戌	己丑未
辛	乙卯	甲寅	丁午	丙巳	癸子	壬亥	庚申	辛酉	己丑未	戊辰戌
壬	丙巳	丁午	戊辰戌	己丑未	甲寅	乙卯	癸子	壬亥	庚申	辛酉
癸	丁午	丙巳	己丑未	戊辰戌	乙卯	甲寅	壬亥	癸子	辛酉	庚申

2. 육친은 직업을 나타내기도 한다

사주팔자로 이루어진 틀 속에서 각각의 글자는 기호의 성격을 가지지만 육친이라는 제약을 가지고 있는 것도 사실이다. 즉 각각의 글자는 일간을 중심으로 생극의 관계에 따라 육친 자격을 부여받는다. 음양오행의 이치에 따라 사주를 이루는 모든 글자는 육친으로 분류된다.

육친은 여러 가지 의미가 있지만 각각 나타내는 바가 다르다. 사람이 살아가며 필요한 여러 가지 이유가 모두 육친에 담겨 있다. 일, 직업, 돈, 건강, 죽음, 가족, 형제, 부모 등과 같이 인간이 살아가며 필요하거나 궁금해하는 것 혹은 반드시 어울려야 하거나 사용해야 하는 것이 모두 들어 있다.

이러한 모든 것을 파악하는 기준은 일간이다. 일간은 그 사람의 기본 성정을 나타내기도 하지만 그 사람이 가장 잘할 수 있는 것이 무엇인지를 나타내기도 한다. 육친의 관계는 일간을 기준으로 한다. 이에 따라 육친도 각각 직업적으로 무엇을 할 수 있는지 나타낸다.

즉 사주 구성에서 비견이 강한 사주의 주인은 비견에 어울리는 직업이 있다. 겁재가 강한 사주에서는 또한 겁재가 강한 사람에게 어울리는 직업의 형태나 직업군이 있다. 이러한 직업 형태는 육친이 각각 보여주는 속성 때문일 것이다. 예를 들면 비견과 겁재가 강하면 독립적이고 독선적이며 강한 기질이다. 이런 기질을 가진 사람은 타인과 함께 일하기보다는 혼자 일하는 것이 어울린다. 이러한 사항을 고려하면 각각의 육친에 어울리는 직업군이 나타날 수 있다.

육친(십성)	직업군
비견	개인사업, 프리랜서, 의사, 변호사, 운동선수, 교수, 인권단체, 언론사, 기자, 대리점 경영, 조경, 물류, 유통, 사진, 영상, 종교, 협회, 사단법인, 출장소, 건축업, 주유소, 군인, 경찰, 판사, 변호사, 검사
겁재	프리랜서, 개인사업, 전문직, 특수직, 의사, 운동선수, 조각가, 운수업, 분양업, 노동조합, 스포츠 관련업종, 대리점, 선출직 정치인, 경호, 경비, 기자, 요식업, 투기직종
식신	식당, 의류, 제조업, 연구원, 교사, 의사, 호텔, 숙박업, 서비스업, 생산, 예능, 종교업, 유치원, 보육업, 사회복지, 농수산업, 식료품, 슈퍼마켓, 곡물 유통, 영화, 연극, 농사
상관	서비스업, 기자, 강사, 교수, 발명, 연예인, 앵커, 연구원, 교육계, 약학계, 대변인, 디자인, 종교인, 정치가, 아나운서, 역술인, 세일업종, 유통업, 제조업, 판매직, 가수, 문필가, 수리업, 시인, 소설가, 통역사, 가이드, 중개업

육친(십성)	직업군
편재	기업가, 개인사업, 무역, 스포츠, 부동산, 금융업, 투자 산업, 임대업, 소규모 사업, 음식점, 유흥업, 마케팅, 홈쇼핑, 의약재료, 생산, 축산업, 여행사, 화장품, 미용, 연극
정재	공무원, 일반 회사원, 기업체 근무, 교사, 대기업, 임대업, 무역업, 세무사, 회계사, 생산 제조업, 부동산, 경리, 은행, 건축업, 도매업, 학원사업, 신용사업, 특허, 인증, 대행업, 사무직, 경리직
편관 (7살)	관공서, 선출직 공무원, 외교관, 사법부 공무원, 의사, 간호사, 군인, 경찰, 경호원, 검사, 군무원, 교도관, 별정직, 기술직, 정치인, 종교지도자, NGO, 수영장, 운수업, 유흥업, 검찰공무원
정관	학자, 일반 공무원, 행정직, 관공서, 교육자, 의약계, 사법계, 군인, 경찰, 법관, 은행, 강사, 교사, 교수, 회사원, 통계, 비서, 총무직, 위탁관리업, 지배인, 양품점, 양복점, 공무직
편인	교육계, 여행사, 어문학자, 소설가, 소개업, 중개업, 기술, 종교인, 디자인, 인테리어, 골동품, 제사, 제관, 보석, 운수업, 부동산, 역술인, 부동산, 가이드, 출판, 언론, 식료품, 서비스업, 영화배우, 무속인
정인 (인수)	교육계, 교수, 교사, 강사, 교육업종, 정치, 어문학, 행정직, 사학, 인류학, 민속학, 언론계, 종교, 출판, 인쇄, 통역, 번역, 컴퓨터, 응용미술, 작가, 일반예술, 설계기사, 소설가

3. 육친의 해설

1) 정인(正印)

정인은 나를 생하는 것이며 음양이 다르다. 나를 의미하는 일간이 갑목(甲木)이라면 생하는 수(水)는 인성(印星)이다. 인성은 정인(正印)과 편인(偏印)을 모두 이야기하는 것이며, 달리 인수(印綬)라고도 한다. 갑목(甲木)에 정인은 생을 해주는 오행이다. 오행의 생극(生剋) 이치에 따라 목(木)을 생하는 것은 수(水)다.

정인은 나를 생해주는 것 중 음양이 다른 것이다. 내가 갑목(甲木)이라면 나를 생해주는 것이 수(水)이고 음양이 다른 것이니 계수(癸水)가 된다. 즉 음양이 다른 생의 관계인 오행이니 음수(陰水)를 나타낸다. 나를 나타내는 일간이 갑목(甲木)인데 양목(陽木)이므로 정인은 음수가 된다. 따라서 정인은 계수(癸水)가 된다.

보통 정인은 남자에게 어머니와 장인을 나타낸다. 여성에게도 어머니와 또 다른 어른을 나타낸다. 정인은 달리 인수(印綬)라고도 한다. 정인은 문서, 조상, 학문이나 학습을 의미하기도 한다. 따라서 정인이 발달된 사주는 공부를 잘하고 적극성이 있으며 모성애가 있고 자비롭다고 분석된다.

정인은 베풂이 있지만 지독하게도 자기중심적인 육친이다. 남에게 베풀 때도 내가 베푼 만큼 대우받기를 바라는 속성이다. 자기중심적인 면이 대단히 강하다. 따라서 대중 속에서도 중심에 서야 속이 풀리고 중심에 도달하지 못하면 남을 원망한다.

자기중심적이기 때문에 사주에 정인이 많으면 외골수적이며 이기주의적인 성향이 강하게 드러나 남을 힘들게 한다. 특히 정인이 많거나 편인이 많으면 인성과다(印星過多)라고 하는데 지독히 자기중심적이며 이기적이다. 이러한 사주를 가진 여자는 남편을 괴롭힐 정도로 자기중심으로 행동하며 자신을 과장하여 사기에 가까운 언행을 보인다.

정인이 강하면 자신을 비관하거나 좌절하기도 한다. 정인이 강하면 학자들이 많다. 학문에 몰입하고 실천 의지가 강하다. 어머니를 뜻하기 때문에 어머니와 유정하다. 정인이 태과되어 넘치면 아버지가 설 자리가 없어지는 격이므로 아버지 인연이 박하고 편모 가정의 운도 따른다.

인성이 지나치게 강하면 어려서 보살피는 사람이 많은 격이니 게을러지고 응석받이가 되며 매사 투정을 부리고 목적을 위해서는 말을 가장하고 덧붙인다. 따라서 말의 과장이 때로는 사기가 되기도 한다. 나이가 들어서는 어려서 돌보던 사람들이 모두 늙어 손길을 기다리는 격으로 살피고 책임져야 할 것들이 많다.

정인은 달리 인수(印綬)라고도 하는데 일간을 생하는 오행이지만 음양이 다르다. 정인은 대체로 길한 작용을 하는데, 사주가 중화되어 인수격을 이룬다면 대체로 길한 사주라고 판명한다. 다만 지나치게 많으면 불편하고 역으로 작용한다.

정인은 신약한 사주에 커다란 힘이 된다. 신약하다는 것은 아신(我神)인 일간(日干)과 비견(比肩), 겁재(劫財), 편인(偏印)과 정인(正印)의 세력이 약하거나 힘이 없을 때 이르는 표현이다. 사주는 신약(身弱)이나 신강(身强)으로 구별한다. 신약한 사주일 경우에는 정인이 매우 도움이 되고 길한 작용을 한다. 여자 사주에서 정관(正官)은 남편을 의미하는데 나를 극한다. 자성(子星)의 별인 식신과 상관은 나를 나타내는 일간의 자식이다. 그런데 내 어머니 격인 정인은 나의 자식인 식신(食神)이나 상관(傷官)을 극한다.

예를 들어 일간이 갑목(甲木)이라면 계수(癸水)가 정인이다. 계수(癸水)는 식신과 상관인 병화(丙火)와 정화(丁火)를 극하는 것이다. 즉 수극화(水剋火)의 원리에 따른 것이다. 또한 남편을 의미하는 부성(夫星)인 관살(官殺)의 기세를 도기(盜氣)하게 된다. 이는 정인이 남편을 의미하는 육친인 정관(正官)과 편관(偏官)을 설기시키기 때문이다.

인수라고도 하는 정인은 나를 의미하는 일간을 생하는 오행인데 음양이 다르다. 일간이 음간(陰干)이라면 양간(陽干)이 정인이며, 일간이 양간이라면 음간이 정인이다. 일간을 생하는 것을 흔히 인성이라고 하는데 이 중 음양이 다른 것이다. 음양의 이치가 서로 배우하여 생하는 것이니 음양이 배합되고, 이러한 이치로 애정이 풍부한 자애로운 생육이라 자육(慈育)이라 하며, 정모존친(正母尊親)의 신이라 하니 친어머니가 그 대상이 된다.

정인은 일간을 생한다. 비견(比肩)이나 겁재(劫財)는 일간과 동기(同氣)인 오행이다. 음양의 분별에 따라 비견과 겁재로 나뉘지만 일간과 동일한 오행을 지닌다. 정인은 일간을 생할 뿐만 아니라 비견과 겁재도 생한다. 따라서 정인은 일간을 생하여 강하게 돕지만 비견이나 겁재를 생하기도 하므로 비견과 겁재의 힘을 강하게 만든다.

일간을 비롯하여 비견, 겁재를 생하여 일간을 강하게 한다			
六親	정인	我身	비견	정인
天干	乙	丙	丙	乙
地支	未	辰	戌	卯
六親				

시간 을목(乙木) 정인과 연간 을목 정인이 일간 병화(丙火)를 생하여 강하게 하지만 월간 병화도 생하여 비견을 강하게 한다.

모든 오행은 상생과 상극의 관계를 가진다. 수(水)는 목(木)을 생하는 대신 화(火)를 극한다. 목(木)은 수(水)에서 생의 기운을 받지만 화(火)를 생한다. 이처럼 오행은 받는 생의 기운이 있으면 다시 생하는 기운이 생겨나고, 극을 받거나 극을 하기도 한다. 정인은 생극의 이치에 따라 7살의 이법으로 상관을 극제한다. 즉 정인은 관살로부터 생을 받지만 식신과 상관을 극제하는 것이다.

흔히 7살(七殺)의 이법이라는 말을 한다. 즉 자신으로부터 일곱 번째 있는 것이 7살이라는 것이다. 그렇다면 어떤 경우인가? 갑을병정무기경신임계의 열 가지 천간이 있을 때 만약 나를 의미하는 일간이 갑(甲)이라 하자. 갑을 포함하여 세어 가면 7번째가 경(庚)이다. 이처럼 일곱 번째 글자가 자신을 극하므로 7살이라 한다.

정인은 상관을 제하고 식신에게도 극을 한다			
六親	정인	我身	상관	식신
天干	丁	戊	辛	庚
地支	巳	午	巳	申
六親	편인	정인	편인	식신

무오일주(戊午日柱)에서 정화(丁火)와 오화(午火)는 정인이고 사화(巳火)는 편인이다. 천간 신금(辛金)은 상관이고 경금(庚金)과 신금(申金)은 식신이다. 정화와 오화는 신금(辛金)을 제하고 경금과 신금(申金)을 극한다. 일반적으로 제와 극은 나누지 않고 극으로 살피는 경우도 많다. 따라서 제와 극은 다른 의미이나 같은 결과로 사용하기도 한다.

사주원국에서 정인은 일간의 든든한 배후자 역할을 한다. 그런데 정인은 정재로부터 극을 받는다. 예를 들어 일간이 갑목(甲木)이라면 정인은 계수(癸水)다. 이 계수(癸水)는 기토(己土)로부터 토극수(土剋水)의 상생과 상극의 이치에 따라 무정의 극을 받게 된다. 이를 일러 정인이 파한 것이라 한다. 정인은 정모(正母), 즉 친어머니인지라 정인이 파가 되는 것은 모(母)가 파하는 것을 의미한다.

다행히 다른 정인이 있다면 무난하지만 하나뿐인 정인이 극을 당해 파한 격이 된다면 어머니가 파한 격이다. 파했다는 것은 깨지거나 사라지거나 힘이 없음을 의미한다. 어머니가 힘을 잃거나 사라진 격에 해당하므로 일간의 나는 힘이 없거나 배후자가 없고, 도와주고 밀어주는 사람이 없어 고립의 상이 되니 흉명이 된다. 이 경우에도 사주원국에 편재가 같이 있게 된다면 극하는 정도가 더한층 가해져 더욱 나쁘다.

정인은 정재로부터 극을 받고 편재로부터도 극을 받는다				
六親	편재	我身	정인	정재
天干	戊	甲	癸	己
地支	辰	申	酉	丑
六親				정재

갑신일주(甲申日柱)에서 계수(癸水)가 정인이다. 무토(戊土)는 편재이고 기토(己土)는 정재다. 계수는 무토와 기토로부터 극의 관계다. 그러나 계수 입장에서 무토와는 합(合)의 관계이므로 유정하다 할 것이다.

상생과 상극의 원리는 오행의 원리에서 가장 중요하고도 요긴한 것이다. 이에 따라 육친의 생극도 구별된다. 정인은 정관과 편관으로부터 생을 받는다. 정인의 개념에서는 정인이 일간일 때 정관과 편관이 인수가 되는 것이나 같다.

갑목(甲木)이 일간이고 계수(癸水)가 정인이라면, 사주원국에 경신(庚辛)의 금(金)이 있다면 관살이다. 정관과 편관을 관살이라고도 하는데 이는 편관을 7살이라 부르기도 하기 때문이다. 계수(癸水)가 정인이라면 관살인 경신(庚辛)을 보아 금생수(金生水)의 법칙에 따라 생을 받아서 강하게 된다.

사주는 신약보다는 신강이 좋다. 이는 일반적인 개념이다. 약한 몸보다는 체력이 강한 몸이 좋다는 것과 상통한다. 사주에서 내가 강해지면 신강이라 하는데, 신강의 조건은 몇 가지가 있다. 신강해지는 조건 중 한 가지는 정인과 편인이 강해 일간을 생조하는 것이고 다른 하나는 비견과 겁재가 강하여 일간을 생조하는 것이다. 따라서 정인이 강하면 일간이 강해진다.

정인은 숫자가 많아 세가 강하게 되는 것이 좋지만 약간 폐단이 있다. 그러나 약한 것보다는 강한 것이 좋다. 정인은 편인과 더불어 관살로부터 생을 받는다. 관살로서는 정인과 편인을 생하는 것이다.

이를 달리 표현하면 설기라고 한다. 즉, 관살 입장에서 보면 정인이 자신의 힘을 빼는 것이니 설기다. 특히 관살이 중중하여 그 숫자가 많거나 힘이 강하면 일간을 극하는 것이다. 관살이 강하면 일간이 극을 당한다. 이처럼 극이 강한 사주의 경우에 정인은 관살의 힘을 빼니 유용하다. 즉 관살이 강할 때 정인은 일간에 작용하는 관살의 극을 부드럽고 무디게 하여 유순하게 작용하도록 한다. 관살이 강하면 일간은 반드시 극을 당한다. 일간이 어느 정도 강하지 않으면 일간은 편관으로부터의 극을 피하기 어렵다. 즉 관살의 극으로 일간이 속박을 받는 것이 되므로 곤란하다. 이런 때 정인은 편관으로부터 생을 받는 것이 되는데 이는 편관의 기를 설기하는 효과를 나타낸다. 정인이 편관을 설기하게 되어 편관의 힘은 쇠하고 도리어 정인은 강하게 되므로 정인은 능히 일간의 나를 수호하여 매우 길한 사주가 된다.

관살에서 생을 받아 세가 왕성해진다				
六親	정인	我身	편관	정관
天干	癸	甲	庚	辛
地支	亥	戌	申	酉
六親	편인		편관	정관

갑술일주(甲戌日柱)에서 계수(癸水)는 정인이고 해수(亥水)는 편인이다. 경금(庚金)과 신금(申金)은 편관이고 신금(辛金)과 유금(酉金)은 정관이다. 사주원국에서 관살이 4개나 되어 중중한데 일간은 극을 당하여 매우 위태롭다. 시간의 계수와 시지의 해수가 금생수(金生水)하여 설기시키니 비로소 갑일간(甲日干)이 숨통이 트이게 된다.

갑술일주(甲戌日柱)에서 계수(癸水)는 음수(陰水)로서 정인이 되고, 임수(壬水)는 양수(陽水)로서 편인이 된다. 정인은 일간과 음양이 다른 것이다.

육친은 저마다 각각의 의미가 있고 나타내는 바가 있다. 정인은 어머니 역할을 나타내고 그에 상응하는 주변 인물들의 역할을 나타낸다. 사주원국에 정인이 있는가 없는가의 차이는 매우 크다.

정인은 편인과는 음양이 다르다				
六親		我身	정인	편인
天干	乙	甲	癸	壬
地支	丑	寅	巳	辰
六親				

갑인일주(甲寅日柱)에서 계수(癸水)는 음수(陰水)로서 정인이 되고, 임수(壬水)는 양수(陽水)로서 편인이 된다. 정인은 일간과 음양이 다른 것이다.

정인은 자비와 강인한 생명력, 명예와 부의 축적을 나타내며 인성은 총명성과 지혜가 많음을 나타내기도 한다. 정인이 없다는 것은 세밀한 지혜가 부족하다는 것을 나타내기도 하는 것이다. 사주원국에 정인이 있다는 것은 모친이 유정하다는 것이며 친지 어른 그리고 친족이 유종하다는 것이다.

사주원국에 정인이 존재한다는 것은 성격이 원만하고 수명이 길 뿐 아니라 의식주가 풍족하다는 것이다. 학문에 뜻이 있어 학습효과가 있거나 학습에 관습이 있고 예술적 기질이 있으며 손재주도 있다는 것을 보여준다.

정인(인수) 표									
일간	갑(甲)	을(乙)	병(丙)	정(丁)	무(戊)	기(己)	경(庚)	신(辛)	임(壬)	계(癸)
정인	계(癸)	임(壬)	을(乙)	갑(甲)	정(丁)	병(丙)	기(己)	무(戊)	신(辛)	경(庚)

2) 편인(偏印)

편인은 나를 생하는 것이며 음양이 같은 것이다. 정인과 같이 생하는 기능이지만 적용하는 결과는 다르다. 양간이 양간의 일간을 생하거나 음간이 음간의 일간을 생하는 것이다. 어머니가 없을 경우 부모를 대신하여 양육해주는 사람으로 조부모의 비유이기도 하다. 재미있는 것은 고모가 이 편인에 해당한다는 것이다.

사주원국에서 일간이 을목(乙木)이라면 계수(癸水)가 수생목(水生木)으로 생하여 편인이 된다. 편인은 정인과 마찬가지로 모친 역할을 하지만 친모(親母)의 사랑에 미치지 못한다 하여 흉신의 하나가 된다. 따라서 편인은 친부모가 아니면서 친부모와 같은 기능과 역할을 수행하지만 조금 박한 사람을 의미한다. 새어머니, 시어머니, 수모, 찬모, 계모 등이다. 편인은 친어머니가 아니라 어머니 역할을 하는 다른 존재에 해당한다.

편인이 강한 사주는 대체로 애정이 박한 편이라 의붓의 양친에게 양육이 되거나 조부모에게 양육되는 경우가 많다. 어려서부터 고생하거나 외면당하고, 때로 괄시를 당하며 자라고, 의식주에 인연이 희박하여 빈명(貧命)이 된다. 사주에서 편인 역할은 매사에 요령이 드러나고 선견지명을 내보이며 기회를 엿보는 특징이다. 편인이 강하거나 많으면 이러한 성향이 여실하게 드러난다.

여자 사주에서는 특히 대표적인 고독한 운명을 드러내는 것으로 흉성에 속한다. 또 인성은 자식을 의미하는 식신과 상관을 깨뜨리고 극하며 관살(官殺)을 도기(盜氣)하여 남편의 복을 깨뜨린다. 따라서 여성의 사주에서 편인이 많은 것은 극히 꺼리는 일이다. 더구나 편인이 많으면 어려서 돌보는 이가 많으니 게을러지고 의붓어머니 격인 사람들을 상대해야 하니 말이 과장되고 자신을 미화한다.

그나마 살아가며 어머니가 없다면 의붓어머니에게라도 의지하는 격이라 정인이 없거나 신약 사주는 편인에 의지할 수밖에 없는데 이때는 편인도 좋은 기능을 발휘하게 된다.

편인은 특히 예술의 신으로 문학, 예능적 기질을 나타낸다. 편인은 양친과 조부모의 신으로 편인이 제화(制化)가 좋거나 다른 정인이나 형제를 의미하는 글자가 없어서 신약한 사주에서는 도움이 된다.

편인이라 해도 하나밖에 없다면 애정이 후한 양친과 인연이 있어 사랑받는 가정에서 자랄 수 있다. 그러나 편인이 지나치게 강하거나 많아 태과하거나 때로 형충을 당하거나 제화의 이법에 맞지 않으면 지지리도 부모덕이 없다고 하는 상황이 된다. 때로는 초년에 부모와 이별하고 편모나 의붓어머니에게 양육되거나 애정이 희박한 양친에게 양육되는 경우가 많다.

정인과 동기이성(同氣異性)이다				
六親	편인	我身	정인	
天干	壬	甲	癸	己
地支	午	辰	酉	未
六親				

갑진일주(甲辰日柱)에서 수생목(水生木)의 법칙에 따라 수(水)가 목(木)의 인성(印星)이 된다. 계수(癸水)는 음수(陰水)로서 갑목(甲木)의 정인이 되고, 임수(壬水)는 양수(陽水)로서 편인이 된다. 편인은 일간을 생하고 음양이 같은 것이다. 정인과는 오행이 같고 음양이 다르다.

편인은 아신인 일간을 생한다. 또 일간과 오행이 같은 비견과 겁재를 생하니 아신을 강화하고 세력을 강하게 한다. 아신이 오행상으로 목(木)이라면 편인은 수(水)의 오행이다. 따라서 수생목(水生木)으로 일간과 비견, 겁재를 강화한다.

만약 일간이 토(土)의 오행이라면 편인은 화(火)의 오행이다. 화생토(火生土)하여 일간에 상생관계가 된다. 따라서 일간을 비롯하여 비견과 겁재를 같이 생하므로 세력을 강화한다. 일간과 동일한 오행인 비견이나 겁재를 보면 일간을 생하듯 이들도 생하는 것이니 세를 강화한다.

일간과 비견겁재를 생하여 세를 강화한다			
六親	편인	我身	겁재	정인
天干	丁	己	戊	丙
地支	子	卯	申	戊
六親				겁재

기묘일주(己卯日柱)에서 무토(戊土)는 일간인 기토(己土)와 오행이 같고 음양이 다르니 겁재다. 화생토(火生土)의 원리에 따라 화(火)의 오행이 인성이다. 정화(丁火)는 음양이 같으니 편인이고, 병화(丙火)는 음양이 다르니 정인이다. 편인과 정인이 일간을 생하듯 비견과 겁재를 생하니 일간이 강해지기도 하지만 겁재인 무토 또한 강해진다.

편인은 식신을 극하는 관계에 있다. 역시 편인은 상관도 극한다. 예를 들어 나를 나타내는 일간이 갑목(甲木)이라면 편인은 임수(壬水)가 된다. 또한 식신과 상관은 각기 병화(丙火)와 정화(丁火)다. 편인인 임수는 병화를 극하고 정화를 제한다. 따라서 편인이 강하면 식신과 상관은 힘을 쓸 수 없다. 편인이 지나치게 강하면 식신은 극의 관계가 된다.

식신은 여자 사주에서는 자식이기도 하지만 근본적으로 의식주를 나타내는 신이다. 이 의식주의 신이 편인에 강하게 극을 받는 것은 먹을 것이 깨지는 것이니 빈궁하다는 것을 보여준다. 이와 같은 이치로 격국(格局)을 논할 때, 식신격(食神格)은 편인을 보면 깨지니 파격(破格)한다고 본다. 상관은 식신과 동기이성으로 식신과 같은 정도의 극을 받는 것은 아니나 제약을 받는다.

六親	식신	我身	편인	상관
			식신을 제하고 상관도 극으로 제(制)한다	
天干	丁	乙	癸	丙
地支	亥	酉	卯	戌
六親	정인			

을유일주(乙酉日柱)에서 아신이 목(木)이므로 인성은 수생목(水生木)의 원리에 따라 수(水)의 오행이 된다. 을유일주에서 아신이 목이므로 목생화(木生火)의 원리에 따라 식신과 상관은 화(火)의 오행이 된다. 일간인 을목(乙木)에 계수는 편인이고 임수는 정인이다. 일간인 을목에 정화는 식신이고 병화는 상관이다. 식신과 상관을 묶어 식상이라 부른다. 편인은 식신을 제하고 상관을 극한다.

모든 오행은 상극관계를 형성한다. 편인은 식신을 극하지만 자신도 편재로부터 극을 받는다. 모든 오행은 극을 가하고 극을 받는다. 편인은 편재로부터 극을 받으니 파극된다고 표현한다.

모든 오행은 지나치게 강하거나 없으면 병이 된다. 이때 지나치게 강한 오행에 대하여 극은 적절한 약이 되기도 한다. 지나치게 강한 편인이 있다면 아신에게는 흉신이 된다. 편인이 지나치게 강하면 편재가 있어 적절하게 극을 해주어야 길명이 된다. 이를 선화(善化)라고 할 수 있다.

지나치게 강한 편인이 있으면 이를 극할 수 있는 편재가 있기를 바라게 된다. 편재가 편인을 극하면 선화가 이루어진다. 편인이 선화하면 실모(實母) 이상으로 애정이 후한 양모(養母)가 된다. 즉 편인이라 해도 정인 역할을 하고도 남는다.

본래 남자 사주에서 정처(正妻)에 해당하는 정재와 친어머니를 나타내는 정인(인수)은 아무리 좋은 관계라 해도 서로 불용하는 관계다. 어머니인 정인이 아내인 정재에게 극을 받는 것처럼 작은어머니와 같은 의미를 지니는 편인도 정처(正妻)로 풀이되는 정재에서 극을 받는다.

편재에게는 제(制)를 받고 정재에게는 극을 받는다				
六親	정재	我身	편인	편재
天干	辛	丙	甲	庚
地支	酉	寅	辰	午
六親	정재			

병인일주(丙寅日柱)에서 일간은 병화이므로 이를 생하는 목의 오행은 인성이다. 병화일간이 극을 하는 금의 오행은 재성이다. 갑목은 편인이고 경금은 편재이며 신금(辛金)은 정재다. 편인인 갑목은 일간인 병화를 생한다. 일간인 병화는 편재인 경금과 정재인 신금을 제극한다. 금극목(金克木)의 원리에 따라 편재인 경금은 편인인 갑목을 제하고 정재인 신금은 편인인 갑목을 극한다.

편인과 정인을 모두 이야기할 때는 인성(印性)이라고 한다. 오행의 생극에 따라 인성은 일간과 비견, 겁재를 생하지만 정작 인성은 관성(官星)으로부터 생의 기를 받는다. 따라서 편인과 관살은 상생관계에 있다. 즉 정관과 편관이 인성을 생하는 것이다.

특히 편인이든 정인이든 지극히 약할 때는 관성이 도움이 된다. 편관과 정관을 합하여 관성이라고 한다. 또한 편관은 살(殺)이라 부른다. 따라서 관성을 달리 관살(官殺)이라고도 한다. 이처럼 편인은 관살을 보게 되면 생의 관계에서 왕성하게 된다. 그러나 편인은 흉신의 하나에 속하는 것이라 대부분 관살을 보면 편인은 더욱 왕성하게 되므로 오히려 힘이 강해져 흉이 심하게 된다.

정관이나 편관에게 생부(生扶)를 받는다			
六親	정관	我身	편인	편관
天干	丁	庚	戊	丙
地支	卯	午	寅	辰
六親		정관		편인

경오일주(庚午日柱)에서 일간은 경금이다. 경금을 생하는 무토는 편인이다. 일간인 경금을 극하는 병화는 편관이고 정화는 정관이다. 편인 무토는 편관 병화와 정관 정화로부터 화생토(火生土)의 원리에 따른 생부를 받는다.

편인은 학술기예(學術技藝)가 매우 뛰어나며 조상을 모시는 기능에서는 타의 추종을 불허한다. 또 독특한 철학에 심취하거나 인연이 깊으며 명리, 점술학, 명리학, 무속에 조예가 있거나 관심이 많으며 심취하기도 한다. 의학과 점술에 능하거나 관심이 많으므로 반드시 의사가 아니어도 민간요법 등에 심취하고 깊이 파고들기도 한다. 독특한 성정을 지녔으며 임기응변이 매우 뛰어나다.

편인 표									
일간	갑(甲)	을(乙)	병(丙)	정(丁)	무(戊)	기(己)	경(庚)	신(辛)	임(壬)	계(癸)
편인	임(壬)	계(癸)	갑(甲)	을(乙)	병(丙)	정(丁)	무(戊)	기(己)	경(庚)	신(辛)

3) 비견(比肩)

비견(比肩)이라 쓰는데 이는 '어깨를 나란히 한다는 의미'다. 일간과 동기동성(同氣同性)의 오행에 붙여진 이름이다. 즉 사주의 일간은 나를 의미하는

데, 일간이 목(木)이라면 사주의 다른 글자 중 목(木)은 비견이거나 겁재다. 그런데 비견이 되려면 음양이 같아야 한다.

다시 말해 같은 오행과 같은 음양일 때를 일러 비견이라고 한다. 나를 의미하는 일간이 기토(己土)라면 토이며 음이니 음토인데 다른 곳에 기토(己土)가 투간되어 있으면 비견이다. 또 지지에서도 기토(己土)와 같은 토이면서 음을 나타내는 음토가 있다면 역시 비견이다. 일간이 기토(己土)라면 지지에서는 당연히 축토(丑土)와 미토(未土)가 비견이다. 비견은 일간과 한편이 되어 세를 강하게 해주는 육친이다.

비견은 일간과 같은 오행이다. 비견과 겁재는 일간과 같은 오행이다. 비견은 오행이 같고 음양도 같은 것이고, 겁재는 오행이 같고 음양이 다른 것이다. 따라서 동일한 오행이라도 음양에 따라 비견과 겁재로 달리한다.

비견은 형제와 같은 것이고 사회생활을 하면 입사동기나 동료 같은 역할이다. 군대로 하면 동기일 것이다. 한 어머니를 두고 태어난 형제와 같은 것이다. 형제도 한두 명이면 정겹고 가깝지만 여러 명이면 싸우기도 하고 때로 밥을 서로 먹겠다고 다투기도 한다.

이와 같은 이치에 따라 비견의 숫자가 적으면 도움이 되나 지나치게 많으면 오히려 나를 피곤하게 한다. 이것이 비견이다. 따라서 나를 나타내는 일간이 신약(身弱)할 때 비견은 매우 유효한 작용을 하여 도움이 되니 독립적인 힘을 얻게 되지만 나를 의미하는 일간이 이미 힘을 얻었고 신왕(身旺)할 때 비견이 많이 있는 것은 극도로 꺼리게 된다.

비견이란 일간과 동기동성이다. 즉 일간과 같은 오행과 음양이 바로 비견이다. 갑(甲)이 갑(甲)을 보면 비견이요, 신(辛)이 신(辛)을 보면 비견이다. 기(己)가 기(己)를 보면 비견이다. 지지의 글자도 오행과 음양을 따져 비견을 파악한다.

비견은 나를 의미하는 일간과 동류이므로 동성 형제를 의미하고 자매, 친척, 친구, 동업자, 동료, 동창, 연적 등으로 본다. 비견은 처(妻)를 극하는 의미를 지닌 육친이기도 하다. 따라서 비견이 강하면 혼인이 쉽지 않거나 깨지기 쉬우며 이혼 가능성도 높으므로 늦은 나이에 결혼하는 것이 좋다고 한다. 비견은 일간과 함께 식신과 상관을 생하는 역할을 한다. 여자 사주에서 식신과 상관은 자식을 의미하니 자식에게 신경을 많이 쓰는 격이다. 성격이나 직업에 작용하는 것이 격국인데, 이 격국에서 식신격의 사주나 사주에 식신이 있는데 비견이 있다면 길하다.

사주원국에 비견이 많거나 강하게 작용하면 자신과 형제에게 치중하고 고집을 부리는 격이라 고집이 세고 자기주장이 강하여 타인과 잘 어울리지 못하니 타협하기 어렵고 자신의 주장만 하는 격이다. 여자 사주에서 비견이 많거나 강하면 고집이 세고 남편 내조를 저해하므로 어느 정도 경험이 있고 세상을 보는 눈이 생기는 늦은 나이에 결혼하는 것이 유리하다.

사주에 비견이 많은 사람은 고집이 세고 자의식이 뚜렷하다. 자기주장이 강하고 자신이 옳다고 생각하면 잘 변하지 않으며 틀린 것을 알아도 밀고 나가는 성격을 드러낸다. 성격이 우직하고 고집스러워서 타인과 타협하기가 어렵다.

여자 사주에서 비견이 강하다는 것은 사주의 주인이 고집이 세다는 것을 나타내며, 자신의 주장이 강하고 고집을 내세우니 남편을 내조하기가 어렵고 사사건건 충돌하는 격이니 비견은 여자의 내조를 저해하는 신이다.

편인이나 정인(인수)은 일간을 생하는 것이지만 일간과 동기동성인 비견과 겁재도 생하게 된다. 따라서 비견과 겁재가 많으면 기를 비견과 겁재에

빼앗기게 된다.

비견은 부모의 재산이나 기여, 기회, 재물을 나누는 신이다. 이름 하여 분록(分祿)의 신이므로 인성으로부터 생을 받는 것도 다르지 않아 일간과 같다. 즉 일간이 생을 받는 것처럼 비견도 생을 받는 것이라 강해진다. 물론 겁재도 생을 받는다. 이는 별로 반가운 일이라 할 수 없다.

비견이 많으면 작은 밥솥의 밥을 나누어 먹어야 하는 것이나 같다. 재물이 모이지 않는다는 것을 보여준다. 결국 재물의 흩어짐을 예견하는데, 일간이 약할 때에는 형제가 돕는 격이니 비견을 보는 것도 다소나마 도움이 된다.

편인과 인수로 생조를 받아 왕성하게 된다			
六親	비견	我身	편인	겁재
天干	戊	戊	丙	己
地支	辰	申	寅	巳
六親				편인

일간이 무토(戊土)이니 시주천간의 무토는 일간과 오행이 같고 음양도 같으므로 비견이다. 년주 천간의 기토(己土)는 일간과 오행이 같고 음양이 다르므로 겁재이다. 편인 병화는 일간 무토를 생하지만 오행이 같은 비견 무토와 겁재 기토를 생하기도 하여 세를 강하게 한다.

비견과 겁재는 한 형제와 같다. 그러나 비견은 친어머니에게서 난 형제와 같고 겁재는 아버지가 다른 어머니에게서 낳아가지고 온 이복형제와 같다. 따라서 비견은 가능한 한 도움이 되지만 겁재는 도움이 되어도 반드시 대가가 필요하다.

동일한 오행이라도 음양이 다르면 겁재가 된다. 비견은 겁재와 마찬가지로 식신과 상관을 생하는 관계에 있다. 그러나 무엇이 무엇을 생하는가에 따라 의미는 다르다. 즉 식신은 길신이므로 비견을 보는 것이 필요하지만 배다른 형제격인 상관은 흉신에 속한다. 상관이 비견을 보면 흉의(凶意)가 강하게 되므로 좋다고 볼 수 없다.

비견은 편재와 정재를 극한다				
六親	정재	我身	비견	편재
天干	己	甲	甲	戊
地支	巳	戌	寅	子
六親		편재	비견	

갑술일주(甲戌日柱)에서 아신인 일간 갑은 목의 오행이다. 월천간의 갑목은 일간의 갑목과 오행과 음양이 같으니 비견이다. 목극토(木剋土)의 원리에 따라 아신이 극하는 것은 재성이니 무토와 기토는 재성(財星)이다. 음양이 다른 기토는 정재이고 음양이 같은 무토는 편재이다. 비견 갑목은 목극토의 원리에 따라 편재 무토와 정재 기토를 극한다.

비견은 7살의 이법으로 편재를 극한다. 즉 일곱 번째 글자를 극하는 것이다. 나를 의미하는 일간의 오행이나 비견, 겁재의 오행이 수(水)의 오행이라고 가정하자. 즉 일간이 임수(壬水)라면 타간에 투간된 비견도 임수다. 이 임수를 극하는 것이 7살에 해당하는 무토(戊土)다.

일간이 병화(丙火)라면 비견은 당연히 병화가 된다. 원국에 임수(壬水)가 있어 병화를 극하면 7살이다. 이러한 이치에 따라 비견은 편재와 정재를 극한다. 신금(辛金)이 편재라면 정화(丁火)가 있어 신금을 극하는 것이 바로 그것이다.

정재도 편재와 같이 극하는 관계를 가진다고 한다. 정재는 편재와 같이 무정(無情)이 되지 않으나 비견이 투간하거나 태과할 경우에는 정재도 편재와 같은 정도로 극한다.

비견은 식신과 상관을 생한다			
六親	상관	我身	식신	비견
天干	己	丙	戊	丙
地支	酉	午	子	辰
六親				

병오일주(丙午日柱)의 일간은 병화다. 년천간에 투간된 병화는 일간인 병화와 음양오행이 같으므로 비견이다. 화생토(火生土)의 법칙에 따라 병화는 기토와 무토를 생한다. 일간인 아신 병화와 음양이 같은 무토는 식신이고 음양이 다른 기토는 상관이다. 화생토(火生土)의 생극법칙에 따라 병화는 식신 무토와 상관 기토를 생한다.

사주를 구성하는 여덟 개 글자에 친척의 범위를 채용한 것이 육친이다. 이 육친에서 본인을 나타내는 일간에게 좋은 역할을 하는 육친과 나쁜 역할을 하는 육친으로 나누는데 이 중 나쁜 역할을 하는 4개 육친을 사흉신(四凶神)이라 칭한다. 이와 반대로 일간에 좋은 역할을 하는 4개의 육친을 사길신(四吉神)이라 한다. 이 중 편관은 일간을 극하는 대표적인 흉신이다.

비견은 편관과 정관으로부터 제극(制剋)을 받는다			
六親	편관	我身	비견	정관
天干	乙	己	己	甲
地支	巳	酉	卯	辰
六親			편관	겁재

기유일주(己酉日柱)에서 일간인 아신은 기토이다. 월천간의 기토는 비견이다. 아신을 극하는 것은 관성(官星)이다. 목극토(木剋土)의 원리에 따라 아신인 기토를 극하는 것은 목의 오행이다. 음양이 같은 을목은 편관이고 음양이 다른 갑목은 정관이다. 편관과 정관은 아신에게 제극을 가하지만 비견에게도 제극을 가한다.

비견은 일간과 오행이 같고 음양도 같으므로 동기동성(同氣同性)이라 하는데 편관으로부터 강하게 극을 받는다. 비견이 지나치게 강하면 일간은 부담을 느끼게 된다. 형제가 많아서 밥을 나누어 먹어야 하는 상황과 같다. 그런데 이때 편관이 있어 비견을 극하는 작용이 있으면 일간은 다소 편안해진다. 그러나 일간이 약할 때는 비견이 중요한 역할을 하는데, 비견은 비견이 있음으로써 단명(短命)을 면하게 된다.

겁재와는 음양이 다르다				
六親		我身	겁재	비견
天干	甲	辛	庚	辛
地支	戌	巳	寅	未
六親				

신사일주(辛巳日柱)에서 아신인 일간은 신금이다. 음양오행이 모두 같은 년천간의 신금은 비견이 되고 오행은 같으나 음양이 다른 경금은 겁재가 된다.

비견은 일간인 나와 같은 오행이며 음양도 같다. 비견이 어깨를 나란히 한다는 의미의 글자이니 부모가 같은 형제자매, 친척, 친구, 동업자, 연적 등을 나타내는데 처(妻)를 극하는 육친이기도 하다. 따라서 비견이 강하면 처가 힘들어하고 결혼운도 그다지 좋지 않다.

사주원국에 이 비견이 많은 사람은 의지가 강하고 결심이 서면 확고하나 고집이 세어 타인과 타협하기가 어렵고 남의 말을 잘 듣지 않는다. 여자 사주에서 비견이 강하면 고집이 세고 남편 내조를 저해하니 결혼은 늦은 것이 좋고 배우자를 이해하려는 마음이 필요하다.

비견이 강하면 조업불계(祖業不繼)라! 조상이나 부모의 가업을 이어받기 어렵고 매사 혼자 행동하는 격이니 타인과 조화하기도 쉽지 않다. 때때로 반항하는 격이니 충돌이 잦고 기존의 기업이나 가업을 잇기 어려워 부득이 스스로 창업해야 하니 신규창건(新規創建)이라 할 것이다. 단순하고 이익을 따지지 않는 성격이 있으나 자신만이 옳다는 생각이 강하여 타인과는 충돌하고 성공과 실패가 춤을 추듯 한다. 자신을 낮추고 고집을 꺾는 것이 세상을 살아가는 데 도움이 되지만 쉽지 않은 성격이다.

비견 표										
일간	갑(甲)	을(乙)	병(丙)	정(丁)	무(戊)	기(己)	경(庚)	신(辛)	임(壬)	계(癸)
비견	갑(甲)	을(乙)	병(丙)	정(丁)	무(戊)	기(己)	경(庚)	신(辛)	임(壬)	계(癸)

4) 겁재(劫財)

겁재는 일간과 동기이성(同氣異性)이므로 같은 오행과 다른 음양을 말한다. 갑목(甲木)에는 을목(乙木)이 겁재이고 기토(己土)에는 무토(戊土)가 겁재다. 신(辛)은 경(庚)을 보면 경(庚)이 겁재가 되고, 일간 임(壬)은 음수의 계(癸)를 보면 계(癸)가 겁재가 된다.

겁재는 재산을 겁탈당한다는 의미인데 배다른 형제, 의형제, 붕우(朋友)를 나타낸다. 겁재는 비견과 비슷한 역할을 한다. 일간이 힘이 없을 때는 겁재가 일간을 강력하게 도와준다. 그러나 일간이 강하거나 비견과 겁재가 많으면 겁재는 오히려 나쁜 역할을 하는데 몸을 아프게 하거나 재산을 잃어버리게 만든다. 따라서 겁재는 탈재(奪財)의 신이라 해석한다.

겁재는 비견과 같은 역할을 하여 식신과 상관을 생한다. 여자 사주에서 식신과 상관은 자식을 나타내는 것으로 내 형제가 내 자식을 생하는 격이다. 사주에서 겁재는 식신을 부양한다고 한다. 식신이 있는데 하나의 겁재만 본다면 도움을 받아 힘이 생기니 강해지고 복이 넘치는 사주라고 한다. 겁재는 식신을 생하지만 상관도 생한다. 상관은 재물을 의미하는 재성을 생하는 성질이 있으며 명예를 의미하는 정관을 극하는 성질도 있다. 따라서 겁재가 상관을 생하였다는 것은 사주원국의 구성형태에 따라 길한지 혹은 흉한지 쌍방의 작용에 영향을 미친다는 것이다.

겁재라는 글자에서 겁(劫)은 역(力)을 거(去)한다. 즉 힘으로 탈취한다는 의미인데, 이 말은 겁재란 정재를 탈취한다는 의미에서 붙여진 이름이니 겁재가 강하거나 많으면 재산과 재물을 극하고 탈취한다는 의미가 된다. 그렇다면 겁재가 강하면 재산을 모으거나 보존하기가 쉽지 않다는 의미가 될 것이다. 다만, 명백하게 살필 것은 정재를 보지 않으면 재를 탈취하는 일은 없다는 것이다. 그렇다면 겁재 옆에 정재가 자리해야만 재를 탈취하고 부수는 일이 일어난다.

근본적으로 겁재라는 의미가 재를 탈취한다는 뜻이 사라지는 것은 아니다. 따라서 다가오는 세운에 겁재를 맞이하면 돌연히 재물이나 재(財)적인 문제가 일어나고 형제·친척 또는 주위 사람과 사이에서 구설이 생기고 파재하는 사건이 있다. 몸이 아프기도 한 것은 피해가기 어렵다.

겁재에는 아프다는 의미도 있다. 따라서 세운(歲運)이 겁재운이라면 몸이 아프다고 해석한다. 겁재는 편재에 대해서 정재처럼 강하지 않아도 역시 약간의 극에 의미가 있다. 따라서 재격(財格)은 대부분 관살에 대한 구신(救神)이 있거나 어느 정도 신약이 아닌 한, 겁재를 꺼린다. 겁재는 정관에서 극을 받고 편관에서도 약간의 극을 받는다.

흔히 7살의 이법이라는 말을 한다. 즉 자신으로부터 일곱 번째 있는 것이 7살이라는 것이다. 그렇다면 어떤 경우인가? 갑을병정무기경신임계의 열 가지 천간이 있을 때 만약 나를 의미하는 일간이 갑(甲)이라 하자. 갑을 포함하여 세어가면 7번째가 경(庚)이다. 이처럼 일곱 번째 글자가 자신을 극하므로 7살이라 한다.

겁재는 정재를 탈취하는 흉신이지만 정관으로부터는 극을 받으니 사주원국에 정관이 있거나 대운(大運)이나 연운(年運)에서 정관운이 오면 정재를 극하는 힘이 없어지거나 떨어진다. 따라서 재물을 얻거나 돈을 벌게 된다.

해마다 운이 바뀌니 세운(歲運)은 새로운 운의 흐름이다. 세운(歲運)이나 년운(年運)은 같은 의미이고 때로 우리말로 해운이라고도 한다. 모두 그해의 운을 의미하는 말이다.

세운이 겁재라고 하면 재물을 강탈당한다는 의미가 있다. 따라서 생각지도 않게 돌연히 재물이나 재(財)적인 부분에서 잃어버리거나 어이없는 일로 재물을 빼앗기거나 재판으로 잃거나 싸움에서 빼앗기는 쟁탈사가 일어나기도 한다. 엉뚱한 곳에 투자를 하거나 사기를 당하기도 한다.

겁재운이면 형제와 친척 사이에도 재물이나 재산 다툼이 일어나기 쉽다. 그것으로 그치지 않고 평소에는 친했던 친척이나 주위 사람들 사이에서 시시하고 별일 아닌 일로 구설이 피어오르고 파재(破材)하는 일이 다변하다. 또한 겁재의 운에는 몸이 아프거나 몸을 다치는 일이 일어나고 사건사고가 일어나기 쉽다.

겁재는 나와 같은 형제이지만 독립 파재의 신으로 사주가 중화되어 있거나 약간 약할 때는 자신을 나타내는 일간을 도와 길하지만, 사주가 강하여 태왕하면 파재(破財), 파연(破緣)처럼 나쁜 역할을 하니 흉명이라 칭한다. 비견이 강하면 일상생활이나 사회생활에서 처신할 때 타인에게 종속하는 것을 좋아하지 않고, 버티고 대들며 자존심을 세우거나 융화하지 않고 남의 밑에 있는 것을 매우 싫어한다.

겁재는 식신과 상관을 생조한다. 식신과 상관은 일주와 비견, 겁재의 생조를 받음으로써 비로소 강해지고 튼실해진다. 사주원국에서 비견은 상관을 부양하고 겁재는 식신을 부양한다고 파악한다.

비록 식신이 약하다 해도 하나의 겁재를 볼 수 있다면 생부(生扶)가 되어 강력하게 된다. 식신은 먹고 마시는 음식, 식료품, 부식, 주식 등을 의미하기도 하는데, 비록 약한 식신이라 해도 겁재가 와서 생조하면 분복이 후한 사주가 된다. 비견이 상관을 생하면 식신도 생하는데 겁재도 식신만 생조하는 것이 아니라 상관도 생한다.

겁재는 식상을 생한다				
六親		我身	상관	식신
天干	甲	乙	丙	丁
地支	申	丑	申	丑
六親				

일간이 을목(乙木)이라면 천간의 정화(丁火)는 식신이 되고 병화(丙火)는 상관이 된다. 을목은 생극(生剋)의 이치에 따라 목생화(木生火)하여 병정화(丙丁火)를 생(生)하는데 예시처럼 년천간과 일천간에 정화와 병화가 있으므로 을목은 정화와 병화를 생한다. 그러나 습목(濕木)으로 병화를 생(生)하기에는 무리가 있지만 이치적으로 목생화의 관계다. 또한 시간에 투간된 갑목도 겁재로 정화와 병화를 생하니 식신과 상관의 힘이 강해졌다. 따라서 식신과 상관은 일간과 겁재로부터 생을 받아 세가 증가하고 강해지는 이치가 된다.

상관은 여러 가지 의미가 있지만 재를 생하는 성질이 있다. 그러나 상관은 정관을 극파(剋破)하는 성질도 있다. 모든 오행은 각기 생하고 극하는 관계가 어우러진다. 따라서 겁재가 있어 상관을 생하는 것은 좋으나 정관으로부터 극을 당하는 것은 나쁠 수 있다.

겁재는 관으로부터 극을 당한다				
六親		我身	겁재	정관
天干	庚	己	戊	甲
地支	午	丑	子	申
六親				

기축일주(己丑日柱)의 일간 기토는 아신이다. 오행은 같고 음양이 다른 무토는 겁재이다. 목극토의 이치에 따라 목의 오행은 일간 기토와 겁재 무토를 극한다.

이처럼 사주를 구성하는 오행의 작용은 내용에 따라 길흉이 쌍방의 작용에 있다. 상관이 많으면 재성을 생조하지만 관살이 약할 때는 결국 관살을 억압하거나 극하는 성질이 강해져 관살 역할을 극제하는 경우가 생길 수 있다.

아신 일간은 편인과 정인으로부터 생의 관계다. 즉 약한 일간은 편인과 정인으로부터 생을 받아 강해지고 세를 만들어낸다. 그런데 편인과 정인은 일간만 생조하는 것이 아니라 일간과 오행이 같은 비견과 겁재도 생조하여 세를 강하게 한다.

겁재는 인성으로부터 생을 받아 강해진다				
六親	편인	我身	겁재	정인
天干	庚	壬	癸	辛
地支	午	申	丑	巳
六親				

임신일주(壬申日柱)에서 일간은 아신 임수이다. 월천간의 계수는 일간 임수와 오행은 같고 음양은 다르므로 겁재이다. 아신을 생하는 것은 인성이다. 아신은 임수이므로 금생수의 원리에 따라 금의 오행이 인성이다. 음양이 같은 경금은 편인이고 음양이 다른 신금은 정인이다. 정인 신금과 편인 경금은 일간 임수를 생하지만 오행이 같은 겁재 계수도 생하여 세를 강하게 한다.

육친의 원리는 오행의 생극관계로 이뤄진다. 오행의 생극관계에서 나를 생하는 것은 인성이고 내가 생하는 것은 식상이다. 내가 극을 가하는 것은 재성이고 나를 극하는 것은 관성이다. 이와 같은 원리로 육친관계가 이뤄진다.

나와 같은 오행은 비견과 겁재다. 아신 일간이 극하는 것은 비견과 겁재도 극한다. 아신이 생을 받는다면 비견 겁재도 생을 받는 관계가 형성된다. 겁재는 오행이 같은 일간이나 비견과 함께 재성을 극한다.

겁재는 일간 비견과 같이 재를 극한다				
六親	겁재	我身	정재	비견
天干	壬	癸	丙	癸
地支	戌	酉	午	未
六親			편재	

계유일주(癸酉日柱)의 일간은 계수이다. 일간과 오행이 같은 수의 오행에서 음양이 다른 임수는 겁재이고 음양이 같은 계수는 비견이다. 일간과 비견, 겁재인 수의 오행은 수극화의 원리에 따라 화의 오행을 극한다. 화의 오행은 일간이 극하므로 재성인데 월천간의 병화는 음양이 다르므로 정재이다.

일간은 아신이라고 부른다. 일간은 나의 본신이고 나를 나타낸다. 다른 기둥에 투간되는 천간의 글자들 중 일간과 같은 오행은 비견이나 겁재이다. 오행이 같고 음양이 다르면 겁재, 음양이 같으면 비견이다.

겁재가 강해지면 극부극처(剋夫剋妻)라 하여 남편을 극하고 아내를 극한다. 따라서 부부 사이가 나빠지고 서로 헤어지거나 소원해지기 쉽다. 겁재가 강하면 독립독행(獨立獨行)이라 하니 독선적이고 혼자 움직이며 스스로 파악하고 남의 도움을 거부한다. 모든 일을 혼자 하려고 고집을 피운다. 겁재가 강하거나 많으면 재물을 파괴하니 재물이 모이지 않는다. 천우신조가 있어도 이로운 것은 적고 손해는 매우 크다.

겁재는 일간, 비견과 오행은 같고 음양은 다르다				
六親	겁재	我身	비견	
天干	乙	甲	甲	戊
地支	卯	子	寅	戌
六親	겁재		비견	

갑자일주(甲子日柱)에서 일간은 갑목이다. 음양오행이 모두 같은 월천간의 갑목은 비견이고 오행
은 같고 음양이 다른 시간의 을목은 겁재이다.

겁재가 강하면 고집을 피우고 자기주장을 하니 형제·친척과도 대립하거
나 다툼이 있고 친구 사이에도 자존심 싸움을 한다. 지나치게 강한 기를 지
녀 반항을 하고 불손한 행동을 한다. 천우신조가 있어 운을 타면 크게 성취
하지만 고독하고 타인에게 좋은 인상을 주기는 어려운 일이다.

비견 표										
일간	갑(甲)	을(乙)	병(丙)	정(丁)	무(戊)	기(己)	경(庚)	신(辛)	임(壬)	계(癸)
겁재	을(乙)	갑(甲)	정(丁)	병(丙)	기(己)	무(戊)	신(辛)	경(庚)	계(癸)	임(壬)

5) 식신(食神)

오행은 모두 생극의 관계가 있다. 나를 의미하는 일간이 생하는 것이 식신
과 상관이다. 식신이란 일간이 음양불배우(陰陽不配偶)로 생하는, 즉 음양이
같으면서 생하는 오행이다. 따라서 양일간은 양간(陽干)을 생하고 음일간은
음간(陰干)을 생한다. 예를 들어 일간이 갑목(甲木)이라면 양간이므로 양간
인 병화(丙火)를 생한다고 한다. 음간은 음간을 생하니 을목(乙木)이 일간이

라면 음간인 정화(丁火)를 생하여 식신이 되는 것이다.

식신 또한 생극의 원리를 거역하지 못하니 식신은 재(財)를 생하는 것이다. 식신은 흔히 여자 사주에서 자식을 의미하지만 일반적인 개념에서 의식(衣食)을 관장하는 신이라 하여 식신이라 칭한다.

성능적인 면에서는 4흉신 4길신을 논하는데 재관(財官)을 능가하는 길신에 속한다. 즉 식신은 일간으로부터 생을 받는 같은 음양이며 재를 생하는 것이다. 또 일간을 제극하는 관을 극하여 중화를 유도한다. 식신은 먹을 복을 나타내기도 하고 음식의 인연을 나타내는데 식신이 천간과 지지에 나타났다고 하여 그리 결정하거나 풀이하는 것이 아니라 격국에서 파악한다. 즉 사주가 중화하여 식신격을 구성하였다면 음식에 관한 인연이 많고 살아가며 생활에 궁핍이 없다고 본다. 어느 격국이라도 중화를 살피니 한난조습이 옳아야 한다.

일간이 강하거나 주위의 도움이 있어 힘을 얻으면 신강이라 하는데 일반적으로 세력을 살핀다. 세력을 살핀다 함은 일간을 비롯해 편인과 정인, 비견과 겁재의 수를 말하는 것이다. 이러한 세력이 이루어지면 신강하다고 한다.

일간을 기준으로 살펴 내 편이 지나치게 적거나 부족하거나 충을 당하고 힘을 쓰지 못하면 신약하다고 한다. 사주가 신약하면 식신을 능히 사용하고 부양할 수 없게 되니 의당 신왕을 바란다.

사주를 파악할 때 신약 신강을 파악하는 방법이 여러 가지 있으나 그 숫자를 세는 방법도 한 방법에 포함된다. 일반적으로 생극관계와 조후를 모두 파악하기 어려우므로 편인과 정인, 일간을 포함하여 비견과 겁재를 모두 세어 몇 개인지 파악하여 4개가 넘게 되면 신강으로 본다. 이때 월지는 2개로 파악한다. 물론 득령과 사령, 득지와 득세를 따지나 일반적으로 모두 적용하기는 힘들고 파악하기 어려우므로 숫자를 세어 득세를 따져 5개가 넘으면 신강으로 분류하는 방법도 많이 사용한다.

식신은 편인에게 극을 당하는 성격이다. 식신이 약한데 편인이 강하면 식신이 극을 당해 힘을 쓰지 못한다. 이때는 편인을 극하는 편재가 구신(救神)이 된다. 즉 편인과 정인이 지나치게 강하면 편재가 극을 하여 그 기운을 순화하거나 약화해야 한다. 따라서 편재가 약신이다. 모든 오행의 순리에는 각각 구신이 있게 마련인데 달리 약신이라고도 한다. 대운이나 세운에 편인이 순(順)해도 편재가 강하면 파하는 운이 될 수 있다. 사주원국이나 세운에서 편인이 지나치게 강할 때 만약 편재의 구신이 있게 되면 파격을 면하게 된다.

격국은 직업이나 성격, 사주에서 직업적 특징에 영향을 주는 것을 파악할 때 유용하게 사용한다. 식신격 사주원국이고 신왕하다면 당연히 자신이 극제할 수 있는 재(財)를 바라는 것이다.

신약한데 식신이 왕하면 당연히 인수나 비겁을 바란다. 식신은 일간을 설기시키는 것이니 약하다면 비견이나 겁재라도 도움을 받아야 버텨낼 수 있기 때문이다. 일간은 편관으로부터 극을 받아 약해지는데, 편관이 지나치게 강하면 일간은 피곤해진다. 이때 식신은 편관에 극을 가함으로써 편관이 일간에 극을 하지 못하도록 방지하는 데 매우 유용한 신이기도 하다.

식신은 재를 생한다. 남자에게 재성은 여자다. 따라서 남자 사주에서 식신은 이성에 희구를 지향하는 자애(慈愛)의 신이다. 즉 남자 사주에서는 재성이 여자인데 식신은 재성을 생하니 이성의 근원이 된다. 식신은 재성을 생하므로 식신이 건왕한 사주라면 남자는 반드시 좋은 배우자를 만나게 된다.

여자 사주에서 식신과 상관은 자식이다. 특히 식신은 자신의 몸으로 낳은 자식이다. 따라서 여자 사주에서 식신은 자녀의 신이다. 여자 사주에서 식신이 없다는 것은 자식이 없거나 자식복이 없다는 것이다.

식신은 일간이 직접 생하는 오행의 생극관계이므로 여자 사주에서는 자녀의 신이다. 그러므로 여자 사주에서 식신이 건왕하면 반드시 명석한 자녀를 두게 된다. 단 식신이 지나치면 몸이 아프다. 이는 여자의 몸이 자꾸만 자식을 낳다보니 약해지는 것이나 그 이치가 다르지 않다.

식신은 오행의 생극관계에 의한 법칙에 따라 편관을 극한다. 사실 관에는 정관과 편관이 있어 식신은 7살에 해당하는 편관을 극하고, 정관도 극하지만 무정의 극으로는 되지 않으나 유정의 극으로는 극한다. 그러나 극은 극이며 제는 제이다. 즉 식신이 지나치게 많거나 힘을 얻어 태과하면 정관도 편관에 거의 준하는 강한 극을 받는다.

식신은 편관과 정관을 극한다				
六親	정관	我身	식신	편관
天干	乙	戊	庚	甲
地支	酉	戊	子	辰
六親		비견		

무술일주(戊戌日柱)의 일간은 무토이다. 토가 금을 생하는 토생금의 이치에 따라 경금은 식신이 된다. 목극토의 이치에 따라 목은 토를 극한다. 정관 을목과 편관 갑목이 아신인 무토를 극하여 억제하는데 식신 경금이 정관 을목과 편관 갑목을 제극하여 아신을 보호한다.

식신은 오행의 생극관계에 따라 극을 하거나 극을 받기도 하지만 생극관계에서 생의 도움을 받기도 한다. 예를 들어 갑목(甲木)이 일간이라면 천간의 모든 갑목은 비견이다. 또한 음양이 다르지만 오행상 같은 목(木)에 해당하는 을목(乙木)은 겁재다. 갑목이 일간이라면 병화(丙火)가 식신이다. 병화

식신은 천간에서 일간은 물론이고 다른 천간에 투간된 갑목과 을목으로부터 생을 받으니 목생화(木生火) 관계이기 때문이다. 비견 겁재가 강하게 생하면 비록 식상이 약하다 해도 힘을 얻어 재를 극하는 힘이 생겨난다.

비견이나 겁재로부터 생을 받아 왕성하게 된다			
六親	비견	我身	겁재	식신
天干	乙	乙	甲	丁
地支	未	丑	寅	丑
六親			겁재	

을축일주(乙丑日柱)의 일간은 을목이다. 음양오행이 같은 을목은 비견이고 오행은 같으나 음양이 다른 갑목은 겁재이다. 식신 정화는 아신인 을목은 물론이고 비견인 을목, 겁재인 갑목으로부터 생을 받아 왕해지고 세력이 강해진다.

식신이라는 말이 보이듯 식신은 흔히 먹을 복이라는 말이 있다. 물론 식복이 좋은 사람은 사주원국에 투간이나 투출된 하나의 식신으로 볼 수는 없다. 그 대신 식신격을 이룬다면 식복이 충분하다 할 것이다. 이처럼 식신은 나의 의식주를 관장하는 길신이다. 애써 나눈 4길신과 4흉신에서 식신은 4길신에 든다.

식신은 일간으로부터 생의 관계로 힘을 받고 편재와 정재에 생을 하지만 편인과 정인과는 극의 관계에 있다. 즉 식신은 편인과 정인으로부터 극을 받는다. 편인에서 극을 받게 되면 식신은 파해지는데, 힘이 약해지고 설 자리가 불안정해져 식록(食祿)에 중대한 지장이 생긴다. 따라서 정인과 편인이 강해지면 점차 식록에 영향을 미친다. 이는 결국 재물의 피폐함을 이루니 빈궁하게 된다.

편인만으로도 힘에 겨운데 만약 정인까지 가담하여 극을 하면 그 정도는 극렬해지고 더한층 강렬해진다. 1개의 정인이 있어 극을 한다고 해도 식신에는 그다지 강한 극이라고 할 수 없으나 여러 개의 정인이 있어 태과하다면 편인에 못지않은 극을 가하니 다를 바가 없다.

식신은 편인으로부터 극을 받고 정인으로부터도 극을 받는다			
六親	편인	我身	식신	정인
天干	甲	丙	戊	乙
地支	子	寅	午	亥
六親				

병인일주(丙寅日柱)의 일간은 병화이다. 병화를 생하는 목은 인성인데 음양이 다른 을목은 정인이고 음양이 같은 갑목은 편인이다. 목극토의 원리에 따라 무토 식신은 편인 갑목과 정인 을목의 극을 받는다.

오행에는 반드시 음양이 있다. 음양에 따라 극이 달라지고 합의관계가 달라진다. 일간이 생하는 것은 식신과 상관이다. 상관은 일간이 생하지만 음양이 다른 것이다. 따라서 식신과 상관은 오행이 같고 음양은 다르다.

식신은 상관과 음양이 다르다			
六親	상관	我身	식신	
天干	戊	丁	己	庚
地支	寅	巳	卯	申
六親				

정사일주(丁巳日柱)의 일간은 정화이다. 아신이 생하는 것이 식신과 상관이다. 그러나 식신과 상관은 음양이 다르다. 식신은 음양이 같은 것이고 상관은 음양이 다른 것이다. 화생토(火生土)의 원리에 따라 정화는 토(土)를 생하니 음양이 다른 무토는 상관이고 음양이 같은 기토는 식신이다. 따라서 식신과 상관은 오행이 같고 음양이 다른 것이다.

모든 오행은 상극과 상생관계를 벗어나서는 이루어질 수 없다. 식신은 일간과 비견, 겁재로부터 생을 받아 강해지는데, 식신도 역시 생해주어야 하는 오행이 있다. 이처럼 식신과 상관이 생해주어야 하는 오행을 재성이라 한다.

재성은 각기 편재와 정재로 나뉘는데 식신과 상관은 편재와 정재에 생의 기운을 불어넣어 주어야 한다. 갑(甲) 일간이라면 식신은 병화(丙火)이고 정화(丁火)는 상관이다. 이때 재(財)는 무기(戊己)의 토(土)가 된다. 무토(戊土)는 편재이고 기토(己土)는 정재이다. 일간 갑목(甲木)에 병화(丙火)는 식신으로 화생토(火生土)하여 재성인 무기(戊己)의 토(土)를 생하는 것이다. 이처럼 식신은 재를 생하고 재(財)의 근원이 된다. 재는 식신과 상관으로부터 생을 받아 강해지고 세를 불린다.

식신은 편재나 정재를 생하여 세를 더해준다				
六親	식신	我身	편재	정재
天干	壬	庚	甲	乙
地支	子	戌	辰	未
六親	상관			

경술일주(庚戌日柱)의 일간은 경금이다. 금극목의 원리에 따라 일간은 편재 갑목과 정재 을목을 극하는데 식신 임수는 수생목의 원리에 따라 편재 갑목과 정재 을목을 생한다.

식신은 여자에게는 자식이지만 근본적으로 음식을 나타낸다. 의식주를 나타내니 식신 상관이 잘 자리 잡으면 궁핍할 일이 없다. 그보다는 격국에서 식신격으로 자리하면 음식 사업이나 곡물 사업에서 힘쓰고 살아감에 먹을 것을 걱정하지 않는다.

식신이 강하거나 식신격을 이루면 음식 사업에 투자하며, 사업을 하면 발전번영을 이루는 것은 그리 어렵지 않으며 식품판매 사업이나 식료제조 사업에 능하다. 식신은 배움의 신이기도 하여 지식 축적을 이야기하기도 하는

데 학문교양이 뛰어나고 학습능력이 있으며 머리도 좋다. 예능기술에도 재능이 있으니 특히 화의 오행이 식신이라면 더욱 뛰어난 예술성을 보인다. 식록이 풍부하고 봉록으로 살 가능성이 있으며 물품을 중개하는 사업을 한다면 좋을 것이다. 복록이 좋고 먹을 복이 있으니 수명은 길고 마음이 평화로울 것이다.

식신 표									
일간	갑(甲)	을(乙)	병(丙)	정(丁)	무(戊)	기(己)	경(庚)	신(辛)	임(壬)	계(癸)
식신	병(丙)	정(丁)	무(戊)	기(己)	경(庚)	신(辛)	임(壬)	계(癸)	갑(甲)	을(乙)

6) 상관(傷官)

상관이란 관에게 상처를 입힌다는 어의적 해석을 지니고 있다. 육친을 분석할 때 관(官)은 명예와 직장을 의미하지만 여자 사주에서는 남편을 의미하기도 한다. 상관이란 관에 상처를 입힌다는 의미다. 따라서 여자 사주에서는 남편에게 상처를 입힌다는 의미가 되므로 심상하기 그지없다.

상관이란 일간의 오행에서 음양배우(陰陽配偶)로 생하는 신이다. 즉 일간이 생하는 오행인데 음양이 다른 것이다. 상관은 학술과 기예의 신으로 인식된다. 따라서 예전부터 문인이나 학자의 사주에는 반드시 상관이 있어야 길하다고 한다. 즉 상관이 있으면 발명이나 창작 등에 매우 뛰어나다고 한다. 연구하는 사람이나 학문하는 사람에게 사주 구성에 따라 상관이 있으면 부귀(富貴)를 누리게 된다고 한다. 상관은 달리 말하는 능력이나 표현하는 능력으로 분석하기도 한다.

상관이 지나치면 문제가 있다. 상관이 지나치다는 것은 사주원국이 3개를 넘어서는 것인데, 말이 지나치다는 의미도 있다. 말이 지나치다는 것은 진실이 부족하고 말을 앞세우며 말로 진실을 호도한다는 의미가 있다. 따라서 극단적 표현으로는 사기성으로 해석하기도 하지만 주변 오행에 따라 그 해석은 달라질 수 있다.

남녀 모두 상관이 태과하면 색정이 깊은 것으로 본다. 여자 사주에서는 자녀와 남편을 극하는 신이기도 하므로 흉신이다. 부성(夫星)을 심히 극하므로 남편을 피곤하게 하거나 불화를 가져온다. 적절한 수준의 제화(制化)가 필요하다. 따라서 상관이 지나치면 이혼하는 경우가 적지 않으며 이별을 하고 중하면 사별한다. 월간이나 시간에 투간되는 것도 나쁘지만 일지에 나타나는 상관도 극히 나쁘다.

상관이란 일간인 내가 음양배우로 생조하는 신이다. 내가 생하므로 여자 사주에서는 자식이다. 양일생은 음간(陰干)을, 음일생은 양간(陽干)을 생함으로써 상관이 된다. 내가 생하는 오행에서 동일한 음양은 식신이고 다른 음양은 상관이다.

식신과 마찬가지로 재성(財星)의 뿌리가 된다. 반면 명예에 상처를 입히는 오행이니 명예와 권리를 관장하는 정관을 극하고 만다. 그런 관계로 상관은 흉신에 속한다. 특히 월지 상관을 진상관(眞傷官)이라 하고 타 주의 상관을 가상관(假傷官)이라 한다.

자오묘유(子午卯酉) 이외의 타 지지에서 출(出)한 장간은 상관이 되어도 가상관이 된다. 그러나 이러한 이치를 떠나 상관이 많으면 좋지 않고 여자 사주에서 상관은 매우 불리하다. 특히 상관은 재를 생하여 재(財)의 뿌리가 된다. 재가 약하다고 해도 상관이 강하면 재가 왕성하게 일어난다. 재가 있어도 식신과 상관이 없다면 재가 힘을 쓰지 못하니 진실로 풍족하지 못하다.

상관은 재를 생하여 재(財)의 뿌리가 된다				
六親	편재	我身	상관	정재
天干	乙	辛	壬	甲
地支	巳	卯	寅	辰
六親		편재	정재	

신묘일주(辛卯日柱)의 일간은 신금이다. 신금이 생하는 것은 금생수의 원리에 따라 수의 오행이다.
오행이 같고 음양이 다른 임수는 상관이다. 수생목의 원리에 따라 임수는 목의 오행을 생하는데
일간과 음양이 같은 을목은 편재이고 오행이 다른 갑목은 정재이다.

상관은 7살의 이법으로 정관을 철저히 극하는 것이므로 상관은 관성을 상하게 한다. 따라서 상관이다. 관을 상하게 하는 것이다. 흔히 편관과는 7살 무정의 극이 아니라고 한다. 그러나 극의 작용을 하지 않는다고 말하기는 어렵다. 특히 상관이 3개 이상 있을 때에는 어떤 경우도 극하는 힘이 무섭고 강하다.

정관을 극하고 유정의 극인 편관도 극한다				
六親	편관	我身	상관	정관
天干	丁	辛	壬	丙
地支	酉	卯	申	寅
六親				

신묘일주(辛卯日柱)의 일간은 신금이다. 금생수의 원리에 따라 수의 오행은 식신과 상관이다. 임
수는 일간인 신금의 생을 받았으니 음양이 다르므로 상관이다. 상관 임수는 수극화의 원리에 따라
화(火)의 오행을 극한다. 신금과 음양이 다른 병화는 정관이고 음양이 같은 정화는 편관이다. 화의
오행은 일간인 신금을 극하는데 상관 임수가 정관 병화와 편관 정화를 극함으로써 일간을 돕는다.

상관이 강하거나 그 수가 많으면 편관도 정관도 모두 마찬가지로 극파(剋破)된다. 따라서 상관은 관을 파하고 상처를 입히는 것이다. 상관이 강하면 남녀를 불문하고 명예에 문제가 생기고 직장이 안정적이지 못하다.

사주를 구성하는 모든 글자는 음양과 오행을 지닌다. 오래전부터 동양인들, 특히 중국인들은 우주만물을 음양오행으로 표현하고자 하였다. 따라서 인간의 길흉화복을 판단하는 사주도 음양오행으로 이해하고자 하였다.

식신과 상관은 일간이 생하는 오행인데 상관과 식신은 동기이성이다. 즉 오행은 같으나 음양은 다른 것이다. 일간이 음이면 상관은 양이고, 일간이 양이면 상관은 음이다. 만약 일간이 갑목(甲木)이라면 병화(丙火)는 식신이고 정화(丁火)는 상관이다. 즉 상관과 식신은 일간이 생한다는 점에서 같고 오행도 같다. 그러나 음양은 다르다. 결국 음양이 다른 동일오행으로 동기이성이다.

상관은 식신과 동기이성(同氣異性)이다				
六親	상관	我身	식신	
天干	壬	辛	癸	戊
地支	子	酉	卯	戌
六親	식신			

신유일주(辛酉日柱)의 일간은 신금이다. 신금이 생하는 수의 오행이 식신과 상관이다. 일간과 음양이 다른 임수는 상관이고 음양이 같은 계수는 식신이다.

일간과 같은 오행으로 동일한 음양인지 아닌지를 살핀다. 일간과 동일한 오행이면 비견이고 일간과 음양이 다르면 겁재이다. 이 비견이나 겁재는 일간과 더불어 상관을 생한다. 따라서 상관은 비견이나 겁재를 만나게 되면 세가 증가하고 강해진다.

만약 상관의 힘이 강해지거나 숫자가 많아지면 정관을 극하는 힘이 강해지며 흉폭성이 더욱 강하게 된다. 상관이 강해진다는 것은 그다지 좋은 일은 아니다.

상관은 비견이나 겁재에서 생을 받아서 세를 증가한다			
六親	겁재	我身	상관	비견
天干	癸	壬	乙	壬
地支	亥	戌	酉	寅
六親	비견			

임술일주(壬戌日柱)의 일간은 임수이다. 임수는 수생목의 생극관계에 따라 목을 생하니 목의 오행은 식신과 상관이다. 이 중에서 음양이 다른 것은 상관이다. 따라서 을목은 상관이다. 일간과 오행이 같고 음양이 다른 것은 겁재이고 일간과 음양오행이 모두 같은 것은 비견이다. 비견과 겁재는 일간과 더불어 상관을 생한다.

모든 오행은 생극관계로 이루어진다. 상관은 관을 극하는 기능이 있다. 극을 하는 기능이 있다면 극을 당하는 기능도 있다. 식신과 상관에 극을 가하는 것은 편인과 정인이다. 내가 누군가를 공격하려고 할 때 다른 쪽에서 나를 공격하면 방어가 급하지 공격은 뒤의 일이다. 모든 것이 이와 같다.

흉신의 하나로서 강력하게 관을 극하는 기능을 지니지만 정인으로부터 제(制)를 받으면 극을 하는 능력이 저하된다. 온전한 힘으로 공격하기 어려운 것이다.

따라서 정인이나 편인이 있어서 극을 가해오면 상관은 방어에 급급하거나 자신이 약해지므로 정관을 극하는 능력이 현저히 떨어지게 된다. 이를 선화(善化)한다고 한다.

상관은 인성으로부터 제극을 받는다			
六親	편인	我身	상관	정인
天干	庚	壬	乙	辛
地支	午	子	丑	未
六親		겁재		

임자일주(壬子日柱)의 일간은 임수이다. 임수는 수생목의 생극관계에 따라 목의 오행을 생한다. 임수가 양수이므로 생하는 목의 오행에서 양목은 식신이고 음목은 상관이다. 따라서 을목은 상관이다. 상관은 재성을 생하지만 인성으로부터는 극을 받는다. 목을 극하는 것은 금극목의 생극관계에 따라 금이 된다. 일간에 비추어 음양이 같은 금의 오행은 편인이고 음양이 다른 금의 오행은 정인이다. 상관은 정인과 편인으로부터 제극을 받는다.

상관은 학문을 이야기하는 척도이기도 하다. 문학자와 연구가, 예술을 하는 사람에게 상관은 표현력이고 발전시키는 힘이다. 상관은 일간이 어떤 오행이냐에 따라 종류를 나누어 구분한다.

상관은 일간에 따라 다음 종류로 구분할 수 있다	
목화상관 (木火傷官)	일간이 목의 오행으로 갑(甲)과 을(乙)이고 화의 오행인 상관이 있으면 명랑다지(明朗多智)를 의미한다.
화토상관 (火土傷官)	일간이 화의 오행으로 병(丙)과 정(丁)이고 토의 오행인 상관이 있으면 학덕청수(學德淸秀)를 뜻한다.
토금상관 (土金傷官)	일간이 토의 오행으로 무(戊)와 기(己)여서 금이 오행인 상관이 있으면 다예다능(多藝多能)을 뜻한다.
금수상관 (金水傷官)	일간이 금의 오행으로 경(庚)과 신(辛)이고 수의 오행인 상관이 있으면 박학능문(博學能文)을 뜻한다.
수목상관 (水木傷官)	일간이 수의 오행으로 임(壬)과 계(癸)이고 목의 오행인 상관이 있으면 다능다재(多能多才)를 뜻한다.

상관은 문학과 연구, 기획, 예술과 같은 기능을 발현하는 것으로 파악할

수 있다. 상관이 발달하면 연구기획 능력이 탁월하고 예도기술도 뛰어나 빛을 발한다. 학문적으로 뛰어난 성취가 있으나 식상이 강하면 명예손상이 오며 거짓말이나 과장을 하게 되는데, 초조불만이 있기 때문이다.

성격적으로 섬세하고 봉사정신도 있고 풍류를 즐길 줄도 안다. 학문교육에 능하며 혁신적이고 결단(決斷)이 뛰어난 바가 있다. 그러나 반항심이 강하고 사람을 적대시하는 것은 단점으로 작용하고 애증이 많아 자신을 스스로 괴롭힌다.

상관 표									
일간	갑(甲)	을(乙)	병(丙)	정(丁)	무(戊)	기(己)	경(庚)	신(辛)	임(壬)	계(癸)
상관	정(丁)	병(丙)	기(己)	무(戊)	신(辛)	경(庚)	계(癸)	임(壬)	을(乙)	갑(甲)

7) 정재(正財)

일간 오행이 극하는 오행이다. 물론 음양이 달라야 한다. 이를 음양배우(陰陽配偶)라고 하는데 일간이 극하는 오행에 붙여진 이름이다. 즉, 일간이 목(木)이라면 목극토(木剋土)하여 토(土)가 정재인데 음양이 달라야 한다. 일간이 화(火)라면 화극금(火克金)하여 음양이 다른 금(金)이 정재이다.

정재는 남녀의 적용이 다르지만 같은 적용도 있다. 일반적으로 남자에게는 정재를 정처(正妻)로 하고, 여자 사주에서는 정재를 남편을 생하는 신으로 본다. 즉 여자에게 남편은 관성인데 정재와 편재가 재성으로 관성을 생하기 때문이다. 또 남녀 모두 부계(父系)의 형제로도 본다.

정재가 남자 사주에서 정처가 되는 이치는 내 명령에 따르는 것이라는 의미가 강하다. 곧 나에 해당하는 일간이 극하는 것이 정처가 된다. 이것이야 말로 남자 사주에서는 부처배우(夫妻配偶)로 극이 되는 정재가 정처가 되는 이유다. 즉 나를 나타내는 일간이 극하는 오행이 바로 처이고 이 중 음양이 다른 것이 정처다.

음양이 같지만 일간이 극하는 것은 편재이고 이는 후처, 애인, 첩과 같은 다른 의미로 해석되나, 만약 사주원국에 정처를 의미하는 정재가 없고 그와 같은 성격이나 정재가 아닌 여자를 의미하는 편재가 있다면 편재를 처로 해석한다.

이 경우 정재는 부드럽고 가정적인 아내라 파악하고 편재가 아내 위치에 해당한다면 거친 아내, 일하는 아내, 돈 버는 아내, 사회생활을 하는 아내, 드센 성격의 아내 등으로 해석이 가능하다.

남자 사주에서 정재가 약하거나 고립되고 극을 당하는 것은 좋지 않다. 정재가 파하는 것은 정처와 관련된 상황에서 불길하고 나쁘다는 것이다. 즉 아내와 인연이 박하고 결혼해도 생사이별하거나 사이가 나쁘거나 때로 별거하거나 애정이 좋지 않게 된다.

여자 사주에서 정재는 남편을 의미하는 관살인 부성(夫星)을 생하는 것으로 본다. 즉 일간이 목(木)이라면 재성은 목(木)이 극하는 토(土)이다. 이 토(土)가 생하는 것이 금(金)인데, 금(金)은 관살로 여자에게는 남편이나 남자를 의미한다.

여자 사주에서 재성이 없거나 고립되고 극을 당하면 여자 행위에 문제가 생긴다. 즉 사주원국은 어떤 경우라도 본인 것이다. 따라서 사주원국에 재성이 없거나 고립되고 극을 당하면 여자 본인이 남편에 대해 애정이 박하고 툴툴거리거나 정성이 없다. 이처럼 내조를 하지 못하거나 정성이 희박하게 나타난다. 이는 성격문제로 나타나는 것이며 따라서 남편과 사이가 나쁘거나 대립이 생기고 남편을 성공시키기에 부적절하다.

여자 사주에서 재성이 지나치게 발달하거나 많아서 태과하면 재성과다라고 하거나 재다신약이라고 하며, 사주원국이 이렇게 재성이 강하고 많은 형태로 짜이면 자녀와 인연이 희박하거나 거칠고, 때로 자식을 일찍 잃을 수 있다. 재성이 태과하면 남녀를 불문하고 부모 양친의 신변에 이변이 생길 가능성이 높은데 이로써 일찍부터 본가를 떠나는 일이 발생할 가능성이 높아진다.

정재는 재(財)이니 재물이다. 재물은 돈을 의미하고 재산을 의미한다. 정재란 일간을 의미하는 내가 다른 음양을 극하는 오행이다. 즉 양일생은 음간(陰干)을 극하며, 음일생은 양간(陽干)을 극하는 관계가 형성된다.

재(財)라고 쓰는 육친에는 각각 정재와 편재가 있는데 모두 재물을 나타낸다. 그 재물의 종류가 다른 것이다. 나를 의미하는 일간이 극하는 것을 재라고 하는 것은 내가 극하기 위해 힘을 쓴다는 의미가 있다. 즉 재물을 획득하기 위해서는 나 스스로 힘을 쓰고 활발하게 움직여야 얻어지는 것이라는 의미다.

재(財)는 일상생활에 적용하여 자본이나 벌어들이는 재산 따위를 정의한다. 그런데 벌어들이는 재물에서도 정재는 일정한 틀을 가진 것을 의미한다. 일정하게 벌어들이는 봉급, 급여, 연금과 같이 획일적이고 일정한 틀로 이루어진 재물이나 돈을 의미하는 것이다. 따라서 도박이나 투기로 얻어지는 돈은 정재가 아니다.

재성에는 정재와 편재가 있다. 정재가 일간이 극을 하고 음양이 다른 것이라면 편재는 일간이 극을 하고 음양이 같은 것이다. 따라서 정재는 편재

와 동기이성이다. 즉 편재는 같은 오행이지만 음양이 다른 것이다. 동일오행
이라도 음양을 달리하면 편기(偏氣)의 재, 곧 편재가 된다.

음양오행은 서로 생하고 극하는 생극관계가 형성된다. 편재와 정재는 관
성을 생한다. 이러한 관계에서 정재는 편관이나 정관을 생하는 기능이 있으
며 이들 관살에 힘을 보태준다.

정재는 관살을 생한다				
六親		我身	정재	정관
天干	乙	丁	庚	癸
地支	巳	酉	申	丑
六親		편재	정재	

일간이 정화(丁火)라면 경금은 정재가 되고 유금은 편재가 된다. 경금은 생극(生剋)의 이치에 따라
금생수하여 임계수를 생하는데 예시처럼 년천간에 계수가 있으므로 경금은 계수를 생한다. 이 계
수는 일간에 극을 하여 관살이 된다. 정재인 경금은 관살인 계수를 생하므로 정재는 관살을 생한
다고 한다. 따라서 관살은 정재로부터 생을 받아 세가 증가하고 강해지는 이치가 된다.

정재는 일간에 재물이 되고 처가 되지만 어머니와는 그다지 좋은 관계가
아니다. 예부터 우리나라의 속성상 고부갈등이 있는데 이러한 것들이 어제
오늘의 일이 아닌 듯하다. 그렇다면 이 명리를 사용하는 나라는 모두 같은
속성을 지녔을 것이라고 보인다. 즉 음양오행의 생극관계에서 일간의 재성
은 인수를 극하는 관계인 것이다.

나를 나타내는 일간이 목(木)이라면 토(土)가 재성이다. 천간에서 일간이
갑목(甲木)이면 정재는 기토(己土)이다. 이 기토가 극을 하는 것은 토극수
(土克水)의 이치에 따라 수(水)가 된다. 이 수의 오행은 일간을 생하는 편인
과 정인이니, 일간의 재는 인수를 극하는 것이다. 이를 일러 정재는 7살의

이치로 인수를 극파한다고 한다. 결국 정인을 제하고 편인도 유정의 극으로 극한다는 이치가 성립된다.

정재는 정인(인수)을 제(制)한다			
六親	정재	我身	정인(인수)	
天干	庚	丁	甲	戊
地支	子	酉	寅	寅
六親		편재	정인(인수)	정인(인수)

일간이 정화(丁火)라면 경금은 정재가 되고 유금은 편재가 된다. 경금은 생극의 이치에 따라 금극목하여 갑묘목과 인묘목을 극하는데 예시처럼 월천간에 갑목이 있고 연월지지에 인목이 있으므로 경금은 갑목과 인목을 극한다. 이 갑목과 인목은 일간인 정화를 생하는 관계이므로 정인이 된다. 정재인 경금은 정인(인수)인 갑목과 인목을 극(剋)하므로 정재는 정인을 제(制)한다고 한다. 따라서 예부터 고부(姑婦)는 천성불상용(天性不相容)하는 것이니 고부간 갈등은 이미 오래전부터 있는 것이라고 본다.

정재는 재물의 신이다. 자산이며 아내이고 내 몸을 나타내기도 한다. 정재는 자신이 가질 수 있는 재산과 자산을 나타내는 신이다. 정재는 일간으로부터 극을 당하듯 일간과 오행이 같은 비견이나 겁재로부터도 극을 받는다. 겁재가 강해지면 강한 극을 받아 파하게 되는데 재물에 이상이 오고 자본에도 이상이 와서 일상에도 생활적으로 재정적 안정이 유지되기가 어렵다.

이러한 원국에서 비견을 아울러 보면 비견 또한 정재를 극하는 기운이라, 비견은 물론 겁재가 중중하면 극을 받는 정도는 더욱 강해지게 되므로 반드시 빈천한 생활을 피하기가 어렵게 된다. 사주원국에서 양인은 겁재와 매우 흡사한 성질의 것으로 양인을 보아도 파한다. 양인은 각기 병오(丙午), 무오(戊午), 임자(壬子)이다.

정재는 비견으로부터도 극을 받는다			
六親	정재	我身	비견
天干	己	甲	丁	甲
地支	巳	午	卯	戌
六親			겁재	편재

일간이 갑목(甲木)이라면 천간의 무토와 기토, 지지의 진술과 축미가 재성이다. 천간의 기토와 지지의 축미토가 정재이다. 예시의 사주에서 일간과 같은 갑목이 년천간에 투간되어 있고 지지에도 묘목으로 겁재가 있다. 이처럼 비견과 겁재가 중중하면 정재인 기토를 극하는 기운이 지나치게 강해진다. 시간의 기토 정재는 갑묘목의 비견이나 겁재로부터 강렬하게 목극토로 극을 받는다.

정재를 생하는 것은 식신이거나 상관이다. 정재는 식신이나 상관으로부터 생을 받아 세를 더하고 왕성하게 된다. 예를 들어 일간이 갑목(甲木)이라면 천간의 경우는 병화(丙火)가 식신이고 정화(丁火)가 상관이다. 이에 사주원국에 기토(己土)가 있다면 정재이다. 식신이나 상관은 정재를 생하는 길신이다.

사주에 중요한 역할을 하는 것이 길신이다. 길신은 사주를 강하게 하고 반드시 필요한 오행이다. 길신은 자기 스스로 강하면 좋지만 그렇지 못한 경우가 있어 타의 오행에서 생을 받아 왕성해지는 것을 절실하게 바란다.

만약 길신인 재성이 토(土)라면 화(火)의 오행이 있어 생해주는 것이 길하다. 정재가 약한 상태가 되면 길신으로서 정재인 기토(己土)를 생해주는 화(火)의 오행이 필요하다. 이처럼 나에게 식신과 상관인 화(火)의 오행이 정재인 기토(己土)를 생해주면 원기 백배하여 나는 더욱 길하게 된다. 따라서 정재인 기토(己土)가 식신과 상관인 화(火)의 오행을 보면 길복은 더욱 상승한다.

이에 비교하여 정재를 생해주는 육친으로 생부신(生扶神)으로 작용하는 화(火)의 오행을 보지 못하면 고립에 이른다. 이는 곧 외롭게 고립된 고재(孤財)가 되어버리니 재성이라 하여도 위력을 지니지 못해 재물이 멀어지고 모이지 않는다.

六親	정재는 식신이나 상관으로부터 생을 받아 강해진다			
六親	정재	我身		식신
天干	己	甲	己	丙
地支	巳	午	亥	戌
六親	식신	상관		

일간이 갑목(甲木)이라면 천간의 무토와 기토, 지지의 진술과 축미가 재성이다. 천간의 기토와 지지의 축미토가 정재이다. 또 갑목일간(甲木日干)에서 병화는 식신이고 정화는 상관이다. 지지의 오화는 상관이고 사화는 식신이다. 예시의 사주에서 정재 기토가 투간되어 있고, 식신인 병화가 천간에 투간되고 식신인 사화, 상관인 오화가 지지에 있다. 이처럼 식신과 상관이 중중하면 정재인 기토를 도와주는 기운이 지나치게 강해진다. 위 사주에서 재가 되는 기토가 병사오(丙巳午)의 식신과 상관에 의해 화생토의 관계로 생을 받아서 재원(財源)이 무진하다.

편재와 정재를 합해 재성이라고 한다. 재성은 돈이나 재물과 관련이 깊다. 재성이 강해지려면 식상의 생조가 있어야 가능하다. 재성은 일간으로부터 극을 당하는 것이니 일간과 음양이 같으면 편재이고, 음양이 다르면 정재이다. 따라서 정재와 편재는 오행이 같고 음양이 다른 것이다.

六親	정재는 편재와 오행은 같고 음양은 다르다			
六親	정재	我身	편재	
天干	戊	乙	己	庚
地支	子	卯	丑	午
六親			편재	

을묘일주(乙卯日柱)의 일간은 을목이다. 재성은 일간이 극하는 것이다. 일간이 목의 오행이므로 목극토의 생극관계에 따라 토의 오행이 재성이다. 일간과 음양이 같으면 편재이고 일간과 음양이 다르면 정재이다. 무토는 음양이 다르므로 정재이고 기토는 음양이 같으므로 편재이다.

정재는 재물과 관련 있으니 결국 금전자산의 신이다. 재는 재물을 나타내는 것이니 사주원국에 정재가 없다면 금전적으로 문제가 있다고 본다. 사주가 중화를 얻음이 으뜸이고 반드시 필요하나 내격(內格)에서 정재격(正財格)을 이룬다면 평생 재물과 금전의 인연이 후하다고 볼 것이다.

정재가 왕하고 후하거나 내격으로 정재격을 이루면 평생 살아가며 재물에 부족함이 없으므로 편안하고 길한 인생을 영위할 수 있다고 본다. 그러나 일간이 지나치게 약하거나 형충에 걸리고 파극이 되는 것은 불길하다. 일간이 충에 걸리거나 고립되고 약하면 평생에 항상 재물의 손실이 일어나고 지출이 많다. 또한 정재가 많은데 일간이 약하면 평생 많은 돈을 벌지만 모이는 것 없이 많이 쓰게 된다.

정재와 편재가 많으면 재다신약이라 하니 돈은 많이 만지지만 내 것이 없는 것이다. 사주를 구성하는 오행은 서로 생극관계에 얽혀 있다. 비견과 겁재는 정재를 극하므로 정재는 겁재를 보면 파(破)하는 것이다. 비견과 겁재를 억압하고 극제하는 것은 정관이라, 정재로는 겁재를 제하는 정관을 구신(救神)으로 한다. 따라서 비견과 겁재가 중중하거나 강하면 구신으로 사용하는 관살이 있어야 한다.

비견과 겁재가 중중하면 관살이 있어야 재성을 구하고 보호하니 비로소 부귀한 생활을 하게 되고, 복록이 따른다. 재가 많으면 일간이 약해지기 쉽다. 물론 재도 강하고 일간도 강하면 좋겠지만 그럴 경우는 극히 드물다. 재는 반드시 많은 것이 좋은 것이 아니며, 단지 1개가 자리하고 강해야 좋다. 재가 많게 되면 십중팔구는 일간이 신약해지기 때문인데 이를 재다신약이라 칭한다. 즉 재가 많아서 일간이 약해졌다는 의미다.

재가 많아지면 일간이 재를 다룰 수 없게 된다. 남자 사주라면 재가 여자를 의미하니 여자가 많아도 다스리기가 어려우니 여자 복이 없다. 주변에 여자가 많아도 쓸 여자가 없는 격이고 여자가 많아도 진정으로 내 여자가 없는 것이니 내가 약하여 취하기가 어렵기 때문이다.

재다신약이 되면 어쩔 수 없이 처가살이 사주로 해석되며 그러한 구조가 아니어도 처가 집안의 권리와 세력을 지니고 행동한다. 혹여 지지에 재성이 있는데 공망이 되면 벌어들인 재물과 금전이 오래가지 못하고 형충을 당하는 경우에도 벌어들이고 모은 재물이 일시에 흩어지고 마니 길명(吉命)이 되지 못한다.

정재 표									
일간	갑(甲)	을(乙)	병(丙)	정(丁)	무(戊)	기(己)	경(庚)	신(辛)	임(壬)	계(癸)
정재	기(己)	무(戊)	신(辛)	경(庚)	계(癸)	임(壬)	을(乙)	갑(甲)	정(丁)	병(丙)

8) 편재(偏財)

편재란 일간이 음양불배우로 극하는 오행이니 일간으로부터 극을 당하고 음양이 같으면 편재이다. 일간에 극을 당하고 양일생은 양간을 만나야 편재이다. 음일생은 음간을 극하는 관계가 편재가 된다. 목은 토를 극하고, 화는 금을 극하고, 토는 수를 극하고, 금은 목을 극하고, 수는 화를 극한다. 이 극의 관계에서 음양이 같으면 편재이다.

편재와 정재를 합해 재성이라고 하는데 재물이나 재산, 돈과 관련이 크다. 편재는 불배우의 재(財)로서 불확실한 돈이다. 견실한 수단이나 직장의 관계에서 일률적으로 벌어들이는 정재와 달리 변칙적이다. 즉 불규칙한 일, 일회성, 아르바이트, 임시직, 도박과 같은 일과 의외의 결과로 얻어지는 요행의 재물을 말한다. 또 고정되어 있는 것이 아니라 유동(流動)의 재산으로 보기도 한다. 물론 유동자산이나 움직이는 돈으로 보는 것도 나름의 견해가 성립한다.

사람은 살아가며 반드시 돈을 필요로 한다. 일간이 합을 하는 것은 관과 재이다. 관이 아니라면 재이다. 이러한 현상은 인간이 명예를 추구하거나 재물을 추구하는 두 가지 큰 행로에서 벗어나지 못한다는 의미를 부여하는 것일 수 있다. 재성은 재물과 돈을 나타낸다.

재는 동서양을 막론하고 만인이 모두 바라는 것이다. 나날이 그 가치가 증대되고 있으며 가치는 점차 커지고 있다. 따라서 재라고 하는 것은 생활의 자원이 되는 길신이다. 물론 정재가 길하고 편재가 흉신이라고 평한다. 그러나 정재와 달리 편재는 그 효과가 크고 증폭적이며 예측불가의 기능이다. 따라서 편기(偏氣)의 재는 때나 경우에 따라 정재보다 더 큰 성과를 얻는 일이 아주 많다. 돈을 보는 능력은 매우 중요하다. 정재도 돈을 보는 능력이 있으나 편재에는 이르지 못한다. 따라서 편재는 사업성으로 보기도 한다.

편재는 수재(收財)에 능통하고 재능이 있는 것으로 파악한다. 편재가 힘을 발휘하면 상당한 자산을 모으는 특징이 있다. 편재가 강한데 신왕하면 이는 득재의 상징이다. 적절한 편재는 신왕한 사주가 아니라 해도 선견지명이 있고 민첩하다. 아울러 편재가 강하다는 것은 정신력이 강인하며 집착성이 있으므로 성공 기질이라고 본다.

문제는 지나침이다. 편재가 지나치거나 병이 되는 사주는 과행이 되고 만다. 재물에 대한 욕심이 지나치면 실패수가 따르게 마련이다. 편재가 있어도 형충파해가 되면 다집다산의 사주가 되어 모으는 것은 둘째 치고 동분서주하니 몸과 정신이 피곤하게 된다.

편재는 육친에서 남녀 모두 부친(父親)으로 푼다. 편재가 강할 때는 부(父)가 건전하여 부친의 힘을 얻을 수 있으니 좋다. 그러나 편재가 절지(絶地)에 놓이거나 고립되거나 형충이 있으면 힘을 얻을 수 없다. 편재가 지나치면 일간을 약화시키는데 이런 경우는 돈을 보아도 내 것이 되지 못한다. 남자 사주에서는 편재를 편처(偏妻)라 하니 애인이고 결혼하지 않은 여자관계이며 첩, 소실이다. 정재가 부인인 것과 비교된다. 그러나 사주에 정재가 없다면 편재가 아내 역할을 하게 된다.

남자 사주 내에 정편(正偏)의 재가 마구 어울리면 삼각관계가 생겨서 쟁투하는 싸움이 된다. 여러 여자를 거느리는 격이니 불합리하다. 흔히 남자 사주에 정편재가 지나치게 많으면 "여자는 많아도 내 여자가 없다" 혹은 "여자가 많아도 쓸 만한 여자가 없다"로 해석한다. 정재이든 편재이든 어느 하나만 있고 강하면 반드시 아내는 현모양처. 재가 많으면 불합리하다. 재산도 상당히 모으며 자녀 덕도 있다.

그러나 정재와 편재가 같이 투간되면 심히 난삽하다. 여자 사주에서는 편재가 파하면 부(夫)에게 내조를 다할 수 없다. 여자에게 남편은 정관인데 편재가 정관을 생조하기 때문이다. 재가 없거나 병이 되거나 지나치면 관을 생하기도 어렵거나 관에게 나쁜 영향을 준다.

편재가 파하면 애정이 없다. 애정이 없으며 남편은 발달할 기회가 없어진다. 결국 여자나 남자나 구별하지 않고 사주 내에 편재가 태과하면 재다신약이라 한다. 이렇게 되면 이성과 오래갈 수 없어서 이별하는 경우가 많다. 또 자녀 덕이 없고 심하면 배우자는 물론 자식하고도 생사이별하게 된다.

재성은 돈, 재물, 재산, 사업과 관련이 있다. 편재는 상거래를 의미하는 재이므로 비견에서 극을 받으면 사업상 불리함이 나타나고 이변을 초래한다. 결국 다집다산(多集多散)이 되어 큰 성과를 기대할 수 없다. 또 편재와 정재가 지나치게 많아서 재다신약이 되면 돈이 와도 몸이 약해 잡지 못하는 격이되고 만다. 재가 약한데 비겁이 강하면 군겁쟁재가 되어 재를 취할 수 없다.

재가 강한데 겁재를 아울러 보면 반드시 금전에 부족을 가져와서 빈한(貧寒)하다. 재는 정편(正偏)의 구별 없이 비겁의 어느 것에서든 분탈이 되는 것을 가장 꺼려한다. 재는 식신과 상관으로부터 생을 당해 강해지는데 비견과 겁재는 재를 극하니 결국 분탈이 일어난다. 분탈이란 재물을 탈취당해 결국 빈명이 되는 것이다. 겁재는 정재와 편재를 심하게 제극하니 이를 분탈에 이르렀다고 한다.

비견과 겁재로부터 극을 받는다				
六親	겁재	我身	편재	비견
天干	癸	壬	丙	壬
地支	未	午	子	寅
六親		정재	겁재	

임오일주(壬午日柱)의 일간은 임수이다. 오행이 같고 음양도 같은 임수는 비견, 오행은 같고 음양이 다른 계수는 겁재이다. 수극화의 오행상극관계에 따라 극하는 것이 재성인데 일간과 음양이 같으면 편재이다. 일간은 재를 극하지만 비견과 겁재도 편재를 극한다.

사주에서 편재와 정재는 오행이 같고 음양이 다르다. 이를 동기이성이라 하는데 음양이 다름으로써 각각 다른 의미를 가지게 된다. 일간이 갑목(甲木)이라면 갑목이 극하는 토(土)가 재성인데 일간과 음양이 같으면 편재이고 음양이 다르면 정재이다. 이 경우 오행이 같고 음양만 다르면서 일간으로부터 극의 관계이면 재성이다.

정재와 동기이성이다				
六親		我身	정재	편재
天干	丁	己	壬	癸
地支	未	酉	子	丑
六親			편재	

기유일주(己酉日柱)의 일간은 기토이다. 일간이 극하는 것이 재성이다. 기토일간이 극하는 것은 수의 오행이다. 음양이 같으면 편재이고 음양이 다르면 정재이다. 편재는 정재와 동기이성이다.

모든 오행은 오행의 생극관계에서 극을 받고 극을 가하며 생을 받고 생을 한다. 일간을 기준으로 재성은 식신과 상관으로부터 생을 받고 정인과 편인에 제극을 가한다. 편관과 정관을 합쳐 관성이라 하고 편관은 7살이라 부르기도 하는데, 관성은 재성에서 생을 받는다. 관성이 약해도 재성이 강하면 생을 받아 강해진다.

편관이나 정관을 생하여 이들 관성에 세를 부여한다				
六親	정재	我身	편관	편재
天干	癸	戊	甲	壬
地支	酉	戌	子	子
六親				정재

무술일주의 일간은 무토이다. 무는 토의 오행이다. 토의 오행은 토극수하여 수의 오행을 극하고 목극토하니 토의 오행으로부터 극을 받는다. 재성은 관성을 생하여 세를 강하게 한다. 관성이 하나뿐이라 하여도 재성이 강하면 관성은 결코 약하지 않은 것이다.

재성이 비견과 겁재로부터 극을 받는 것처럼 재성도 극을 한다. 편재는 7살의 이법으로 편인을 제극한다. 아울러 정인도 무정의 제극을 한다. 편인은 흉신에 속하는 신이므로 편재가 극을 하면 힘이 약해진다.

편인은 식신과 상관을 제극하는데 식신과 상관의 활동을 억압하는 편인과 정인을 공격하니 식신과 상관의 힘을 키워주는 것과 같다. 만약 식신과 상관이 지나치게 약하다면 이 경우 편재의 작용은 길하다. 식록을 나타내는 식신과 상관이 억압당하면 식복이 떨어지고 의식주가 빈한한데 편재가 편인에게 극을 가하면 식신과 상관이 살아나 의식주가 편안해진다.

편재와 인수의 관계에서 편재는 부(父)라 하고 인수는 모(母)로 하는 이치에 대해서도 유정하다고 본다. 문제가 없는 것은 아니다. 편재는 편인과 정인을 제극한다. 편재가 강력할 때는 편인과 정인을 강한 힘으로 제극하니 약해지고 활동을 할 수 없다. 이는 어머니를 나타내는 인성에 문제가 생긴다는 것을 의미한다. 재성이 강하면 반드시 어머니 신변에 이변이 있다고 보는 것이 타당하다.

편인과 정인을 제극한다			
六親	정인	我身	편인	편재
天干	己	庚	戊	甲
地支	卯	申	辰	子
六親				

경신일주의 일간은 경금이다. 금의 오행은 목의 오행을 제극하니 경금에 목의 오행은 재성이다. 경금에 갑목은 편재이다. 경금은 토의 오행으로부터 생을 받으니 기토는 정인이고 무토는 편인이다. 편재 갑목은 목의 오행으로 목극토하니 기토와 무토를 제극한다. 따라서 편재는 정인과 편인을 제극한다.

재(財)는 생활의 자원이 되는 신이다. 재물의 신이다. 따라서 강력하고 힘을 지녀야 길하고 삶이 여유롭다. 재를 생하고 힘을 실어주는 것이 식신과 상관이다. 사주 내에 식신이나 상관 어느 것이든 활용이 있음으로써 가능하다.

예를 들어 경금이 일간이라면 임수(壬水)의 식신이 있어 갑목(甲木)의 편재를 수생목(水生木)으로 생하면 편재는 힘을 지니게 된다. 편재가 식신이나 상관을 보게 되면 재기(財氣)는 끊임없이 강해지고 세를 얻게 된다.

식신이나 상관에서는 생을 받아 세력이 증가하고 왕성하게 된다				
六親	식신	我身	편재	상관
天干	癸	辛	乙	壬
地支	未	卯	丑	子
六親				식신

신묘일주의 일간은 신금이다. 금의 오행은 금생수하여 수를 생한다. 수의 오행은 식신과 상관이 된다. 금의 오행은 금극목하여 목을 극하니 목의 오행이 재성이다. 신금일간에 임수는 상관이고 계수는 식신이다. 신금일간에 을목은 편재이다. 편재가 약하다고 해도 식신과 상관의 생을 받으면 강해지고 세가 왕해진다.

편재는 재화의 신이다. 돈을 벌어들이고 상업을 할 수 있게 하는 신이다. 요령을 넘치게 하고 재화가 유통되게 한다. 애정을 가지고 봉사(奉仕)하며 사업을 일으키게 한다. 타향입성(他鄕立成)이니 타지에서 성공하게 하고 풍류에 능하다. 화려한 것을 추구하고 아름다운 것을 찾으며 재물을 모으는 교묘한 능력이 있다. 상업교역(商業交易)의 신으로 이동하여 일을 벌이면 운이 열린다.

편재 표									
일간	갑(甲)	을(乙)	병(丙)	정(丁)	무(戊)	기(己)	경(庚)	신(辛)	임(壬)	계(癸)
편재	무(戊)	기(己)	경(庚)	신(辛)	임(壬)	계(癸)	갑(甲)	을(乙)	병(丙)	정(丁)

9) 정관(正官)

일간 음양배우(陰陽配偶)로 극을 받는 오행에 붙여진 이름이다. 즉 일간을 극하는 오행이다. 일간과 같은 음양은 편관이고 일간과 다른 음양은 정관이다. 양일간에서 음을 만나면 정관이고 음일간이 양을 만나면 정관이다. 정관은 일간을 극하는 것으로 음양이 다르다.

　남자 사주에서 정관은 자녀이고 여자 사주에서 정관은 남편의 신이다. 정관이 남자에게 자녀가 되는 이치는 처인 정재가 생한 것이기 때문이다. 즉 처인 정재가 생하여 낳은 것이니 자식이다. 여자에게 정관은 남편으로 이해한다. 정관이 여자 사주에서 남편이 되는 이치는 고전적 사고의 바탕에 있다. 즉 근본적으로 여심종부(女心從夫)하는 것이 선천의 개념이다. 그 이치에 따르면 처가 남편에게 따른다는 것을 명백하게 한다. 처는 남편을 따르고 가정에 충실하고 자녀 교육도 잘한다고 보는 것이니 근본이 틀린 바는 아니나 고전적 사고의 틀임을 알 수 있다. 물론 지금도 틀린 것은 아니다.

　정재라는 이치와 정관이라는 이치에는 과거의 삶이 녹아 있다. 명리가 인간의 삶을 파악하고 통계하며 미래를 예측한다는 것에서는 의심할 여지가 없다. 남자 사주에서는 관이 자녀의 양육이라는 중책을 짊어진 모습을 보여준다.

　관은 여자 사주에서는 남편에 따르는 내조를 나타낸다. 이러한 구조가 이루어짐으로써 원만한 가정을 이루는 것으로 보았다. 아울러 이러한 구조가 이루어져야 가족의 번영을 구축할 수 있다고 하는 이법인데 세대가 변해도 달라지는 것은 아니니 옛 정취와 가문의 이치를 살필 수 있다.

　정관은 직업과 명예를 나타내기도 한다. 정관은 올바른 직업이라는 의미가 있지만 그보다 안정된 직업, 만족스러운 직업, 내게 어울리는 직업이라는 의미를 무시할 수 없다. 따라서 편관과 정관은 직업의 신이다.

모든 오행은 상생과 상극의 관계로 이어진다. 정관은 식신과 상관으로부터 극을 당하고 비견과 겁재에 제극을 가한다. 남녀 모두는 공히 일간과 오행이 같은 비견과 겁재를 형제와 자매로 한다. 정관은 이들 비견, 겁재를 제극한다. 따라서 사주원국에 정관이 지나치게 왕성한 것은 형제의 인연이 희박하다고 본다.

사주에서 정관이란 일간이 음양배우로 극을 받는 것이다. 즉 일간을 극하는 오행이고 음양이 다른 것이다. 음은 양을 만나야 하고 양은 음을 만나야 정(正)이다. 정관이 되려면 일간을 극하는 오행으로 양일생은 음간(陰干)에서 극을 받아야 한다. 음일생은 양간(陽干)에서 극을 받아야 유정(有情)한 극이 되어 정관이 된다.

정관은 가장 큰 개념이다. 명예이고 자존심이며 정해진 규범이다. 크게는 나라이고 작게는 회사다. 정관이란 좀더 크게 보아 국헌(國憲)이라고 할 수 있는데 이는 국가의 권위에 해당한다.

작게는 개인의 관념이나 자제심이며 자존심이다. 정관은 나라이기도 하고 회사이기도 하며 나를 품어주는 그릇이다. 개인적으로는 자존심이니 올바로 설 수 있는 힘이다. 인간에게 이러한 것이 없다면 반드시 과실 행동으로 나타난다. 인간이 자존심이 없고 준법정신이 없다면 사회의 무질서와 실패를 초래하게 될 것이다. 따라서 원국에 정관이 없는 사람은 이러한 것이 부족하다고 볼 수 있다. 이처럼 정관은 가장 존귀한 오행이 된다.

정관은 겁재를 격렬하게 극제한다. 겁재는 일간과 같은 오행이지만 음양이 다른 것이다. 가령 일간이 신금이고 겁재로 경금이 있었다면 병화(丙火)

의 정관이 경금(庚金)의 겁재를 화극금(火剋金)하여 극제한다.

겁재는 일간이 약할 때 도움이 되지만 일간이 강하면 그다지 도움이 되지 않는다. 일간이 강할 때 겁재가 중중하면 정관이 겁재를 극하는 것만큼 중요한 관계는 없다. 사주에 일간의 강약에 따라 겁재의 이해득실이 달라진다. 일간이 강하면 겁재는 소이대손(小利大損)하는 관계다.

또 겁재는 정재를 상하게 한다. 이는 겁재가 있으면 정처(正妻)를 손상하게 하는 것이다. 아울러 겁재가 강하면 재(財)를 소모하여 빈천(貧賤)한 사주가 된다. 그러나 이러한 사주에서 정관이 있으면 겁재를 극제하여 피해를 제어한다.

겁재를 제(制)하고 비견도 극한다			
六親	비견	我身	겁재	정관
天干	己	己	戊	甲
地支	卯	丑	子	申
六親	편관	비견		

기축일주의 일간은 기토이다. 동일한 음양오행인 기토가 투간하면 비견이고 오행은 같으나 음양이 다른 무토가 투간하면 겁재이다. 목극토하니 일간을 극하는 목이 관성이다. 기토에 갑목은 정관인데 일간과 합을 한다. 그러나 겁재 무토를 극하고 비견 기토와 합하나 이는 극의 관계에 해당한다.

정관은 편관에 대해서 동기이성(同氣異性)이다. 정관은 정기(正氣)를 나타내고 편관은 편기(偏氣)를 나타낸다. 정관과 편관은 공히 일간을 제극하는 오행으로 오행은 같으나 음양이 다르다. 따라서 편관과는 동기이성이다.

편관과는 동기이성(同氣異性)이다			
六親	정관	我身	편관	
天干	甲	己	乙	庚
地支	子	卯	卯	申
六親		편관	편관	

기묘일주의 일간은 기토이다. 토의 오행은 목극토로 목의 극제를 받는다. 기토일간에서 갑목은 음양이 다르니 정관이고 을목은 음양이 같으므로 편관이다. 정관과 편관은 오행은 같고 음양은 다르다.

관성은 정관과 편관으로 나뉜다. 편관과 정관은 재성으로부터 생을 받는다. 받는 생이 있으면 생을 해주는 것도 있다. 정관은 편인과 정인을 생한다. 일간이 경신금(庚辛金)이라면 인성은 토생금의 원리에 따라 무기(戊己)의 토(土)이다. 일간이 금(金)이므로 금(金)을 극하는 화(火)의 오행인 병정(丙丁)이 관성이다.

병화(丙火)의 정관은 화생토(火生土)하여, 편인과 정인인 무기(戊己)의 토를 생한다. 따라서 관성은 편인과 정인을 생하여 힘을 불어넣어 주고 강하게 세를 불리게 하는 데 도움이 된다.

편인과 정인을 생한다			
六親	정인	我身	편인	정관
天干	庚	癸	辛	戊
地支	寅	丑	酉	戌
六親			편인	정관

계축일주의 일간은 계수이다. 수를 생하는 금은 인성이다. 금생수의 오행원리에 따라 계수를 생하는 경금은 음양이 다르므로 정인이다. 신금은 음양이 같으므로 편인이다. 정관 무토는 아신 계수를 제극하지만 편인인 신금과 정인인 경금을 생한다.

모든 오행은 생극의 원리에 따르니 정관은 정재와 편재로부터 생을 받는다. 정관은 사주를 구성하는 모든 육친 중에서 존귀한 신이다. 정관이 고립된다거나 힘이 약한 것이 사주에서 가장 두렵다. 정관은 고립되거나 약하면 쓸모가 없다. 정관이 약해졌을 때, 정재나 편재가 있어 생을 해주면 힘이 강해지고 세력이 강해진다. 편재와 정재는 관을 생하는 신이니 정관의 뿌리가 된다.

편재나 정재로부터 생을 받고 세를 증가하여 왕성하게 된다			
六親	편재	我身	정관	정재
天干	戊	甲	辛	己
地支	子	午	酉	未
六親			정관	정재

갑오일주의 일간은 갑목이다. 목이 극하는 것이 재성이다. 음양이 다른 기토는 정재이고 음양이 모두 같은 무토는 편재이다. 정재 기토와 편재 무토는 토생금의 원리에 따라 관성 금을 생하니, 신금은 음양이 다르므로 정관이다. 신금은 기토와 무토로부터 생을 받아 강해진다.

정관이 정재와 편재로부터 생의 관계에 있다면 제극하는 관계도 성립된다. 이때 관을 제극하는 육친이 식신과 상관이다. 상관과 정관은 서로 대립하는 관계다. 정관이 상관을 보면 권리를 잃게 된다. 애초부터 7살의 원리에서 무정의 극이 되는 사례와 이치는 반드시 나타나고 어느 오행이나 나타나는 것이다. 이러한 극의 관계에서 길신에 대해 극이 되는 것을 꺼린다.

정관은 명예로운 것이다. 권리, 명예, 사업, 지위, 신용, 위신 등을 관장한다. 특히 직업과 명예에 관한 한 정관의 역할은 매우 크다. 이러한 정관이 상극관계인 상관에 의하여 파한다면 모두 사라진다. 따라서 정관은 상관의 극을 두려워한다. 특히 여자 사주에서 정관은 남편인데 상관이 극을 하면 남편에게 매우 불행한 일이 벌어지는 것이므로 극히 좋지 않다.

식신과 상관으로 극을 받는다				
六親	식신	我身	정관	상관
天干	壬	庚	丁	癸
地支	戌	辰	巳	丑
六親			편관	

상관으로부터는 7살 무정의 극을 받아 정관의 귀(貴)는 파하고 식신의 극은 가볍다.

정관은 명예(名譽)와 권위(權威)를 나타내는 육친이다. 위신을 지키고자 하고 위용(偉容)을 드러내는 것이다. 성향적으로 착실하고 발전 지향적이며 온화하고 마음이 따스한 것이다. 앞으로 나아가는 선도자 격이고 정상을 추구하며 리더십이 있어 두령 격이다. 마음이 세밀하여 여기저기 고루고루 마음을 쓰며 사업견실(事業堅實)하고 인의적이다.

정관은 남자 사주에서 자식이며 여자 사주에서 남편이다. 정관은 명예를 나타내는 육친이다. 사주가 중화를 이루어 정관격을 이룬다면 입신성공한 다고 알려져 있으며 장상이 되고 명예와 성공을 이루게 된다고 하였으니 그 리더십을 알겠다. 그러나 극을 받아 파격이 되거나 일간이 지나치게 약하면 빈천한 사주가 되고 만다. 일간이 지나치게 신약한데 정관이 많거나 강하면 통제불능이 되고 만다. 정관은 상관을 가장 두려워한다.

여자 사주에서 상관이 투간되면 남편 복이 없음을 논하는 이치가 그러하다. 정관은 상관을 보면 파하여 제 기능을 하지 못하거나 역할을 하지 못하므로 상관을 제(制)하는 정인이 반드시 필요하다. 이처럼 나쁜 역할을 하는 신을 억제하거나 파하는 것을 구신(救神)이라 한다. 달리 약신(藥神)이라고도 한다. 정인은 정관을 상관으로부터 방어하고 수호하므로 호록신(護祿神)이라는 명칭이 있다. 그렇다고 정인이 있다고 해서 반드시 길명이라고는 할 수 없다.

정관 표									
일간	갑(甲)	을(乙)	병(丙)	정(丁)	무(戊)	기(己)	경(庚)	신(辛)	임(壬)	계(癸)
정관	신(辛)	경(庚)	계(癸)	임(壬)	을(乙)	갑(甲)	정(丁)	병(丙)	기(己)	무(戊)

10) 편관(偏官)

편관이란 일간이 음양불배우(陰陽不配偶)로 극을 받는 것이다. 즉 편관은 일간을 극하는 오행인데 음양이 같은 것이다. 따라서 극을 하는 오행관계에서 양은 양을, 음은 음을 만나는 것이다. 즉 양일생은 양간(陽干)에서, 음일생은 음간(陰干)에서 극을 받는 관계가 되는 것이 편관이다. 정편을 논할 때 음양이 같으면 무조건 편이고, 음양이 다르면 무조건 정이다.

　육친을 이루는 8개 글자가 작용하는 것을 구분하여 4흉신과 4길신으로 나누는데 편관은 4흉신에 들며 매우 극악한 흉신의 하나다. 편관은 작용력이 대단히 큰 흉신인데, 철저히 일간의 의사를 배반하는 신이다. 편관을 7살이라고 하거나 잘라 말해서 살(殺)이라고 하여 가장 꺼리는 이치가 이런 것이다.

　7살이라는 것은 일간으로부터 천간의 순서대로 글자를 세어나가다 보면 7번째에 있기 때문이다. 예를 들어 내가 갑일간이라면 갑을병정무기경신임계의 순서대로 세다보면 경이 7번째에 있기 때문에 경금이 갑목의 7살이다.

편관은 극단의 성정을 보여준다. 편관은 평상시 드러나기를 무뢰한처럼 행위를 한다. 때로는 노무(勞務)의 신이니 거칠게 일하는 행위도 포함된다. 거칠다는 표현을 하고 되바라졌다는 표현도 한다. 살기가 중중하다는 표현도 한다.

중요한 것은 7살이 거친 일을 잘 소화한다는 것이다. 따라서 이를 잘 활용하고 다스리면 만인에 우뚝 서는 두령 격이 될 수 있다. 직위를 이야기할 때 정관은 일반 임명직 공무원이라는 평가를 하지만 편관은 선출직 공무원이라는 해석을 내린다. 잘 다스리면 이름을 날리고 명예를 얻지만 다스리지 못하면 흉명을 얻고 빈명(貧命)이 될 수도 있다.

편관이 강하면 사람이 거칠다. 부귀한 가문에 태어나도 본인은 평생 빈한(貧寒)하게 생애를 마칠 가능성이 농후하다. 흔히 7살이라 하듯 편관이 강하게 작용하면 전 생애를 통틀어 관재수가 끊이지 않거나 재산과 몸을 위태롭게 한다. 더욱 심하게 작용하면 단명(短命)에 이르러 비참한 결과를 가져오기도 한다. 편관은 육친관계에서 남자 사주에서는 자녀의 신이다. 특히 아들로 파악하여 적용한다. 여자 사주에서는 편부(偏夫)의 신이다. 이를 달리 살피면 애인, 소실, 첩이라는 의미를 가지지만 여자 사주에서 정관이 없으면 편관을 정부(正夫)로 본다. 때로는 활동력 있는 남편, 거친 남편이라는 의미를 부여한다.

여자 사주에서 관성이 지나치게 강하거나 많은 관성태과와 관성불급, 특히 정관과 편관이 마구 혼합되어 있는 관살혼잡 등은 매우 좋지 못하다. 여자 사주에서 관은 남편이나 남자의 운을 말하는 것으로 이것이 병이라면 여자에게 남자의 인연은 별로 볼 것이 없다. 부부인연이 좋지 못하거나 남편이 병약한 것은 물론이고 남자는 많이 만나지만 쓸 만한 남자가 없고, 결혼해도 이혼할 가능성이 높아진다. 이와 더불어 지지에 형충이 많으면 남편과 생사이별의 운이 따른다.

편관은 7살의 이법으로 일간을 극한다. 일간과 오행이 같은 것이 비견과 겁재이니 편관은 비견과 겁재도 극한다. 사주 내에 비견이 있으면 일간을 공격하는 편관의 기운을 나누어 그 극의 기운이 줄어든다. 사주원국에 편관이 중중하여 강하면 비견과 겁재가 기운을 해소하는 데 도움이 된다.

비견을 제(制)하고 겁재도 극(剋)한다			
六親	겁재	我身	편관	비견
天干	己	戊	甲	戊
地支	酉	午	寅	辰
六親			편관	비견

무오일주의 일간은 무토이다. 음양오행이 모두 같은 무토의 투간은 비견이고 오행은 같으나 음양이 다른 기토 투간은 겁재이다. 편관 갑목은 무토와 기토를 모두 극제한다. 물론 일간도 극한다.

편관은 정관과 동기이성(同氣異性)이다. 즉 일간을 극하는 오행은 편관이나 정관이다. 이 중 일간과 음양이 같으면 편관이고 다르면 정관이다. 따라서 정관과 동기이성이다.

정관과 동기이성(同氣異性)이다			
六親	편관	我身	정관	
天干	己	癸	戊	甲
地支	卯	亥	戌	子
六親			정관	

계해일주의 일간은 계수이다. 수의 오행을 극하는 것은 토극수의 오행상극에 따라 토이다. 일간을 극하는 것이 관성이니 토가 관성이다. 일간과 음양이 같은 기토는 편관이고 음양이 다른 무토는 정관이다. 정관과 편관은 오행은 같지만 음양이 다르다.

편관은 편재와 정재로부터 생을 받지만 식신과 상관으로부터는 극을 받는 관계에 있다. 가장 강한 길신이 가장 강한 흉신을 극하는 것이 이치다. 사주를 구성하는 육친에서 가장 강한 길신은 식신이고 가장 강한 흉신은 편관이다. 식신이 편관을 극한다.

제일 강한 길신인 식신이 제일가는 흉신인 편관을 심하게 제극(制剋)하는 관계다. 사주원국에서 식신이 왕하면 식록(食祿)이 풍부하며 더불어 다양하게 생성되는 재해를 방지할 수 있다.

식신에서 극을 받고 상관에서도 극을 받는다				
六親	상관	我身	편관	식신
天干	癸	庚	丙	壬
地支	未	申	子	子
六親				상관

경신일주의 일간은 경금이다. 금생수의 오행에 관한 이치에 따라 금은 수를 생한다. 일간 경금은 수를 생하니 음양이 다른 계수는 상관이고 오행이 같은 임수는 식신이다. 수의 오행은 수극화하니 화를 극한다. 따라서 상관 계수와 식신 임수는 편관 병화를 극한다.

편관은 정관과 더불어 편인이나 정인을 생한다. 모든 오행은 상생과 상극 관계가 형성되므로 편관과 정관이 편인과 정인을 생하는 것은 상생관계가 되기 때문이다. 편관이 강한 세력을 가지고 있다 해도 편인과 정인을 생하면 그 거친 기운이 설기되어 부드럽게 되고 생을 받은 편인이나 인수는 왕성하게 된다.

편인이나 인수를 생하여 이에 세를 부여한다				
六親	편인	我身	정인	편관
天干	壬	甲	癸	庚
地支	午	辰	亥	申
六親			편인	편관

갑진일주의 일간 갑목은 수생목의 오행원리에 따라 임수와 계수로부터 생을 받는다. 갑목일간에 임수는 편인이고 계수는 정인이다. 금생수의 오행원리에 따라 경금은 계수와 임수를 생한다. 이로서 편인과 인수는 강해지고 세가 왕해진다.

편관은 사주가 신왕할 때는 힘이 되지만 신약 사주이면 지나친 흉이 된다. 곧 일간이 힘을 얻어 신왕하면 편관이 중중해도 겁낼 것이 없으나 신약하면 반드시 문제를 일으킨다. 신약한 사주에서 편관은 반드시 재해로 작용한다.

재성(財星)이 차지하는 역할은 매우 크다. 편관이 강한데 재마저 강하면 돌이킬 수 없다. 재(財)와 살(殺)이 떨어져서는 안 되는 관계라고는 하지만 일간을 생각하면 결국 일간의 강약에 따라 달라진다. 즉 신강이냐, 신약이냐에 따라 편관의 역할이 갈리고 사주의 길흉이 달라진다.

편재나 정재에는 생을 받아 왕성하게 된다				
六親	편재	我身	편관	정재
天干	癸	己	乙	壬
地支	亥	亥	酉	辰
六親	정재	정재		

기해일주는 일간이 기토인데 토극수하니 토의 오행이 재성이다. 음양이 같은 계수는 편재이고 음양이 다른 임수는 정재이다. 수생목의 오행원리에 따라 정재 임수와 편재 계수는 편관 을목을 생한다. 을목은 비록 그 세가 약하나 임수와 계수의 생을 받아 세가 왕해진다.

편관은 4흉신 중에서도 가장 강력한 힘을 지닌 신이다. 거칠고 파괴적이며 뒤집어엎는 과격함이 있다. 때로 잘 적용하면 놀라우리만치 대단한 역할을 하고 이룸을 보여주지만 쉽지 않은 일이다. 매우 독단적인 성향을 나타내지만 비범영리(非凡怜悧)하다. 권위적이며 완강한 성품을 지니고 있으며 성격이 거칠고 조급하다. 반항적인 기질을 드러내고 흉악함을 표출한다. 부유하고 빈한함이 상존하며 파도치듯 격하고 심하며 과단성이 있어 올바로 나아가면 큰일을 이룬다. 급하게 성공을 이루기도 하고 주변이 좋으면 크게 현달한다.

편관 표									
일간	갑(甲)	을(乙)	병(丙)	정(丁)	무(戊)	기(己)	경(庚)	신(辛)	임(壬)	계(癸)
편관	경(庚)	신(辛)	임(壬)	계(癸)	갑(甲)	을(乙)	병(丙)	정(丁)	무(戊)	기(己)

4. 병든 육친 찾아내기

사주팔자를 살피면 병든 육친을 알 수 있을 것이다. 그렇지 못하다고? 병든 육친을 찾을 수 없다면 생각해보자. 병든 육친이란 무엇을 말하는가? 그 이치는 여러 가지가 있으니 하나씩 정리해보자

1) 뿌리가 없는 천간

천간에 투간된 글자가 뿌리가 없다면 병든 것이다. 뿌리가 없다는 것은 무엇인가? 천간에 있는 글자와 같은 오행이 지지에 있거나, 각 글자의 지장간에 천간에 뜬 글자와 같은 오행이 있어야 한다. 지지와 지장간에 천간에 투간된 글자의 뿌리가 없다는 것은 병든 오행이 된다.

천간에 투간된 글자가 지지나 지장간에 뿌리를 두지 않으면 병든 육친이다. 남자 사주에서 이 갑목이 나타내는 육친이 재성이라면 부인이나 배우자가 병이 들었다는 것이고 재성은 돈을 의미하기 때문에 돈에 병이 든다. 즉 돈에 집착하거나 돈을 벌어도 내 돈이 아니라는 의미가 있다.

천간	甲			辛			甲			戊		
지지	子			巳			午			戌		
지장간	壬		癸	戊	庚	丙	丙	己	丁	辛	丁	戊

이 사주는 신사일간(辛巳日干)이다. 그런데 월간의 갑(甲)과 시간의 갑이 지지와 지장간에 뿌리가 없다. 갑목(甲木)이 지지나 지장간에 목(木)의 오행에서 뿌리를 두어야 하는데 뿌리가 없다. 이러한 경우 뿌리가 없으므로 병든 육친이라 한다.

2) 지지의 변화에서 병을 찾아라

지지에 있는 육친 중 월령에 극을 받거나 형충파해 혹은 원진을 받으면 병든 육친이다. 사주를 구성하는 모든 글자는 극을 받거나 합을 한다. 천간을 구성하는 글자와 지지를 구성하는 글자는 적용에서 약간 차이가 있다. 천간에 해당하는 글자는 합충극이 있다. 그러나 지지는 합충극뿐만 아니라 형과 원진 등이 작용한다. 이러한 배치와 파악은 더욱 많은 공부를 해야 하지만 작용에 대한 개념은 분명하다.

병든 육친은 평생 고통으로 작용한다. 사주를 이루는 모든 글자는 버리고 싶다고 버릴 수 있는 것이 아니고 신경 쓰고 싶지 않다고 버려지는 것도 아니다. 사주팔자를 구성하는 모든 글자가 본인에게 영향을 미친다. 차라리 없는 것이 낫다고 말할 때는 이런 경우에 해당한다. 사주원국에 나타나지 않는다면 영향이 없을 수도 있다. 그러나 사주에 나타나는 글자라면 반드시 영향이 있다.

사주팔자만 놓고 보면 병든 육친이야말로 한이며 전생의 악업과도 같은 것이다. 자업자득이라는 말이 어울리지 않을 수 있으나 자기 사주에 병은 자신의 업보이고 고통이며 지고 가야 하는 문제다. 병을 따질 때 가장 문제가 되는 것이 배우자의 궁이다. 즉 일지가 다른 어떤 글자와 형충파해 관계에 있다면 가장 아프고 고통스러운 것이다.

天干	庚	己	癸	甲
地支	午	丑	酉	辰
병의 파악	甲庚冲 午丑元嗔	甲己合 癸己剋 午丑元嗔 酉丑合	癸己剋 辰酉合 酉丑合	甲庚冲 甲己合 辰酉合

모든 변화가 영향을 미치고 병 역할을 할 수 있다. 다양한 변화가 있으나 천간에서 크게 문제가 되는 글자는 모두 해당된다. 그러나 천간의 극과 충은 그다지 영향이 많은 것으로 파악하지는 않는다. 그와 비교하여 지지의 변화는 영향이 크다. 합은 문제가 되지 않는다. 이 사주의 원국에서 문제가 되는 것은 오축원진(午丑元嗔)이다. 오(午)는 어머니를 의미하는 오행이므로 이 사주 주인에게 평생 병으로 작용하는 것은 어머니라는 분석이 가능하다.

3) 오행으로 병을 찾는다

사주를 파악할 때 가장 먼저 확인하는 것은 무엇인가? 사주를 파악하는 방법에는 아주 많은 과정과 기법이 있을 것이다. 표면적으로 보아 사주의 분석이나 파악에서 사용하는 틀은 8개 글자다. 혹자는 지장간의 글자가 있으니 20여 개로 보아야 한다고 주장한다.

사주를 파악할 때 단지 8개 글자나 지장간의 숨겨진 천간을 포함하여 20개로 파악해야 한다는 것은 대단히 직설적인 화법이다. 혹자는 사주를 분석하는 방법을 29만 가지라고 하거나 50만 가지에 이른다고 한다.

모두 맞는 이야기이고 옳은 이야기일 것이다. 그러나 그 모든 것이 필요하지 않을 것이며 모든 것을 배울 수도 없을 것이다. 좀더 현실적인 기법이 필요하고 직시하는 눈이 필요할 것이다. 처음으로 명리학을 배우고 사주를 보려고 한다면 가시적이어서 눈으로 보이는 부분부터 차례로 익히고 배워 나가야 한다.

그러한 점에서 눈에 보이는 학습이 중요하다. 병든 육친을 찾아낸다는 것은 그 육친이 사주 주인에게 평생 따라다니는 문제이기 때문이다. 병든 육친을 찾아내야만 그 사주에서 가장 민감하고 조심해야 할 무엇인가를 찾아낼 수 있다. 병든 육친 중 지나치게 편중되면 병이다.

天干	戊	己	己	甲
地支	辰	丑	酉	辰

위 사주를 분석하면 아신에 해당하는 토(土)의 오행이 지나치게 강하다는 것을 알 수 있을 것이다. 표면적으로 드러난 8개 글자에서 6개 글자가 토의 오행을 나타내는데, 이처럼 한 가지 오행에 치우치면 병이 된다. 일간의 오행으로 치우치니 친구, 형제가 병이다. 고집이 병이고 지나치게 자기주장이 강하다.

사주를 구성하는 글자는 모두 8개다. 4개의 기둥과 8개의 글자로 이루어진 사주 구성에서 오행은 가능한 한 고루고루 배치되는 것이 좋다. 이를 조후라고 한다. 한난조습이 균형을 이루려면 가능한 한 오행이 배치되는 것이 좋다. 그러나 사주는 모두 같지 아니하여 없거나 지나치게 약한 오행이 있는데, 그것이 바로 병이 된다.

아직 고립에 대하여 배우지 않았으나 고립이 병이다. 하나의 오행이 다른 오행의 생을 받지 못하거나 지나치게 받거나 생을 하지 못하면 고립이 된다. 고립되는 오행이 병이다.

天干	壬	己	己	甲
地支	午	丑	巳	辰

위 사주를 분석하면 일주가 기축일주(己丑日柱)이다. 이 사주는 각기 목(木) 1, 화(火) 2, 토(土) 4, 금(金) 0, 수(水) 1로 이루어져 있다. 토가 강하여 병이 되는데, 금이 전연 없으므로 병이 된다. 사주 구성에서 없는 것은 병이다. 이 사주에서 토는 나와 형제, 친구를 나타내는데 이 대상이 병이 되고, 금은 자식인데 역시 병이 된다.

天干	壬	己	戊	甲
地支	寅	丑	午	申

위 사주를 분석하면 일주가 기축일주(己丑日柱)이다. 이 사주의 년주는 갑신(甲申)이다. 지지에서 신금(申金)이 충(沖)하고 있으며 에워싼 월주는 무오(戊午)로서 역시 갑목(甲木)이 충한다. 갑목은 생을 받지도 못하고 생을 하지도 못함으로써 고립되어 있으므로 병이 된다. 갑목은 일간인 기축으로부터 정관이니 남편을 의미하고 직장을 의미한다. 이 사주의 주인에게 남편과 직장이 평생 고민이고 걱정이다. 아울러 갑목은 간담을 이야기하고 신경을 의미한다.

명리학에서 사주분석은 변화를 찾는 것이다. 변화를 일으키는 요인은 다양한데 그 요인을 분석하면 병을 찾아낼 수 있다. 사주의 변화는 원국의 변화와 운의 변화를 포함하는 것이다. 사주에서 병을 찾아낼 때는 원국의 변화를 이용해야 한다.

원국의 안정감은 그 사람의 일생에서 안정감을 의미한다. 그런데 원국의 안정감을 흔드는 요인을 찾아낼 수 있다면 그 사람 일생에서 안정감을 흔드는 요인을 분석할 수 있다. 사주원국에서 사주의 안정감을 흔드는 것을 흔히 형충파해(刑沖破害)라고 한다. 사주를 이루는 8개 글자 중 형충파해로 편중되는 글자가 있다면 병으로 파악한다. 특히 충(沖)을 중시해야 한다.

天干	庚	己	癸	甲
地支	午	丑	未	戌
병의 파악	甲庚沖 午丑元嗔	甲己合 癸己剋 午丑元嗔 丑未沖 丑戌刑	癸己剋 午未合 丑未沖 戌未破	甲己合 甲庚沖 戌未破 丑戌刑 午戌合

모든 변화가 영향을 미치고 병 역할을 할 수 있다. 원국에서 일어나는 변화에는 부정적 변화와 긍정적 변화가 있다. 이 중 부정적 변화가 병이다. 특히 부정적 변화가 하나의 글자에 몰리면 그 글자가 나타내는 오행이 병이다. 이 사주원국에서 축(丑)과 술(戌)이 부정적 요인이 크므로 병이다. 축과 술은 비견과 겁재다. 형제, 친구를 나타낸다. 이 사주의 주인공은 평생 형제와 친구들이 병이다. 아울러 토(土)의 오행이므로 간담과 신경에 병이 올 가능성이 높다.

13장

통변의 시작,
기본 사주 분석하기

사주를 해석하는 방법을
간명이라고 한다. 혹은 통변이라는 말도 한다. 간명은 사주원국을 분석하는
것이고 통변은 변화를 분석하는 것이다. 예를 들어 내 생년월일에 맞추어
사주를 만들었다고 하자. 이 사주가 지닌 특징을 분석하는 것이 간명이다.
　간명하는 방법은 아주 다양하다.
　사실 무엇을 살필지 연구하는 목적이나 수학하는 방법에 따라 다르지만
짧은 시간에 이루어지는 것도 아니고 순식간에 번갯불처럼 해석할 수 있는
것도 아니다. 그러나 근본적으로 사주가 지닌 특징은 파악할 수 있다.
　물론 사주를 푸는 공식은 아주 다양하다. 사주를 적고 풀어야 할 것이 너
무 많다. 근본적으로 사주를 뽑아내면 음양오행을 찾아야 하고 육친을 적고
지장간을 적을 것이다. 그에 따라 일주를 분석하고 일간의 특징도 파악할
것이다. 물론 변화가 있는 것이 사실이지만 처음에는 어렵고 해석이 올바르
지 못할 수도 있다.
　어느 정도 익숙해지면 용신을 적용하고 격국도 적용할 것이다. 그것으로
간명을 다했다고 할 것이다. 그러나 간명은 끝이 없다. 어떤 측면으로 보면
용신을 찾아 희신이 무엇인지 또 기신과 구신이 무엇인지 파악하고 나면 대
충 눈앞에 많은 것이 보이고 대운의 흐름이나 세운의 흐름을 파악하고 싶을

것이다. 이 정도가 되면 간명이 아니고 통변에 접어든다.

　많은 학습자가 간명조차 하지 못하고 통변하는 경우가 많다. 나도 처음에 공부할 때는 간명도 자신이 없으면서 통변에 매달리기도 하였다. 그러나 무엇보다 중요한 것이 간명이다. 간명은 사주가 지니는 특징을 정확하게 아는 것이다. 자기 사주가 어떤 특징을 지녔는지도 모르면서 통변하고자 덤빈다.

【성보명리】　　　　　　　　　　　　　　　**용신(用神)과 격국(格局)**

명리학에서 사주팔자로 운명을 판단하는 데 가장 중요한 것이 용신(用神)과 격국(格局)이라고 말한다. 물론 반드시 그런 것은 아니다. 그러나 중요한 것임에는 의심할 여지가 없다. 그렇다고 해서 반드시 용신과 격국으로만 사주를 분석하는 것은 아니다.

용신과 격은 사주를 푸는 데 반드시 필요한 일종의 도구다. 일간과 용신은 반드시 조응해야 한다. 일간이 왕(王)이라면 용신은 대신(大臣)이 되듯 하고, 격(格)은 체제(體制)가 되는 것이니 대개 격은 월령으로 정해진다. 격은 형태와 이름이 무수히 많으나 대부분 사용하는 것은 내격(內格)이라 하여 10가지가 있다. 그밖에 외격(外格)이 다분하지만 사용하기가 그리 쉬운 것은 아니다.

사주는 분석하려면 여러 가지 요소가 필요하고 다양한 기법이 동원되는 종합예술이다. 생일 천간을 기신(己身) 혹은 본원(本元)이라 하여 신주(身主)로 삼는다. 이는 일간이 나를 나타낸다는 말이다. 월령(月令)으로 격(格)을 삼는다고 한다. 즉 월지의 지장간과 월지를 따져 내격을 정하는 것을 말한다.

월령과 신주인 일간이 필요로 하는 오행을 용신이라 하니 강(强)한 것은 억제하고 약한 것은 생부(生扶)하며 한난조습(寒暖燥濕)의 기후를 살펴 중화됨을 구할 것이다. 즉 용신을 구하는 데는 다양한 방법이 있다. 조후를 따져 구하고 신강과 신약을 살펴 구하니 억부라 하고, 지나치게 약하면 따라야 하니 종한다고 하며, 지나치게 약하면 병약이다.

용신이란 사주를 구성하는 팔자 중 소용(所用)하는 것이며 신(神)이란 재관(財官)과 인식겁(印食劫) 등의 십신을 말함이니 달리 육친이라 한다. 이 육친의 과다와 부족 등에 따라 용신을 정하는데, 가장 유용하게 사용하는 것이 억부용신이다. 그밖에 통관용신 등이 있으나 그러한

사용이 이루어지는 경우가 많지 않다.

격(格)에는 일반적 개념에서 정격(正格)과 변격(變格)이 있다. 정격은 흔히 내격을 말한다. 내격은 월지의 지장간을 살펴 월령으로 잡으니 정재격(正財格), 편재격(偏財格), 정관격(正官格), 편관격(偏官格), 정인격(正印格), 편인격(偏印格), 식신격(食神格), 상관격(傷官格), 건록격(建祿格), 양인격(陽刃格)의 십정격(十正格)이 있다. 이상 10가지 격을 내격이라 부르기도 한다.

다양한 변화를 가지고 살펴야 하는 사주에 정격만 있는 것은 아니다. 변격(變格)에는 전왕(專旺), 종격(從格), 화격(化格), 양신성상격(兩神成象格), 도충격(倒沖格), 요합격(遙合格) 등은 물론이고 잡격(雜格)이 수없이 많다. 예부터 전해지는 격국을 모두 논하면 수백 개가 넘으니 다 적용하기가 힘들고 맞지 않는 경우도 수두룩하다. 옛사람들이 특이한 명조(命造)를 보면 특별한 이름을 붙여 별격(別格)으로 삼아 따로 용신을 정하여 억지로 이치에 부합시킨 것을 볼 수 있다. 이러한 경우 어느 한 가지는 맞을지 알 수 없으나 다시 적용하면 맞지 않는 경우가 수두룩하다.

이것은 옛사람들이 명을 해석하고 사주를 적용할 때 지금과 달리 재관(財官)을 지나치게 중히 여겨 요합(遙合)이나 도충(倒沖), 형합격(刑合格) 등으로 격을 만들었는데, 숲을 보지 못하고 필요에 따라 만들어 적용한 것으로 보인다. 즉 그 당시 삶에 필요한 재관을 어떻게 하든 방법을 강구해 구하고자 함이었을 것으로 보이니 지금에 와서는 이런 방식의 무리한 격은 취하지 않는 것이 좋겠다. 명리학의 고전인 《자평진전(子平眞詮)》과 《명리약언(命理約言)》에서도 이러한 격에 대해서는 비평을 가했는데 이미 오래전부터 문제가 드러났으므로 가능한 한 내격을 중심으로 사용하고 외격이나 변격은 사용에 신중해야 할 필요가 있겠다. 즉 명리는 중화를 으뜸으로 삼아야 하는 학문이니 재관과 길신에 지나치게 얽매지 않는 신을 불러다 쓰는 등의 억지를 부릴 이유가 없다.

국(局)이란 지지의 변화를 나타내는 것이다. 지지와 격을 묶어 격국이라 부른다. 일반적으로 국은 방국(方局)과 삼합국(三合局)을 이르는 말이니, 이는 지지의 합에서 가장 중요하다. 사주에 방국과 삼합국이 있음으로써 격이 달라질 수 있다. 또 방국과 삼합으로 용신의 향방도 달라진다. 방국과 삼합국이 용신에 영향을 미치지 못하는 경우도 있으나 영향을 미치는 경우도 다변한다.

어느 것이 옳다고 말하는 것이 아니다. 어느 방식을 고집하자는 것도 아니다. 틀렸다고 말하고자 하는 것도 아니다. 명리학은 많은 사람이 연구하며 나날이 발전하는 학문이다. 세상이 변하고 인류의 삶이 바뀌며 적용 기법도 달라지고 변한다. 무엇이 옳다고 하기보다 효율적이고 긍정적으로 살피려는 방법이 필요하다.

무엇을 살피는 것이 중요한지를 생각하자는 말이다. 그렇다면 무엇보다 내가 풀고자 하는 사주의 특징이 어떻게 이루어졌는지 파악하는 것이 우선일 것이다. 그런 후 변화를 배워도 늦지 않다. 지금까지 이 책 앞부분에서 여러 정리를 보았다. 그것을 바탕으로 명리학의 특징을 파악하고 사주의 특징을 파악하는 일이 시작될 것이다.

그럼 사주의 특징을 이해해보자.

음력 1964년 9월 1일 오후 2시 출생				
	時	日	月	年
陰陽五行	陰/土	陽/土	陰/水	陽/木
六親	겁재	아신	정재	편관
天干	己	戊	癸	甲
地支	未	子	酉	辰
六親	겁재	정재	상관	비견
陰陽五行	陰/土	陽/水	陰/金	陽/土
地藏干	丁乙己	壬癸	庚辛	乙癸戊
십이운성				
십이신살				

합충	계기충 갑기합 자미원진	무계합 갑무극 자미원진 자유파 자진합	계기충 자유파 진유합	갑기합 갑무극 진유합 자진합
대운				
세운				

사주를 구성하는 요소는 매우 많다. 방대한 내용에서 우선 나를 찾아가는 가장 기초적인 방법이다. 변화를 찾아야 올바른 방법이지만 변화 이전에 원국을 이해하는 것이 매우 중요하고 무엇보다 이 사주의 주인이 어떤 사고를 하며, 어떤 주변 여건에 처해 있는지 파악하는 것이 중요하다. 다양한 요소로 파악이 가능한 것이 사주이나 가장 중요한 네 가지를 놓쳐서는 안 된다. 하나씩 살펴본다.

1. 사주

이 사람은 음력 1964년 9월 1일 오후 2시 출생이다. 최근에는 전자기기의 발달이 눈에 뜨여 인터넷이나 어플을 이용하여 사주를 다운받을 수 있다. 그러나 아주 완벽한 어플이라고 해도 때로 오류가 발생할 수 있음을 주의해야 한다.

天干	己	戊	癸	甲
地支	未	子	酉	辰

명리학을 공부할 때는 가능한 한 만세력을 이용하여 살펴보는 것이 중요하다. 만세력을 이용하여 사주를 살필 때는 항시 절입일을 생각해야 한다. 즉 한 해는 입춘으로 시작한다. 입춘 전의 출생은 전년도 년주를 사용한다. 월주도 그러하다. 항시 월 초기에 자리한 절입일을 파악하여 월주를 정해야 한다. 양력으로 그달에 해당한다 하더라도 절입일을 지나지 않았으면 전달의 월주를 사용한다. 절입일이 지났으면 새로운 달의 월주를 사용한다. 특히 절입일에 걸리는 날 출생이라면 시간까지 따져야 한다. 그에 따라 음력 1964년 9월 1일 오후 2시 출생이므로 사주가 정해졌다.

2. 일주를 파악한다

일주는 나를 나타낸다. 위 사주에서 일간과 일주를 파악한다.

무일간(戊日干)이다. 무토는 높은 산, 큰 산을 나타내는 물상으로 상승(上昇)과 하강(下降)을 조절하며 전체적으로 중심을 잡아주어 중간자적 역할을 해서 소통과 연결을 상징한다. 자신을 중심으로 사물이나 사람을 모으는 특성이 있으며 중간자로서 서로 연결하고 이어주며 소통해주는 역할이 강하다. 사람들이 자신에게 의지하도록 도와주며 중개자(仲介者) 역할뿐 아니라 매개자(媒介者) 역할도 강하다. 사람 사이를 잘 조절하여 연결해주고 통로 구실을 수행한다.

무토는 높고 큰 산이다. 듬직하고 쉽게 움직이거나 가볍게 움직이지 않으며 우뚝 서서 많은 것이 깃들게 만든다. 무토는 산이니 그 산에 무엇이 심어지고 자라나는가에 따라 산의 가치가 달라진다.

무자일주(戊子日柱)의 특징은 재물을 추구하고 재물에 대한 집념이 강하다는 것이다. 겉으로는 돈 욕심이 없는 체하지만 내심으로는 공돈을 바라며 허덕거린다. 운이 좋으면 한때 큰소리도 치지만 타고난 운세는 약하여 평생 우여곡절을 피하기 어렵다. 따라서 사람에 대한 투자가 제일이다. 가정생활은 원만하지 못하고 비애가 따르니 매사에 신중함과 현명함이 필요하다.

남자의 경우에는 외도할 가능성이 매우 높고 여자는 재물 욕심에 지극히 인색하다. 감정이 급하고 격하니 자중하고 순리를 따르면 부와 명예를 얻을 수 있다.

3. 음양오행

사주를 파악할 때는 반드시 음양오행을 따져야 한다. 그 음양오행의 편중이 그 사람의 외향적 모습을 나타내는 경우가 많기 때문이다. 이 사주는 각기 목 1, 화 0, 토 4, 금 1, 수 2로 배치되어 있다. 화는 없으니 병이요, 토가 지나치니 역시 병이다.

陰陽五行	陰/土	陽/土	陰/水	陽/木
天干	己	戊	癸	甲
地支	未	子	酉	辰
陰陽五行	陰/土	陽/水	陰/金	陽/土

음력 1964년 9월 1일 오후 2시 출생에 맞는 사주를 찾아 정리하고 음양오행을 배정하였다. 천간이 양이면 지지도 양이다. 천간이 음이면 당연히 지지도 음이다. 이는 어떤 경우도 변하지 않는 법칙이다. 60갑자 모두 같은 방식으로 이루어진다. 이 사주는 양이 4, 음이 4이므로 음양의 균형이 잘 이루어져 있다.

4. 육친을 정한다

六親	겁재	아신	정재	편관
天干	己	戊	癸	甲
地支	未	子	酉	辰
六親	겁재	정재	상관	비견

육친을 적용하여 있는 것과 없는 것을 파악한다. 먼저 인성을 파악한다. 아신이 토이므로 아신을 생하는 것이 인성이다. 화생토하니 화가 인성이다. 이 사주에는 인성이 없다. 인성은 각기 편인과 정인이다. 편인과 정인이 많으면 그 경중을 가리나 적을 때는 편인도 친어머니다. 그러나 이 사주는 인성이 전혀 없다.

인성은 어머니를 나타낸다. 어머니가 없다는 의미가 된다. 그러나 나중에 배우겠지만 인성이 없다고 해서 어머니가 없다는 것은 아니다. 어머니가 없다면 어떻게 태어날 수 있단 말인가? 인성이 없다는 것은 어머니 복이 없다고 해석하는 것이 옳다. 인성은 어머니, 문서, 사회성, 배움 등을 나타내는 육친이다. 반대로 인성이 지나치면 참견하는 사람이 많고 돌봐주는 사람이 많다는 의미다. 그러나 자연스럽지만 인성이 많으면 사람이 게으르다.

비견과 겁재가 골고루 있다. 비견이 1개, 겁재가 2개다. 아신을 포함하여 토의 오행은 4개다. 토로 편중되니 위장병이 있고 고집이 강하다. 또 비견 겁재가 나타내는 것처럼 형제에 의한 문제가 일어날 가능성이 크다.

다음은 식상이다. 식신은 없으나 상관이 있다. 여성 사주에서 식상은 자식이다. 상관이 있으니 자식이 있다.

다음은 재성이다. 재성은 돈, 재물 그리고 남자에게는 여자, 아내라는 요소다. 정재는 정실부인, 편재는 첩이다. 그러나 세상이 바뀌니 정재는 얌전하고 가정적인 아내, 편재는 와일드한 아내, 사회생활을 하는 아내가 어울린다. 이 사주의 주인이 남자라면 정재가 있으니 아내 복이 있다. 그러나 정재가 두 개 있으니 여성문제가 일어날 가능성을 배제할 수 없다.

다음은 관성이다. 관성은 정관과 편관이다. 관은 명예와 직장 혹은 여자 사주에서 남성, 남편이다. 정관은 없으나 편관이 있다. 정관과 편관이 모두 있으면 정관이 남편이다. 그러나 편관만 있다면 편관이 남편이다. 편관은 와일드한 남편, 드센 남편 정도가 될 것이다. 직업적으로는 기술직, 공무직, 연구직, 선출직 정도로 파악한다. (2권에서 계속됩니다.)

❖ 참고문헌

강헌,《명리 운명을 읽다》, 돌베개, 2016.

곽동훈,《운수대통 만세력》, 선영사, 2016.

곽목량,《오주괘》, 삼명, 2004.

김동완,《사주명리학》 1~9권, 동학사, 2010.

김상연,《명 역학의 맥》, 갑을당, 2009.

김재근,《김재근 선생의 추명명리학 강의》, 천지인, 2012.

노영준,《사주비결록》 1~3권, 경덕출판사, 2004.

노영준,《역학의 비결》 1~3권, 경덕출판사, 2004.

다카기 아기미쓰, 노상만 옮김,《상성과 궁합》, 북마크, 2008.

박재완,《명리실관》, 역문관, 1993.

박재완,《명리요강》, 역문관, 1974.

박주현,《오주괘관법》, 삼명, 2011.

변만리,《신사주학강의록》 1~3권, 변만리연구회편, 자문각, 2011.

심재열,《연해자평 정해》, 명문당, 2002.

안종선,《명리학 교과서》, 산청, 2014.

안종선,《택일법 교과서》, 산청, 2015.

엄태문,《사주 단시 래정법》, 역학도서관, 2008.

이경 감수,《사주만세력》, 동학사, 2010.

이호헌,《독심술 콘서트》, 창작시대, 2014.

정문교,《쉽게 풀어쓴 운명》, 봄꽃여름숲가을열매겨울뿌리, 2016.

http://nangwol.com/?page_id=254&uid=1972&mod=document

http://www.sonsaju.com/

https://blog.naver.com/aldl2255/220503985455

https://blog.naver.com/wotjd9399/220437172695

http://wonje.co.kr/bbs/board.php?bo_table=info24&wr_id=42

http://www.goodcycle.com/comm/desc/king.asp

https://blog.naver.com/palhyunn/90194804331

https://blog.naver.com/sungbosungbo

https://cafe.naver.com/sungbopoongsu

https://ssunris.blog.me/140119849223

https://blog.naver.com/develop-your-life/220776328546

https://cafe.naver.com/saju1472/34

중앙생활사 Joongang Life Publishing Co.
중앙경제평론사 | 중앙에듀북스   Joongang Economy Publishing Co./Joongang Edubooks Publishing Co.

중앙생활사는 건강한 생활, 행복한 삶을 일군다는 신념 아래 설립된 건강 · 실용서 전문 출판사로서
치열한 생존경쟁에 심신이 지친 현대인에게 건강과 생활의 지혜를 주는 책을 발간하고 있습니다.

술술 풀리는 명리학 입문 1 : 음양오행에서 간명까지

초판 1쇄 인쇄 | 2019년 1월 17일
초판 1쇄 발행 | 2019년 1월 22일

지은이 | 안종선(JongSun Ahn)
펴낸이 | 최점옥(JeomOg Choi)
펴낸곳 | 중앙생활사(Joongang Life Publishing Co.)

대   표 | 김용주
책임편집 | 이상희
본문디자인 | 김경아

출력 | 한영문화사 종이 | 에이엔페이퍼 인쇄·제본 | 한영문화사

잘못된 책은 구입한 서점에서 교환해드립니다.
가격은 표지 뒷면에 있습니다.

ISBN 978-89-6141-230-8(03150)

등록 | 1999년 1월 16일 제2-2730호
주소 | ⑦ 04590 서울시 중구 다산로20길 5(신당4동 340-128) 중앙빌딩
전화 | (02)2253-4463(代) 팩스 | (02)2253-7988
홈페이지 | www.japub.co.kr 블로그 | http://blog.naver.com/japub
페이스북 | https://www.facebook.com/japub.co.kr 이메일 | japub@naver.com
♣ 중앙생활사는 중앙경제평론사 · 중앙에듀북스와 자매회사입니다.

도서
주문   **www.japub**.co.kr
전화주문 : 02) 2253 - 4463

※ 이 도서의 국립중앙도서관 출판시도서목록(CIP)은 서지정보유통지원시스템 홈페이지(http://seoji.nl.go.kr)와
국가자료공동목록시스템(http://www.nl.go.kr/kolisnet)에서 이용하실 수 있습니다.(CIP제어번호: CIP2018042587)

중앙생활사에서는 여러분의 소중한 원고를 기다리고 있습니다. 원고 투고는 이메일을 이용해주세요.
최선을 다해 독자들에게 사랑받는 양서로 만들어 드리겠습니다. **이메일** | japub@naver.com